Sonja Alof
Astrid Wilmot-Günther

Klett

KomplettWissen Deutsch

Gymnasium 5.–10. Klasse

Klett Lerntraining

Autoren:
Die Kapitel zum Thema Grammatik hat Sonja Alof verfasst,
alle übrigen Texte stammen von Astrid Wilmot-Günther.

Dieses Werk basiert auf 978-3-12-926049-4.

Bibliografische Information der Deutschen Nationalbibliothek
Die Deutsche Nationalbibliothek verzeichnet diese Publikation in der Deutschen Nationalbibliografie; detaillierte bibliografische Daten sind im Internet über http://dnb.dnb.de abrufbar.

2. Auflage 2017

www.klett-lerntraining.de
Der Zugang zu den Lern-Videos ist bis drei Jahre nach Ersterscheinen des Buches gewährleistet.
Lektorat: Elke Hufnagel, Berlin
Umschlaggestaltung: Sabine Kaufmann, Stuttgart
Umschlagfoto: www.thomas-weccard.de
Illustrationen: Katja Rau, Berglen: S. 94; Klett-Archiv: S. 122, 123, 124, 186, 209, 210
Satz: Arnold & Domnick, Leipzig
Reproduktion: Arnold & Domnick, Leipzig
Druck: medienhaus Plump GmbH, Rheinbreitbach
Printed in Germany
ISBN 978-3-12-926095-1

Inhalt

Inhalt

7./8. Klasse

Inhalt

Vorwort

Liebe Schülerin, lieber Schüler,

in diesem Buch findest du alle wichtigen Lerninhalte, die du in Deutsch von der 5. bis zur 10. Klasse lernst. Es ist genau das richtige Buch für dich, wenn du jederzeit schnell etwas nachlesen und wiederholen möchtest.

So arbeitest du mit diesem Buch:

KomplettWissen Deutsch ist übersichtlich aufgebaut, sodass du dich schnell zurechtfindest.

- Das Buch ist in drei große Teile gegliedert:
  - 5./6. Klasse,
  - 7./8. Klasse,
  - 9./10. Klasse.
- Innerhalb der Klassenstufen ist der Lernstoff nach Themen untergliedert.
- Wenn du ein bestimmtes Thema suchst, findest du es also ganz schnell über das Inhaltsverzeichnis.
- Zu jedem Thema gibt es
  - Definitionen und Regeln,
  - Beispiele, die anschaulich zeigen, wie Regeln angewendet werden
  - Zusammenfassungen, die das Wichtigste kurz und knapp festhalten.

Dieses Buch bietet dir aber noch viel mehr:

Du erhältst einen **kostenlosen** Zugang zu vielen **Lern-Videos** im Internet, die dir schwierige Themen Schritt für Schritt erklären. Immer, wenn es ein passendes Video gibt, findest du dieses Zeichen:

Lern-Video

So kommst du zu den kostenlosen Lern-Videos online:

Scanne entweder den QR-Code oder gehe auf
www.klett-lerntraining.de/8W5W
und du erhältst eine Übersicht über alle Videos.
Wähle das passende Video aus und los geht's

5. / 6. Klasse

Grammatik

Das Nomen

Mit Nomen, auch Substantive genannt, werden Lebewesen, Dinge und Begriffe bezeichnet.
Nomen werden **immer** großgeschrieben. Erkennen lassen sich Nomen meist daran, dass ihnen entweder ein **bestimmter Artikel, ein unbestimmter Artikel,** ein **Adjektiv** oder ein **Pronomen** (z. B. Possessivpronomen oder Demonstrativpronomen) vorangeht.

Konkreta und Abstrakta

Handelt es sich um eine bestimmte Person, ein bestimmtes Tier oder einen bestimmten Gegenstand, spricht man von **Konkreta** (Singular: Konkretum). Eigennamen und Gattungsbezeichnungen gehören ebenfalls zur Gruppe der konkreten Nomen.
Wird etwas ausgedrückt, das nicht gegenständlich ist oder geht es um Gefühle oder Gedanken, handelt es sich um **Abstrakta** (Singular: Abstraktum).

Konkreta	Abstrakta
Junge, Eidechse, Auto	Glück, Liebe
Michael, Reptilien, Sportwagen	Freude, Melancholie, Ärger, Einsamkeit

Das Genus

Das Genus ist das grammatische Geschlecht, das alle Nomen haben. Dieses Genus wird durch den **bestimmten** oder **unbestimmten Artikel** angegeben. Im Deutschen unterscheidet man drei Genera: **Maskulinum** (männlich), **Femininum** (weiblich) und **Neutrum** (sächlich).

Genus	Grammatisches Geschlecht	Beispiele mit genusanzeigendem Artikel
Maskulinum	männlich	der Mann, der Bus, der Blumenstrauß
Femininum	weiblich	die Frau, die Blume, die Autobahn
Neutrum	sächlich	das Kind, das Auto das Spielzeug

In vielen Fällen stimmt das grammatische Geschlecht übrigens nicht mit dem natürlichen Geschlecht des Nomens überein. Dies trifft besonders bei den Verkleinerungsformen mit den Endungen *-chen* oder *-lein* zu.

	Genus (grammatisches Geschlecht)	**Natürliches Geschlecht**
das Mädchen das Fräulein die Schere	Neutrum Neutrum Femininum	Femininum Femininum Neutrum

Von einigen typischen Nomenendungen aus kann man in der Regel auf das Genus des Wortes schließen.

Maskulinum	
Endung	Nomen
-ich -ig -ing	der Sittich, der Wüterich ein König der Däumling, ein Lehrling
Femininum	
Endung	Nomen
-ei -in -heit -keit -ung -schaft	die Bäckerei, die Metzgerei eine Verkäuferin, die Lehrerin die Frechheit, die Bosheit die Heiterkeit, die Langsamkeit eine Beobachtung, die Missachtung die Mutterschaft, die Herrschaft
Neutrum	
Endung	Nomen
-chen, -lein -tel -tum	das Märchen, das Fräulein Ein Sechstel, ein Achtel das Christentum, das Besitztum

Achtung: Es gibt auch Nomen, die im Lauf der Sprachentwicklung ein anderes Genus angenommen haben. Hierbei handelt es sich meist um Fremdwörter:

Der oder **das** Radar
Der oder **das** Joghurt

Lern-Video

Der Numerus

Die meisten Nomen können im Singular (Einzahl) oder im Plural (Mehrzahl) auftreten. Singular oder Plural geben den **Numerus** (die Anzahl) eines Nomens an. Bei der Pluralbildung eines Nomens verändert sich meistens dessen Form. Das kann auf verschiedene Weise geschehen.

Pluralbildung durch Endung	Pluralbildung durch Umlaute	Pluralbildung durch Endung/ Umlaut
die Frau – die Frau**en**	die Bank – die B**ä**nke	das Korn – die K**ö**rn**er**

Ausnahme: Bei Nomen, die im Singular und Plural gleich lauten, treten Wörter hinzu, die den Numerus klar anzeigen, z. B. *der Zauberer – die Zauberer*.

Es gibt auch Nomen, die **nur im Singular** oder **nur im Plural** auftreten können. Zu den Nomen, die **keinen Plural** bilden, gehören Eigennamen, Bezeichnungen, die sich auf eine Menge beziehen, und Nomen, die zu den Abstrakta gehören.

Nomen ohne Plural	Nomen ohne Singular
Felix, Louise, Getreide, Wolle, Milch, Obst, Liebe, Freiheit	Kosten, Ferien, Eltern

Der Kasus

Die Rolle, die ein Nomen in einem Satz einnimmt, wird durch den Kasus angezeigt. In der deutschen Sprache gibt es vier Kasus (grammatische Fälle): **Nominativ, Genitiv, Dativ, Akkusativ**. Als Subjekt steht das Nomen im Nominativ, als Objekt im Dativ, Genitiv und Akkusativ.
Die Kasus treten sowohl im **Singular** als auch im **Plural** auf. Mithilfe bestimmter **Fragewörter** lässt sich der Kasus eines Nomens ermitteln.
Um den Kasus eines Wortes zu erkennen, ist der Artikel besonders wichtig, da nicht immer eine spezielle Endung auf den jeweiligen Fall hinweist. Die Ausnahme ist hier der Genitiv mit der für ihn typischen Endung *-es*.

Kasus	Frage	Nomen Sg.	Nomen Pl.
Nominativ	*Wer oder was?*	der Mann die Frau das Kind	die Männer die Frauen die Kinder
Genitiv	*Wessen?*	des Mannes der Frau des Kindes	der Männer der Frauen der Kinder
Dativ	*Wem?*	dem Mann der Frau dem Kind	den Männern den Frauen den Kindern
Akkusativ	*Wen oder was?*	den Mann die Frau das Kind	die Männer die Frauen die Kinder

1. Der **Nominativ** (1. Fall) wird auch als Wer-Fall bezeichnet. Nomen im Nominativ werden als Subjekt oder als Anrede gebraucht.

Markus geht einkaufen.	*Wer oder was* geht einkaufen?
Die Party beginnt um neun.	*Wer oder was* beginnt um neun?

2. Der **Genitiv** (2. Fall) wird als Wes-Fall bezeichnet. Nomen im Genitiv werden meistens als Attribute verwendet, Genitivobjekte sind eher selten.

Ich brachte das Fahrrad **meines Vaters** zur Werkstatt.	*Wessen* Fahrrad brachte ich zur Werkstatt?
Prinz Johann gedenkt **seiner Urahnen**.	*Wessen* gedenkt Prinz Johann?

3. Der **Dativ** (3. Fall) wird auch als Wem-Fall bezeichnet. In den Dativ gesetzt, übernimmt das Nomen meist die Rolle eines Dativobjekts.

Karla begegnete **ihrer Freundin**.	*Wem* begegnet Karla?
Jan schenkt **mir** eine DVD.	*Wem* schenkt Jan eine DVD?

4. Der **Akkusativ** (4. Fall) wird als Wen-Fall bezeichnet. Im Akkusativ übernimmt das Nomen meist die Rolle eines Akkusativobjekts.

Ich kenne **Frau Köhler** schon lange.	*Wen oder was* kenne ich schon lange?
Ich nenne **ihn** einen Freund.	*Wen oder was* nenne ich einen Freund?

Die Deklination

Die Veränderung des Kasus wird als **Deklination** (Beugung) bezeichnet. Durch Deklination **verändern** sich auch die Formen des **Genus** und des **Numerus**.
Im Deutschen unterscheidet man drei Deklinationsarten: die schwache Deklination, die starke Deklination und die gemischte Deklination.

1. Die schwache Deklination

Dieser Deklinationsart gehören die Genera Maskulinum und Femininum an. Hier gibt es **keine Nomen im Neutrum**.
Die Deklinationsart wird schwach genannt, da sie bei der Kasusbildung die Hilfe der konsonantischen Stütze **-n** benötigt. Mit Ausnahme des Nominativs Singular der männlichen Nomen und des endungslosen Singulars der weiblichen Nomen enden alle Formen auf **-en** oder **-n**.

Die schwache Deklination			
Singular	**Maskulinum**	**Femininum**	**Neutrum**
Nominativ	der Mensch	die Frau	
Genitiv	des Mensch**en**	der Frau	
Dativ	dem Mensch**en**	der Frau	
Akkusativ	den Mensch**en**	die Frau	
Plural	**Maskulinum**	**Femininum**	**Neutrum**
Nominativ	die Mensch**en**	die Frau**en**	
Genitiv	der Mensch**en**	der Frau**en**	
Dativ	den Mensch**en**	der Frau**en**	
Akkusativ	die Mensch**en**	die Frau**en**	

2. Die starke Deklination

Dieser Deklinationsart gehören die Genera Maskulinum, Femininum und Neutrum an. Die Deklinationsart wird stark genannt, da sie bei der Kasusbildung ohne Hilfe einer konsonantischen Stütze auskommt, das heißt, dass außer im Dativ Plural **keine -(e)n-Endung** vorkommt. Der Genitiv Singular der männlichen und sächlichen Nomen endet auf **-es/-s**.

Die starke Deklination			
Singular	**Maskulinum**	**Femininum**	**Neutrum**
Nominativ	der Weg	die Nacht	das Pferd
Genitiv	des Weg**(e)s**	der Nacht	des Pferd**es**
Dativ	dem Weg(e)	der Nacht	dem Pferd
Akkusativ	den Weg	die Nacht	das Pferd
Plural	**Maskulinum**	**Femininum**	**Neutrum**
Nominativ	die Wege	die Nächt**e**	die Pferde
Genitiv	der Wege	der Nächt**e**	der Pferde
Dativ	den Wege**n**	den Nächt**en**	den Pferd**en**
Akkusativ	die Wege	die Nächt**e**	die Pferde

3. Die gemischte Deklination

Nomen, die dieser Deklinationsart angehören, werden im Maskulinum und Neutrum folgendermaßen dekliniert:

- im **Genitiv Singular** stark, also mit der Endung **-(e)s**
- im **Nominativ Plural** schwach, also mit der Endung **-(e)n**.

	Singular	Plural
Nominativ	der Staat	die Staat**en**
Genitiv	des Staat**(e)s**	der Staat**en**
Dativ	dem Staat(e)	den Staat**en**
Akkusativ	den Staat	die Staat**en**

Lern-Video

Die Nominalisierung

Nominalisierung (oder Substantivierung) bedeutet, dass Wörter anderer Wortarten (Adjektive und Verben) wie Nomen behandelt werden.
Für ein nominalisiertes Verb oder Adjektiv gelten dieselben Regeln wie für die Nomen, das heißt, sie werden ebenfalls großgeschrieben.

Nominalisierung eines Adjektivs	gut – die Gute, etwas Gutes
Nominalisierung eines Verbs	laufen – das Laufen

Zusammenfassung

Das Nomen (Substantiv) bezeichnet Personen (*Timo, die Frau*), Tiere (*der Hase*), Gegenstände (*die Schere*) und Abstrakta (*die Freiheit*). Ein Nomen steht in einem Kasus, hat ein Genus und einen Numerus.

Bestimmter und unbestimmter Artikel

Ein Nomen wird häufig von einem Artikel begleitet. Bei den Artikeln unterscheidet man den bestimmten (*der, die, das*) und den unbestimmten Artikel (*ein, eine, ein*).

Mit dem **unbestimmten Artikel** wird ein Nomen gekennzeichnet, das zum ersten Mal erwähnt wird, also bislang noch nicht näher bekannt ist.
Mit dem **bestimmten Artikel** wird etwas bereits Bekanntes bezeichnet.

Eine Katze lief über die Straße.	**unbestimmter Artikel**
Die Katze von Müllers ist getigert.	**bestimmter Artikel**

Beide Formen der Artikel treten in den drei grammatischen Genera auf, die schon vom Nomen bekannt sind: **Maskulinum, Femininum** und **Neutrum**.
Die Artikel stehen immer im gleichen **Genus** und **Numerus** wie das Nomen, das sie begleiten.

Deklination der Artikel

Artikel werden wie das zugehörige Nomen dekliniert. Bei den **bestimmten Artikeln** ist die Form des **Plurals** für alle drei Artikel dieselbe (*die*).

Singular	**Maskulinum**	**Femininum**	**Neutrum**
Nominativ	der	die	das
Genitiv	des	der	des
Dativ	dem	die	dem
Akkusativ	den	die	das
Plural			
Nominativ	die		
Genitiv	der		
Dativ	den		
Akkusativ	die		

Bei den **unbestimmten Artikeln** gibt es **keine Pluralform**, sie treten nur im Singular auf.

Singular	Maskulinum	Femininum	Neutrum
Nominativ	ein	eine	ein
Genitiv	eines	einer	eines
Dativ	einem	einer	einem
Akkusativ	einen	eine	ein

Artikel können direkt vor dem Nomen stehen:

Ich sehe **das Haus**.
Veronika hat **einen Freund**.

Artikel können manchmal auch durch ein zwischen beiden Wörtern stehendes Adjektiv vom Nomen getrennt stehen:

Ich sehe **das große Haus**.
Veronika hat **einen guten Freund**.

Die Verneinungsform

Von den unbestimmten Artikeln existieren auch Verneinungsformen: *kein, keine, kein*. Sie werden genauso dekliniert wie die unbestimmten Artikel.

Singular	Maskulinum	Femininum	Neutrum
Nominativ	kein	keine	kein
Genitiv	keines	keiner	keines
Dativ	keinem	keiner	keinem
Akkusativ	keinen	keine	kein

Verschmelzung von Artikel + Präposition

Artikel verschmelzen manchmal mit Präpositionen. Man spricht hier von **Kontraktion** oder von den sogenannten **Schmelzwörtern**.
Die Schmelzwörter weisen sehr oft darauf hin, dass das folgende Wort ein Nomen ist und deshalb großgeschrieben werden muss.

an + dem	an dem Auto warten	am Auto warten
in + dem	in dem Auto sitzen	im Auto sitzen
bei + dem	bei dem Freund sein	beim Freund sein
zu + dem	zu dem Platz laufen	zum Platz laufen
von + dem	von dem Job berichten	vom Job berichten
um + das	um das Haus laufen	ums Haus laufen
in + das	in das Haus gehen	ins Haus gehen
an + das	an das Geschenk denken	ans Geschenk denken
auf + das	auf das Kind achten	aufs Kind achten
zu + der	zu der Kirche gehen	zur Kirche gehen

Artikel bei zusammengesetzten Nomen

Wenn aus zwei oder mehr Nomen ein neues Wort zusammengesetzt wird, so richtet sich der Artikel nach dem **Genus** des **letzten** Teilwortes.

das Autor + **der** Fahrer	**der** Autofahrer
die Last + **der** Wagen	**der** Lastwagen
der Fluss + die Kreuzfahrt + **das** Schiff	**das** Flusskreuzfahrtschiff

Zusammenfassung

Der Artikel steht immer mit einem Nomen in Verbindung. Es gibt die bestimmten Artikel (*der, die, das*) und die unbestimmten Artikel (*ein, eine, ein*). Der Artikel steht in **K**NG-Kongruenz zum Nomen, das heißt, er steht im selben **K**asus, er hat denselben **N**umerus und dasselbe **G**enus wie das Nomen. Den unbestimmten Artikel gibt es nur im Singular.

Das Adjektiv

Adjektive werden gebraucht, um Lebewesen, Gegenständen oder Handlungen und Sachverhalten Eigenschaften zuzuschreiben. Diese Eigenschaften können z. B. Farben und Formen (*rot, grün, rund, eckig*) betreffen, können bewerten (*gut, schlecht*), können auch eine Zugehörigkeit ausdrücken (*evangelisch, französisch*).

Attributiver Gebrauch des Adjektivs

Adjektive stehen meist in enger Verbindung mit einem Nomen, das durch das Adjektiv näher bestimmt wird. Man spricht dann von einem **attributiven (beigefügten) Gebrauch** des Adjektivs. Das Adjektiv ist hier ein Attribut. Es wird wie das Nomen dekliniert, auf das es sich bezieht:

Eine **schöne** Frau. Ein **rotes** Cabrio. Eine Sitzbank aus **weichem** Leder.
Das **rote Cabrio** der **schönen Frau** hat eine Sitzbank aus **weichem Leder**.

Prädikativer Gebrauch des Adjektivs

In Verbindung mit Verben wie *sein, werden, bleiben, wirken* wird das Adjektiv prädikativ gebraucht und steht ungebeugt bei einem Nomen:

Die Frau **ist schön**. Das Cabrio **wirkt rot**. Die Straße **wird nass**. Die Sitzbank **bleibt trocken**.

Zu den Adjektiven gehören auch Wörter, mit denen **Zahlen, Mengen** oder **unbestimmte Zahlwörter** ausgedrückt werden, z. B. *vier, fünfte, wenig, zahlreich, viel, wenig, andere, sonstige*. Ebenso gehören die **Kardinalzahlen** (Grundzahlen), z. B. **null, eins, zwanzig** und die **Ordinalzahlen** (Ordnungszahlen), z. B. *erste, fünfzehnte, hundertste* dazu.

Die Deklination des Adjektivs

Wird das Adjektiv attributiv gebraucht, richtet es sich in Genus, Numerus und Kasus nach dem Nomen, auf das es sich bezieht. Das Adjektiv wird ebenso dekliniert, wenn es nominalisiert ist.
In folgenden Fällen wird das Adjektiv dekliniert:
1. wenn es ohne Artikel einem Nomen zugehörig ist,
2. wenn es zwischen einem bestimmten Artikel und dem Nomen steht,
3. wenn es auf *kein, keine* und ähnliche Worte folgt.

Deklination des Adjektivs ohne Artikel

	Singular	Plural
Maskulinum		
Nominativ	schön-**er** Mann	schön-**e** Männer
Genitiv	schön-**en** Mann-es	schön-**er** Männer
Dativ	schön-**en** Mann	schön-**en** Männern
Akkusativ	schön-**en** Mann	schön-**e** Männer
Femininum		
Nominativ	kluge-**e** Frau	klug-**e** Frauen
Genitiv	klug-**en** Frau	klug-**er** Frauen
Dativ	klug-**en** Frau	klug-**en** Frauen
Akkusativ	klug-**e** Frau	klug-**e** Frauen
Neutrum		
Nominativ	nett-**es** Kind	nett-**e** Kinder
Genitiv	nett-**en** Kindes	nett-**er** Kinder
Dativ	nett-**em** Kind	nett-**en** Kindern
Akkusativ	nett-**es** Kind	nett-**e** Kinder

Adjektiv zwischen Artikel und Nomen

Steht das Adjektiv zwischen einem Artikel und einem Nomen, wird es nur in zwei Endungsvarianten gebraucht, mit **-e** oder mit **-en** am Wortende. Streng genommen übernimmt hier schon der Artikel die Deklination.

	Singular	Plural	
Maskulinum			
Nom.	der schön-e Mann	die	
Gen.	des schön-en Mann-es	der	schönen
Dat.	dem schön-en Mann	den	Männer(n)
Akk.	den schön-en Mann	die	
Femininum			
Nom.	die klug-e Frau	die	
Gen.	der klug-en Frau	der	klugen
Dat.	der klug-en Frau	den	Frauen
Akk.	die klug-e Frau	die	
Neutrum			
Nom.	das nett-e Kind	die	
Gen.	des nett-en Kindes	der	netten
Dat.	dem nett-en Kind	den	Kinder(n)
Akk.	das nett-e Kind	die	

Lern-Video

Die Steigerung des Adjektivs

Adjektive lassen sich mit wenigen Ausnahmen steigern. Mit der Steigerung wird ausgedrückt, dass Lebewesen, Gegenstände, Handlungen oder Sachverhalte zwar dieselben Eigenschaften, diese jedoch in unterschiedlichen Abstufungen besitzen.
Man unterscheidet drei Stufen der Steigerung (Komparation): Die Grundstufe (Positiv), die Vergleichs- oder Höherstufe (Komparativ) und die Höchststufe (Superlativ).

Die Steigerung des Adjektivs

Steigerungsstufen	Lateinische Bezeichnung	Adjektive
Grundstufe	**Positiv**	schön, groß, traurig
Vergleichs- oder Höherstufe	**Komparativ**	schöner, größer, trauriger
Höchststufe	**Superlativ**	am schönsten, am größten, am traurigsten

Der **Komparativ** wird gebildet, indem an das Adjektiv in der Grundstufe ein *-er* angehängt wird. Dem Komparativ als Vergleichsstufe folgt meist ein *als*:

Meine Jeans sitzt eng**er als** deine.
Deine Katze ist verspielt**er als** meine.
Die Arbeit kann schwer**er** sein **als** gedacht.

Der Komparativ kann durch Wörter wie *erheblich, noch, beträchtlich, wesentlich* und ähnliche noch verstärkt werden:

Meine Jeans sitzt **noch enger** als deine.
Deine Katze ist **wesentlich verspielter** als meine.
Die Arbeit kann **erheblich schwerer** sein als gedacht.

Der **Superlativ** wird gebildet, indem an die Grundstufe des Adjektivs *-st* oder *-est* angehängt wird:

Meine Jeans sitzt **am engsten**.
Deine Katze ist **am verspieltesten**.
Am schwersten ist immer der erste Tag.

Ausnahme: Manche Adjektive werden **unregelmäßig** gesteigert:

gut - besser - am besten
viel - mehr - am meisten

Ausnahme: Einige Adjektive lassen sich nicht steigern:

egal, super, voll, absolut, ideal, maximal, optimal, tödlich, rosa, lila

Kleinschreibung des Superlativs Manchmal entstehen Unsicherheiten bei der Schreibung des Superlativs mit *am*. Man könnte meinen, dass *am* ein Schmelzwort aus *an + dem* ist und deshalb auf eine Nominalisierung hinweist. Mache einfach die Probe und prüfe, ob die Zerlegung von *am* im Satz einen Sinn ergibt. Der Superlativ wird immer kleingeschrieben.

Tipp

Zusammenfassung

Adjektive beschreiben Nomen oder Handlungen. Beschreibt das Adjektiv ein Nomen, steht es in **KNG**-Kongruenz zum Nomen, das heißt, es steht im selben **K**asus, es hat denselben **N**umerus und dasselbe **G**enus wie das Nomen. Adjektive können gesteigert werden. Die Steigerungsformen nennt man **Positiv, Komparativ** und **Superlativ.**

Das Verb und seine Formen

Verben sind die Wortart, die im Satz die Funktion des Prädikats übernehmen. Verben lassen sich im Wesentlichen in drei Gruppen unterteilen, in Tätigkeitsverben, Zustandsverben und Vorgangsverben.
Verben können verändert (flektiert) werden. Die Veränderung eines Verbs nennt man Konjugation.

Tätigkeitsverben

Tätigkeitsverben bezeichnen Tätigkeiten oder Handlungen, die ausgeführt werden:

Sie **macht** ihre Hausaufgaben.
Die Band **spielt** alte Beatles-Songs.
Er **hilft** seiner Oma beim Kuchenbacken.

Zustandsverben

Zustandsverben bezeichnen einen Zustand, etwas Bestehendes ohne Veränderung:

Sie **leben** in Mainz.
Die Flöte **liegt** auf dem Tisch.

Vorgangsverben

Vorgangsverben bezeichnen einen Vorgang, ein Geschehen, währenddessen sich etwas ändert:

In der Nacht **erfroren** die ersten Blumen.
Sie **erwachte** langsam aus einem seltsamen Traum.

Die Stammformen des Verbs

Die Stammformen des Verbs sind der **Infinitiv**, das **Präteritum** und das **Partizip II.** Die unterschiedlichen Stammformen werden für die Bildung der unterschiedlichen Zeiten gebraucht. Sie geben ebenfalls Auskunft darüber, ob ein Verb **regelmäßig**, **unregelmäßig** oder in einer **Mischform** konjugiert wird.

Die infiniten Verbformen

Als infinite Verbformen bezeichnet man diejenigen Formen des Verbs, die unveränderlich sind: der **Infinitiv** (die Grundform), das **Partizip I** (Partizip Präsens) und das **Partizip II** (Partizip Perfekt).

Der Infinitiv

Der Infinitiv ist die **Grundform** des Verbs. Beim Infinitiv werden an den Wortstamm die Endung **-en** oder **-n** angehängt, z. B. *geh-en, lauf-en, zöger-n*.
Der Infinitiv wird gebraucht, um zusammen mit dem Hilfsverb *werden* die **Futurformen** des Verbs zu bilden:

> Ich **werde verreisen**.
> Die Party **wird** ohne mich **stattfinden**.

Nach den **Modalverben** *dürfen, können, mögen, müssen, sollen* und *wollen* benötigt man ebenfalls den Infinitiv:

> Ich **will verreisen**. Die Party **muss** ohne mich **stattfinden**. Ihr **könnt** trotzdem **feiern**.

Das Partizip I

Das Partizip I (auch Partizip Präsens genannt) wird aus dem Wortstamm und der Endung **-end** oder **-nd** gebildet, z. B. *geh-end, lauf-end, zöger-nd.*
Mit dem Partizip I wird entweder ein Vorgang beschrieben, der gerade stattfindet und noch nicht beendet ist, oder ein Vorgang, der sich vor Kurzem ereignet hat:

> Die Eilmeldung unterbricht die **laufende** Sendung.
> Der gestern noch **zögernde** Freund hat es sich heute anders überlegt.

Das Partizip I kann **nominalisiert** werden:

> Die **Liebenden** treffen sich jeden Tag.
> Die **Zögernden** brauchen Argumente.

Das Partizip II

Das Partizip II (auch Partizip Perfekt genannt) wird in den meisten Fällen mit der Vorsilbe **ge-** und der Endung **-t** oder **-en** gebildet, wie z. B. *ge-lieb-t, ge-gang-en, ge-dach-t, ge-sung-en.* Mit dem Partizip II wird ein Vorgang beschrieben, der bereits abgeschlossen ist:

> Josh und David haben die ganze Pizza **aufgegessen**.
> Gestern hat es den ganzen Tag **geregnet**.

Das Partizip II wird häufig auch adjektivisch gebraucht:

> Das **verschmutzte** Geschirr steht noch in der Spüle.
> **Gebrauchte** Batterien müssen abgegeben werden.

Lern-Video

Die Personalformen des Verbs

Verben kommen nicht nur in infiniten (unveränderlichen) Formen vor, sondern auch als **finite**, als veränderliche **Verbformen**. Die **Personalformen** des Verbs geben darüber Auskunft

1. in welcher Person und welchem Numerus das Verb steht.

Person und Numerus		
Person	Singular	Plural
1. Pers.	**ich** tanze	**wir** tanzen
2. Pers.	**du** tanzt	**ihr** tanzt
3. Pers.	**er, sie, es** tanzt	**sie** tanzen

2. in welchem Tempus (Zeitform) das Verb steht.

Tempus des Verbs	
Präsens	ich denke
Präteritum	ich dachte
Perfekt	ich habe gedacht
Plusquamperfekt	ich hatte gedacht
Futur I	ich werde denken
Futur II	ich werde gedacht haben

3. in welchem Genus Verbi (Handlungsform) das Verb steht.

Genus Verbi	
Aktiv	Passiv
Er löscht den Brand.	Der Brand wurde gelöscht.

4. in welchem Modus (Aussageweise) das Verb steht.

Modus		
Indikativ	Konjunktiv	Imperativ
ich esse	ich äße, ich würde essen	Iss!

Diese Änderungen der Personal- und Tempusformen nennt man die **Konjugation** (Beugung) des Verbs.

Die Hilfsverben *haben, sein* und *werden*

Die Verben *haben, sein* und *werden* werden als *Hilfsverben* bezeichnet. Sie werden für die **Bildung zusammengesetzter Zeiten** (alle Zeiten außer Präsens und Präteritum) und des Passivs benötigt.

Ausnahme: Die Verben können auch als selbstständige Vollverben auftreten:

Ich **bin** seit gestern krank.
Wir **haben** keine Lust, einkaufen zu gehen.
Sie **wird** später bestimmt Automechanikerin.

Die Konjugation von *haben, sein* und *werden*

Präsens			
ich	habe	bin	werde
du	hast	bist	wirst
er/sie/es	hat	ist	wird
wir	haben	sind	werden
ihr	habt	seid	werdet
sie	haben	sind	werden
Präteritum			
ich	hatte	war	wurde
du	hattest	warst	wurdest
er/sie/es	hatte	war	wurde
wir	hatten	waren	wurden
ihr	hattet	wart	wurdet
sie	hatten	waren	wurden
Perfekt			
ich	habe gehabt	bin gewesen	bin geworden
du	hast gehabt	bist gewesen	bist geworden
er/sie/es	hat gehabt	ist gewesen	ist geworden
wir	haben gehabt	sind gewesen	sind geworden
ihr	habt gehabt	seid gewesen	seid geworden
sie	haben gehabt	sind gewesen	sind geworden

Plusquamperfekt			
ich	hatte gehabt	war gewesen	war geworden
du	hattest gehabt	warst gewesen	warst geworden
er/sie/es	hat gehabt	war gewesen	war geworden
wir	hatten gehabt	waren gewesen	waren geworden
ihr	hattet gehabt	wart gewesen	wart geworden
sie	hatten gehabt	waren gewesen	waren geworden
Futur I			
ich	werde haben	werde sein	werde werden
du	wirst haben	wirst sein	wirst werden
er/sie/es	wird haben	wird sein	wird werden
wir	werden haben	werden sein	werden werden
ihr	werdet haben	werdet sein	werdet werden
sie	werden haben	werden sein	werden werden
Futur II			
ich	werde gehabt haben	werde gewesen sein	werde geworden sein
du	wirst gehabt haben	wirst gewesen sein	wirst geworden sein
er/sie/es	wird gehabt haben	wird gewesen sein	wird geworden sein
wir	werden gehabt haben	werden gewesen sein	werden geworden sein
ihr	werdet gehabt haben	werdet gewesen sein	werdet geworden sein
sie	werden gehabt haben	werden gewesen sein	werden geworden sein

Die Modalverben

Die Modalverben *dürfen, können, mögen, müssen, sollen* und *wollen* beschreiben die Aussage eines anderen Verbs, mit dem zusammen sie dann ein mehrteiliges Prädikat bilden, näher. Hierzu wird der **Infinitiv** des Vollverbs angeschlossen:

Ich **darf** heute ins Kino **gehen**.
Vorher **muss** ich allerdings Hausaufgaben **machen**.
Das **kann** ich in einer halben Stunde **erledigen**.

- Von den Modalverben kann in der Regel **kein Imperativ** (Befehlsform) und **kein Passiv** gebildet werden.
- Wird ein Modalverb als Vollverb gebraucht, wird der zweite Teil des Verbs zwar weggelassen, aber mitgedacht, z. B. *Ich darf ins Kino (gehen).*

Modalverben und ihre Bedeutung

Modalverb	Bedeutung	Beispiele
dürfen	über die Erlaubnis verfügen	Ich darf mit ins Kino. (Meine Eltern haben es erlaubt.)
können	über die Fähigkeit verfügen, die Möglichkeit haben	Ich kann Ski fahren. (Ich habe es gelernt. Es hat geschneit.)
mögen	einen Wunsch ausdrücken	Ich möchte in den Ferien Snowboard fahren lernen.
müssen	eine Notwendigkeit oder eine Pflicht erfüllen, ein Gebot oder Zwang wird ausgedrückt	Ich muss die Hausaufgaben machen. (Sonst kann ich dem Unterricht nicht folgen.)
sollen	eine Verpflichtung besteht, eine Regelung oder Auflage ist zu befolgen	Wir sollten jeden mit Respekt behandeln.
wollen	eine Absicht/einen Wunsch haben	Ich will Schlagzeug spielen.

Zusammenfassung

- Infinite Verbformen werden nicht verändert. An ihnen kann man die Person nicht erkennen: Infinitiv (*gehen*), Partizip I (*gehend*) und Partizip II (*gegangen*).
- Bei einem Verb in der Personalform kann man die Person erkennen (z. B. gehe → *1. Person Singular*).

Das Verb und seine Zeiten

Mit Verben lassen sich die sechs verschiedenen Zeitstufen des Deutschen angeben. Das Wort *Verb* wird darum oft auch mit *Zeitwort* übersetzt.

Das Präsens

Mit dem Tempus (Plural: tempi) bezeichnet man die Zeitform des Verbs.
Das Präsens drückt ein Geschehen aus, das sich in der **Gegenwart** abspielt. Es kann weiterhin sowohl bei einem Geschehen verwendet werden, das sich regelmäßig wiederholt, bei allgemein gültigen Aussagen und gelegentlich auch, wenn etwas Zukünftiges ausgedrückt wird:

Wir **lernen** (gerade) für die Deutscharbeit.
Wir **treffen** uns immer am 1. Mai.
Verben **schreibt** man immer klein.
Ich **fliege** morgen nach London.

Das Präsens wird gebildet, indem man an den **Wortstamm** die **Endung der jeweilige Personalform** anhängt.

Die Bildung des Präsens		
	Infinitiv: gehen	Infinitiv: bringen
ich	geh-**e**	bring-**e**
du	geh-**st**	bring-**st**
er/sie/es	geh-**t**	bring-**t**
wir	geh-**en**	bring-**en**
ihr	geh-**t**	geh-**en**
sie	geh-**en**	bring-**en**

Das Präteritum

Das Präteritum drückt ein Geschehen aus, das sich in der **Vergangenheit** ereignet hat und **abgeschlossen** ist. Dieses Tempus ist in der deutschen, gesprochenen Sprache eher unüblich. Wesentlich häufiger ist diese Zeitform anzutreffen, wenn in schriftlicher Form erzählt oder berichtet wird. Deshalb wird das Präteritum auch als **Erzähltempus** bezeichnet:

Ich **fiel** ihr mitten auf der Straße um den Hals.
Als Jens über einen Nagel **fuhr**, **entwich** die Luft zischend aus dem Reifen.

Die Bildung des Präteritums erfolgt auf unterschiedlichem Wege, je nachdem, ob das Verb **schwach**, **stark** oder **unregelmäßig** ist.

- Die **schwachen Verben** bilden das Präteritum mit der Endung **-te** in ihrer jeweiligen Personalform.

Bildung des Präteritums bei schwachen Verben		
	Infinitiv: legen	Infinitiv: wandern
ich	leg-**te**	wander-**te**
du	leg-**te**st	wander-**te**st
er/sie/es	leg-**te**	wander-**te**
wir	leg-**te**n	wander-**te**n
ihr	leg-**te**t	wander-**te**t
sie	leg-**te**n	wander-**te**n

- Die **starken Verben** ändern im Präteritum ihren Stammvokal und hängen dann die jeweilige Personalform an diesen Stamm an.

Bildung des Präteritums bei starken Verben		
	Infinitiv: waschen	Infinitiv: gehen
ich	wusch	ging
du	wusch-st	ging-st
er/sie/es	wusch	ging
wir	wusch-en	ging-en
ihr	wusch-t	ging-t
sie	wusch-en	ging-en

- Die **unregelmäßigen Verben** ändern im Präteritum sowohl den Stammvokal (wie die starken Verben) und fügen die Silbe **-te** entweder als Endung an oder als Einschub ein.

Bildung des Präteritums bei unregelmäßigen Verben		
	Infinitiv: bringen	Infinitiv: nennen
ich	brach-**te**	nann-**te**
du	brach-**te**st	nann-**te**st
er/sie/es	brach-**te**	nann-**te**
wir	brach-**te**n	nann-**te**n
ihr	brach-**te**t	nann-**te**t
sie	brach-**te**n	nann-**te**n

Das Perfekt

Das Perfekt bezeichnet ein Geschehen, das zwar in der **Vergangenheit** abgeschlossen ist, dessen **Folgen** aber in der Gegenwart oder Zukunft noch eine Bedeutung haben:

Kolja **hat** den ganzen Kuchen **aufgegessen**.
Folge: Jetzt ist ihm schlecht.
In den Bergen **hat** es die ganze Nacht **geschneit**.
Folge: Die Wintersportbedingungen für die nächsten Tage sind gut.

Das Perfekt ist ein **zusammengesetztes** Tempus. Es wird gebildet mit der konjugierten Verbform der Hilfsverben *haben* oder *sein* im Präsens und dem Partizip II (Partizip Perfekt) eines Vollverbs.

Bildung des Perfekts		
	Infinitiv: denken	Infinitiv: wandern
ich	habe gedacht	bin gewandert
du	hast gedacht	bist gewandert
er/sie/es	hat gedacht	ist gewandert
wir	haben gedacht	sind gewandert
ihr	habt gedacht	seid gewandert
sie	haben gedacht	sind gewandert

Das Plusquamperfekt

Das Plusquamperfekt bezeichnet ein Geschehen, das sich bereits **vor** einem anderen Geschehen in der Vergangenheit ereignet hat. Das Plusquamperfekt drückt die **Vorzeitigkeit** aus:

Bevor ich Paul traf, **war** ich im Kino **gewesen**.
Das Computerspiel, das am Anfang Spaß **gemacht hatte**, langweilte uns bald.
Als sie kamen, **hatte** das Spiel schon **angefangen**.

Das Plusquamperfekt ist ein **zusammengesetztes** Tempus.
Es wird gebildet mit einer konjugierten Verbform der Hilfsverben **haben** oder **sein** im **Präteritum** und dem **Partizip II** (Partizip Perfekt) eines Vollverbs.

Bildung des Plusquamperfekts		
	Infinitiv: denken	Infinitiv: wandern
ich	hatte gedacht	war gewandert
du	hattest gedacht	warst gewandert
er/sie/es	hatte gedacht	war gewandert
wir	hatten gedacht	waren gewandert
ihr	hattet gedacht	wart gewandert
sie	hatten gedacht	waren gewandert

Futur I

Das Futur I kündigt ein Geschehen an, das sich in der **Zukunft** ereignen wird:

Wenn sie so weiterspielen, **werden** sie **absteigen**.
Über den Kinogutschein **wird** er sich **freuen**.

Das Futur I ist ein **zusammengesetztes** Tempus. Es wird gebildet mit einer konjugierten Verbform von *werden* im **Präsens** und dem **Infinitiv** eines Vollverbs.

Bildung des Futur I		
	Infinitiv: gehen	Infinitiv: bringen
ich	werde gehen	werde bringen
du	wirst gehen	wirst bringen
er/sie/es	wird gehen	wird bringen
wir	werden gehen	werden bringen
ihr	werdet gehen	werdet bringen
sie	werden gehen	werden bringen

Futur II

Das Futur II bezeichnet ein Geschehen in der Zukunft, das abgeschlossen ist. Es wird im Deutschen nur **selten** verwendet. Häufig wird es durch das **Perfekt** ersetzt.

Satz im Futur II	Ersatzform im Perfekt
Morgen um diese Zeit **werden** wir die Prüfungen schon **geschafft haben**.	Morgen um diese Zeit **haben** wir die Prüfung schon **geschafft**.
Nächste Woche **werden** die Ferien schon **begonnen haben**.	Nächste Woche **haben** die Ferien bereits **begonnen**.

Das Futur II ist ein **zusammengesetztes** Tempus. Es wird gebildet mit einer konjugierten Verbform von *werden* im **Präsens**, dem **Partizip II** eines Vollverbs und dem **Infinitiv** der Hilfsverben *haben* oder *sein*.

Bildung des Futur II		
	Infinitiv: gehen	Infinitiv: bringen
ich	werde gegangen sein	werde gebracht haben
du	wirst gegangen sein	wirst gebracht haben
er/sie/es	wird gegangen sein	wird gebracht haben
wir	werden gegangen sein	werden gebracht haben
ihr	werdet gegangen sein	werdet gebracht haben
sie	werden gegangen sein	werden gebracht haben

Überblick zur Bildung der Zeiten

Tempus	Bildung
Präsens	Wortstamm + Personalendung (*-e, -st, -t, -en, -t, -en*)
Präteritum	Schwache Verben: Endung *-te* an die jeweilige Personalform anhängen Starke Verben: Änderung des Stammvokals + jeweilige Personalendung an den Wortstamm anhängen Unregelmäßige Verben: Änderung des Stammvokals + Silbe *-te* anhängen oder einschieben
Perfekt	konjugierte Verbform von *haben* oder *sein* im Präsens + Partizip II des Vollverbs
Plusquamperfekt	konjugierte Verbform von *haben* oder *sein* im Präteritum + Partizip II des Vollverbs
Futur I	konjugierte Verbform von *werden* im Präsens + Infinitiv eines Vollverbs
Futur II	konjugierte Verbform von *werden* im Präsens + Partizip II eines Vollverbs + Infinitiv von *haben* oder *sein*

Zusammenfassung

Ein Verb kann in sechs unterschiedlichen Zeiten stehen:

Präsens (Du liest.)
Präteritum (Du lasest.)
Perfekt (Du hast gelesen.)
Plusquamperfekt (Du hattest gelesen.)
Futur I (Du wirst lesen.)
Futur II (Du wirst gelesen haben.)

Pronomen

Pronomen sind **Fürwörter**, also Wörter, die stellvertretend **für** („pro“) ein anderes Wort stehen. In den meisten Fällen ist dies ein Nomen. Pronomen zählen zu den veränderbaren Wortarten und werden wie Nomen und Adjektive **dekliniert**.

Pronomen können, wie auch Artikel und Adjektiv, als Begleiter des Nomens gebraucht werden, also **attributiv**.
Wird ein Pronomen attributiv gebraucht, richtet es sich in Genus, Kasus und Numerus nach dem Nomen, dem es zugeordnet ist.

Deklination bei attributivem Gebrauch	
Nominativ	**Deine Jacke** sieht gut aus.
Genitiv	Die Tür **jenes Hauses** steht offen.
Dativ	Die Zeitschrift gehört **meinem Bruder**.
Akkusativ	**Diesen Tag** werden wir nie vergessen.

Das Personalpronomen

Das Personalpronomen (persönliches Fürwort) bezeichnet stellvertretend für ein Nomen **Lebewesen**, **Dinge** oder **Sachverhalte**.

Deklination der Personalpronomen im Singular					
Singular	1. Pers.	2. Pers.	3. Pers.		
Nom.	ich	du	er	sie	es
Gen.	meiner	deiner	seiner	ihrer	seiner
Dat.	mir	dir	ihm	ihr	ihm
Akk.	mich	dich	ihn	sie	es

Deklination der Personalpronomen im Plural			
Plural	1. Pers.	2. Pers.	3. Pers.
Nom.	wir	ihr	sie
Gen.	unser	euer	ihrer
Dat.	uns	euch	ihnen
Akk.	uns	euch	sie

Das Possessivpronomen

Das Possessivpronomen (besitzanzeigendes Fürwort) dient dazu, **Besitzverhältnisse** oder auch **Zugehörigkeiten** und **Zusammengehörigkeiten** auszudrücken. Possessivpronomen stehen immer bei einem Nomen, dem sie sich in Genus, Kasus und Numerus anpassen:

> **Mein Hund** und **deine Katze** vertragen sich sehr gut. Wenn Rex sie draußen sieht, zieht er wie verrückt an **seiner Leine**. Wenn die beiden miteinander spielen, zieht sie **ihre Krallen** ein. **Unsere Tiere** sind richtig dicke Freunde und **euer Garten** ist **ihr Lieblingsplatz**.

Ersetzt ein Possessivpronomen ein Nomen, lauten die Deklinationsendungen, abhängig von Genus, Numerus und Kasus des ersetzten Nomens, entweder **-e**, **-er** oder **-es**:

> Meine Katze ist getigert, **deine** ist grau.
> Mein Hund ist ein Pudel, **deiner** ein Dackel.
> Wir sind mit unserem Lernprogramm fertig, ihr müsst **eures** noch machen.

Das Demonstrativpronomen

Das Demonstrativpronomen (hinweisendes Fürwort) begleitet oder ersetzt ein Nomen und weist nachdrücklich darauf hin. Das Nomen kann dabei eine **Person**, eine **Sache** oder einen **Sachverhalt** sein. Zu den Demonstrativpronomen zählen *dieser, diese, dieses; jener, jene, jenes; derselbe, dieselbe, dasselbe; derjenige, diejenige, dasjenige; solche:*

> **Dieser** Mann hat das Auto gefahren. **Jene** Frau hat den Zebrastreifen überquert. Es war **derselbe** Mann, dem letzes Jahr auch schon einmal so etwas passiert ist.
> Ist die Frau nicht **diejenige**, die Schuld hat?
> **Solche** Sachen passieren leider immer wieder.

Das Relativpronomen

Relativpronomen sind die Pronomen *der, die, das* und *welcher, welche, welches,* wenn sie einen Relativsatz einleiten. Die Relativpronomen beziehen sich dabei auf Wörter oder Wortgruppen des übergeordneten Teilsatzes:

> Das Kleid, **das** ich so gerne anziehe, ist blau.
> Das Spiel, **welches** meine Eltern mir geschenkt haben, wird nie langweilig.

Das Reflexivpronomen

Reflexivpronomen beziehen sich auf das Subjekt eines Satzes und richten sich in Person und Numerus nach diesem Subjekt. Zu den Reflexivpronomen zählen *mir/mich, dir/dich, sich, uns, euch, (von-, mit-) einander.*

Achtung: Der Kasus des Reflexivpronomens wird durch das Prädikat des Satzes bestimmt.

	Subjekt	Prädikat	Reflexivpronomen	
1. Pers. Sg.	**Ich**	kämme (Akk.)	**mich**	nicht gerne.
2. Pers. Sg.	**Du**	kannst (Dat.)	**dir**	das gar nicht vorstellen.
3. Pers. Sg.	**Robin**	hält (Akk.)	**sich**	für schlau.
1. Pers. Pl.	**Wir**	freuen (Akk.)	**uns**	über den Schnee.
3. Pers. Pl.	**Sie**	kennen (Akk.)	**sich/einander**	schon lange.

Das Indefinitpronomen

Die Indefinitpronomen werden auch unbestimmte Fürwörter genannt. Sie begleiten oder ersetzen ein Nomen, das nicht genauer bestimmt ist, dessen genaue Anzahl unwichtig oder unbekannt ist. Zu den Indefinitpronomen zählen *etwas, nichts, alle, man, jeder, kein, jemand, niemand, manche, mehrere, viele, etliche, wenige, irgendjemand:*

Könnte ich **etwas** von deinen Süßigkeiten probieren?
Alle Menschen sehnen sich nach Frieden.
Niemand versteht mich.

Zusammenfassung

Pronomen sind Fürwörter. Sie werden wie Nomen dekliniert.
Es gibt sechs unterschiedliche Pronomen:

- Personalpronomen (*ich, du...*)
- Possessivpronomen (*mein, dein...*)
- Demonstrativpronomen (*dieses, jener...*)
- Relativpronomen (*der, welche...*)
- Reflexivpronomen (*mich, dich...*)
- Indefinitpronomen (*manche, etwas...*)

Konjunktionen

Konjunktionen (Bindewörter) verbinden Wörter, Wortgruppen und Sätze miteinander. Sie sind unveränderlich. Man unterscheidet die **nebenordnenden** Konjunktionen von den **unterordnenden** Konjunktionen. Daneben gibt es noch die **Satzteilkonjunktionen** und die **Infinitivkonjunktionen**.

Lern-Video

Nebenordnende Konjunktionen

Die nebenordnenden Konjunktionen haben die Aufgabe, Wörter, Wortgruppen eines Satzgliedes, Teilsätze und gleichrangige Hauptsätze miteinander zu verbinden. Die nebenordnenden Konjunktionen lassen sich nach unterschiedlicher inhaltlicher Bedeutung unterteilen.

Inhaltliche Bedeutung	Konjunktionen	Beispiele
aufzählend **(kopulativ)**	*und, wie, sowie, sowohl … als, sowohl … als auch*	Ich mag Salat **und** Pizza. Ich esse **sowohl** Gemüse **als auch** Fleisch.
Alternativen benennend **(disjunktiv)**	*entweder … oder, oder, beziehungsweise*	**Entweder** fliege ich nach Island **oder** nach Grönland.
Einschränkungen oder Gegensätze ausdrückend **(restriktiv)**	*aber, allein, nur, jedoch, außer*	Es ist kalt, **aber** schneit nicht.
einen Grund angebend **(kausal)**	*denn, weil, wenn auch*	Wir gingen zurück ins Hotel, **denn** die Sonne war untergegangen.

Unterordnende Konjunktionen

Die **unterordnenden Konjunktionen** verbinden Hauptsätze mit Nebensätzen. Der Nebensatz steht meistens in einem bestimmten Verhältnis zu dem Hauptsatz, den er ergänzt. Die unterordnenden Konjunktionen werden in unterschiedliche Gruppen eingeteilt, je nachdem, welche inhaltliche Bedeutung der durch sie eingeleitete Nebensatz hat.

Lateinische Bezeichnungen

Tipp

Die lateinischen Bezeichnungen für die inhaltliche Bedeutung der Nebensätze (z. B. temporär, kausal, final usw.) sind dieselben wie für die adverbialen Bestimmungen. Es lohnt sich also, sie auswendig zu lernen!

Verhältnis des Nebensatzes zum Hauptsatz	**Konjunktionen**	**Beispielsätze**
begründend **(kausal)**	*weil, da, zumal*	Wir konnten nicht in den Zoo gehen, **weil** es regnete.
die Zeit betreffend **(temporal)**	*während, indem, solange, sobald, sowie, wenn, …* (Gleichzeitigkeit) *nachdem, als, wenn, sowie, seitdem, …* (Vorzeitigkeit) *bis, ehe, bevor, als, wenn, …* (Nachzeitigkeit)	**Während** die Eltern schliefen, räumten Einbrecher das ganze Haus leer. **Nachdem** die Katze fort war, kamen die Mäuse heraus. **Bevor** du an den Computer gehst, lernst du Mathe.
eine Bedingung angebend **(konditional)**	*falls, wenn, sofern, soweit*	**Falls** heute die Sonne scheint, gehen wir in den Zoo.
die Art und Weise betreffend **(modal)**	*indem, ohne dass, als ob*	Sie half ihm, **indem** sie ihm kostenlos Nachhilfe erteilte.
eine Folge kennzeichnend **(konsekutiv)**	*sodass, dass, als dass*	Die Fans schrien so laut, **dass** sie heiser wurden.
einen Gegengrund benennend **(konzessiv)**	*obgleich, obwohl, wenngleich, wenn auch, ungeachtet*	**Obwohl** es den ganzen Tag geregnet hatte, wollten wir zelten.
einen Zweck/eine Absicht angebend **(final)**	*damit, dass*	Sie streuten Salz, **damit** das Eis schmolz.

Die Satzteilkonjunktion

Satzteilkonjunktionen dienen dazu, Satzteile (Satzglieder oder Attribute) miteinander zu verbinden. Es gibt hierfür nur vier gängige Konjunktionen, nämlich *wie* und *als* zum Anschluss einer adverbialen Bestimmung oder eines Attributes und *desto* und *umso* in Verbindung mit einem Vergleich:

Sie galt **als** gute Lehrerin. Sie hatte soviel Wissen **wie** ein wandelndes Lexikon.
Desto eher du das Zimmer aufräumst, **umso** früher kannst du deinen Freund besuchen.

Infinitivkonjunktionen

Mit den **Infinitivkonjunktionen** werden Infinitive angeschlossen. Dies ist möglich mit *um … zu, zu, anstatt … zu,* und *ohne … zu:*

Um erfolgreich **zu** sein, musst du hart trainieren.
Du solltest fleißig lernen, **anstatt** die Zeit **zu** vertrödeln.

Zusammenfassung

Konjunktionen sind Bindewörter.

- Nebenordnende Konjunktionen verbinden gleichwertige Wörter, Wortgruppen oder Sätze miteinander: Milch *und* Zucker/Er kauft Milch *und* er kauft Zucker.
- Unterordnende Konjunktionen verbinden Haupt- und Nebensätze miteinander: Sie ist spät dran, *weil* sie den Bus verpasst hat.

Präpositionen

Präpositionen (Verhältniswörter) geben an, in welchem Verhältnis Lebewesen und Dinge zueinander stehen. Diese Verhältnisse können **zeitlich** (temporal), **räumlich** (lokal), **begründend** (kausal) oder auch **die Art und Weise bestimmend** (modal) sein.

Präpositionalausdrücke

Die meisten Präpositionen stehen **vor** ihrem Bezugswort. Sie werden **nicht** dekliniert.

temporal	**während** des Spiels, **seit** ewigen Zeiten, **in** vier Stunden
lokal	**auf** dem Tisch, **inmitten** der Wiese, **unter** dem Bett, **im** Keller
kausal	**trotz** des Gewitters, **wegen** des Nebels, **dank** ihrer Großzügigkeit
modal	**mit** Händen und Füßen, **aus** Gold, **auf** Spanisch

Präposition und Kasus

Präpositionen bestimmen den Kasus (grammatischen Fall) des Wortes, bei dem sie stehen. Es hängt also von der Präposition ab, in welchem Fall das folgende Nomen oder Pronomen steht. Diese Beugung des Nachfolgewortes wird **auch Rektion** genannt. Präpositionen können allerdings nur den **Genitiv**, den **Dativ** und den **Akkusativ** verlangen.

Es gibt sowohl Präpositionen, bei denen klar ist, welchen Kasus sie nach sich ziehen, als auch Präpositionen, bei denen mehrere Varianten richtig sind.

Bezugswort	Präpositionen	Beispiele
im Genitiv	*anstatt, anstelle, aufgrund, bezüglich, dank, entgegen, innerhalb, jenseits, laut, mangels, mittels, seitens, statt, trotz, während, wegen, um … willen*	**Anstelle des Pferdes** bekam ich eine Katze. **Mangels Beweises** musste der Angeklagte freigesprochen werden. **Wegen** plötzlichen **Schneefalls** kam es zu einem Verkehrschaos.
im Dativ	*ab, aus, bei, entgegen, entsprechend, gegenüber, mit, nach, samt, von, von … an, vor, zu*	**Bei schlechtem Wetter** gehe ich nicht spazieren. Ich telefoniere lieber **mit meinen Freunden.**

Bezugswort	Präpositionen	Beispiele
im Akkusativ	*bis, für, ohne, gegen, in, wieder*	**Wider das Gewissen** sollte man nicht handeln. **Ohne meine Brille** bin ich hilflos.
im Dativ oder Akkusativ	*an, auf, hinter, in, neben, über, unter, vor, zwischen*	**Hinter dem Berg** liegt das Meer. Stell dich bitte **hinter das andere Kind.**

Feste Verbindungen von Verb/Adjektiv + Präposition

Einige Verben und Adjektive verlangen bestimmte Präpositionen. Hier dienen die Präpositionen nur zur Verbindung des Verbs oder Adjektivs mit einem Objekt. Die Präpositionen sind hier nicht verhältnisbestimmend:

Die Bewohner sind **besorgt über** das Ausmaß der Überschwemmung.
Sie sind **dankbar für** Hilfe von außen und **froh über** jeden Lichtblick.
Mit den bisherigen Maßnahmen sind sie nicht **zufrieden**.
Beim Abendessen **redet** jeder **über** das, was am Tag passiert ist.

Zusammenfassung

Präpositionen sind Verhältniswörter. Folgende Verhältnisse können sie zum Ausdruck bringen:

temporale (*während, seit…*)
lokale (*auf, unter…*)
kausale (*trotz, dank…*)
modale (*mit, wider…*)

Lern-Video

Adverbien

Das Adverb (Umstandswort), Plural: die Adverbien, bezeichnet die näheren Umstände eines Geschehens. Es liefert zusätzliche Informationen und ist in gewisser Weise ein Beiwort zum Verb. Adverbien bleiben – im Gegensatz zu Adjektiven – immer unverändert, sie werden **nicht dekliniert**.

Das Adverb im Satz

Adverbien können im Satz **verschiedene Funktionen** übernehmen.

1. Sie können als **adverbiale Bestimmung** ein selbstständiges Satzglied sein und sich so auf das Verb oder den ganzen Satz beziehen.

Bezug auf das Verb	Ich **gehe auf kürzestem** Weg in die Schule.
Bezug auf den Satz	**Meistens** sind dort schon alle meine Freunde.

2. Adverbien können die Funktion eines **Attributs** einnehmen. Dann bestimmen sie ein Adjektiv, ein anderes Adverb oder ein Nomen näher.

Nähere Bestimmung eines	Beispiele
Adjektivs	Ich lese gerade ein **besonders interessantes** Buch.
Adverbs	Ich bekomme mein Taschengeld **immer wöchentlich.**
Nomens	Die **Pizzeria dort drüben** macht die beste Pizza.

Viele Adverbien werden **aus Nomen gebildet**. Dies ist möglich, indem man beispielsweise die Endungen **-s, -los, -weise** anhängt.

Bildung von Adverbien aus Nomen	
Nomen	**Adverb**
der Montag der Sonntag der Morgen der Mittag der Abend	montags sonntags morgens mittags abends

Bildung von Adverbien aus Nomen	
Nomen	**Adverb**
der Zweifel die Ahnung die Hemmung das Geräusch	zweifellos ahnungslos hemmungslos geräuschlos
der Stapel die Reihe	stapelweise reihenweise

Pronominaladverbien

Pronominaladverbien werden manchmal auch als **Präpositionsadverbien** bezeichnet. Diese Bezeichnung verweist darauf, dass sie gebildet werden, indem man den Adverbien *da, hier* und *wo* eine Präposition anhängt.
Zu den Pronominaladverbien zählen z. B. *dabei, dadurch, dafür, dagegen, dahinter, dazwischen, hierauf, hierdurch, hiermit, wonach, wobei.*
Bei den Präpositionen, die mit einem Vokal beginnen, wird zwischen *da* und *wo* und die Präposition ein **-r** eingefügt, z. B. *daran, darauf, darin, woraus, worüber.*

Lokaladverbien

Lokaladverbien geben Auskunft über Ort oder Richtung eines Geschehens. Sie antworten auf die Fragen *wo, wohin, woher?* Zu ihnen zählen z. B. *dort, hier, dahin, draußen, links, rechts, überall:*

Dort steht jemand, der dir sehr ähnlich sieht.
Lass uns nach **hinten** gehen.

Temporaladverbien

Temporaladverbien bestimmen eine Handlung oder ein Ereignis zeitlich näher. Dabei können sie Aussagen machen über den Zeitpunkt, die Dauer und eventuelle Wiederholung eines Geschehens. Sie antworten auf die Fragen *wann, wie lange?* Zu ihnen zählen z. B. *morgens, heute, spät, dienstags, jetzt, sofort, immer, bald, zunächst, nochmals, einmal:*

Heute übernachte ich bei Freunden.
Er möchte dich **sofort** sehen.
Morgens frühstücken wir **immer** zusammen.

Modaladverbien

Modaladverbien werden eingesetzt, um Aussagen über die Qualität (Art und Weise) und die Quantität (Menge) zu machen. Sie antworten auf die Fragen *wie, auf welche Weise, womit?* Zu ihnen zählen z. B. *gern, genauso, einigermaßen, ungefähr, ziemlich, gratis, hoffentlich:*

Um einen Kuchen zu backen, muss man alle Zutaten **portionsweise** abwiegen.
Dann muss man die Zutaten **zügig** miteinander mischen.

Kausaladverbien

Kausaladverbien geben Auskunft über den Grund eines Geschehens. Sie antworten auf die Fragen *warum, weshalb?* Zu ihnen zählen z. B. *deshalb, wegen, darum, folglich, daher, notfalls, anstandshalber:*

Er hat sich das Schienbein gebrochen, **folglich** geht er an Krücken.
Anstandshalber geben wir ihnen noch eine Chance.

Steigerung des Adverbs

Die meisten Adverbien bilden keine eigenen Steigerungsformen. Die Gradunterschiede werden durch die Wörter *mehr* und *weiter* für den Komparativ und *am meisten, am weitesten* für den Superlativ angegeben:

Mike läuft vorn.
Marie läuft **weiter** vorn.
Annette läuft **am weitesten** vorn.

Nur einige wenige Adverbien kennen Steigerungsformen. Von diesen bilden einige den **Komparativ** und den **Superlativ regelmäßig**, andere **unregelmäßig**.

	Positiv	Komparativ	Superlativ
regelmäßig	oft wenig wohl	öfter weniger wohler	am öftesten am wenigsten am wohlsten
unregelmäßig	bald gerne sehr	eher lieber mehr	am ehesten am liebsten am meisten

Zusammenfassung

Adverbien sind Umstandswörter. Man unterscheidet:
Pronominaladverbien (*dazwischen, dafür…*)
Lokaladverbien (*hier, links…*)
Kausaladverbien (*darum, deshalb…*)
Temporaladverbien (*heute, montags…*)
Modaladverbien (*genauso, ziemlich…*)

Numeralien

Numeralien sind Zahlwörter, mit denen Zahlvorstellungen ausgedrückt werden, z. B. *drei, vierte, zahlreich, wenig, viel.* Grammatikalisch gesehen sind sie eine eigene Wortart, die sich allerdings zum Teil mit anderen Wortarten, beispielsweise den Adjektiven, vergleichen lässt.

Wird ein Numerale als **Begleiter eines Nomens** genutzt, kann man von **Zahladjektiv** sprechen, tritt das Numerale aber an die **Stelle eines Nomens**, spricht man vom **Numeral-** oder **Indefinitpronomen**.

als Zahladjektiv	als Indefinitpronomen
Siehst du da hinten die **drei** unheimlichen **Gestalten**?	Was sie da tun, wissen nur **wenige**.

Die unterschiedlichen Numeralien	
Bruchzahlen	ein Drittel, ein Viertel
Gattungszahlen	einerlei, dreierlei
Kardinalzahlen	drei, vier, fünf, …
Ordinalzahlen	zweiter, dritter, vierter, …
Vervielfältigungszahlen	einfach, doppelt, fünffach
Wiederholungszahlen	einmal, zweimal

Zusammenfassung

Numeralien sind Zahlwörter. Sie stellen keine eigene Wortart im engeren Sinne dar, sondern können als Nomen (die *Million*), als Indefinitpronomen (*wenige* Menschen), als Adjektive (*fünf* Finger) oder als Adverb (*erstens*) vorkommen.

Interjektionen

Interjektionen (Ausrufe) sind als Wortart meist im mündlichen Gebrauch der deutschen Sprache zu finden. Interjektionen gehören zu den unveränderbaren Wortarten.

Man unterscheidet **Ausdrucks- und Empfindungswörter**, die Gefühle wie Freude, Schmerz, Ekel, Bedauern, Angst oder Verwunderung ausdrücken und **Lautnachahmungen**, die menschliche, tierische oder sonstige Laute nachahmen.

Ausdrucks- und Empfindungswörter	Lautnachahmungen
juchhu	hatschi
hurra	hicks
heißa	kuckuck
aua	miau
autsch	kikeriki
igitt	wauwau
bäh	klingeling
pfui	ticktack
oje	rums
auweia	boing
auweh	peng
herrje	
huch	
oh	

Zusammenfassung

Interjektionen sind Ausrufewörter (*aua*, *igitt*) oder Lautnachahmungen (*miau*, *hatschi*).

Subjekt und Prädikat

Das Subjekt eines Satzes sagt aus, wer etwas tut oder was geschieht. Es wird deshalb auch als **Satzgegenstand** bezeichnet. Das Prädikat ist das wichtigste Satzglied. Mit ihm wird etwas über das Subjekt ausgesagt, deshalb heißt es auch Satzaussage.

Das Subjekt

Das Subjekt wird durch die Frage *Wer oder Was?* erfragt, es steht also immer im **Nominativ**.

Das Subjekt kann aus verschiedenen Wortarten gebildet werden: z. B. aus Nomen (mit Artikel), aus Eigennamen oder Personalpronomen.

Subjekt	Beispiele
Nomen	Das Haus steht direkt am Strand. **Frage nach dem Subjekt:** *Wer oder was* steht direkt am Strand? *Das Haus* steht direkt am Strand.
Personalpronomen	Es hat dunkelgrüne Fensterläden. **Frage nach dem Subjekt:** *Wer oder was* hat dunkelgrüne Fensterläden? *Es* hat dunkelgrüne Fensterläden.
Eigenname	Felix isst einen Hamburger. **Frage nach dem Subjekt:** *Wer oder was* isst einen Hamburger? *Felix* isst einen Hamburger.

Ausnahme: In den meisten Fällen steht das Subjekt **am Satzanfang**, es kann aber auch in der Satzmitte stehen oder am Ende des Satzes. Diese Sätze sind aber eher selten. Sie klingen meist auch nicht gut.

Eher selten: Es lernen **viele** Spanisch.
Ein Skateboard wünscht sich **Bea** zum Geburtstag.
Besser so: Viele lernen Spanisch.
Bea wünscht sich ein Skateboard zum Geburtstag.

Das Prädikat

Die Stellung des Prädikats

Im Hauptsatz steht das Prädikat immer als zweites Satzglied, im Nebensatz als letztes.

Prädikat im Hauptsatz	Prädikat im Nebensatz
Im Herbst *regnet* es oft. Blätter *fallen* zu Boden.	Der Herbst kann schön sein, auch wenn es oft *regnet*.

Die Personalform des Verbs

Das Prädikat besteht immer aus der Personalform eines Verbs, das heißt, es muss mit dem **Subjekt** in **Person und Numerus übereinstimmen**. Diese Übereinstimmung nennt man auch **Kongruenz**. Die Personalform des Verbs wird auch **konjugierte** oder **finite Verbform** genannt:

Ich lerne Spanisch.
Wir lernen Spanisch.

Einteilige und mehrteilige Prädikate

Prädikate können sowohl **einteilig** als auch **mehrteilig** sein. Bei mehrteiligen Prädikaten kann die Personalform des Vollverbs durch ein **Partizip** ersetzt werden, wie es bei der Bildung einiger Zeiten der Fall ist. Hier wird die Personalform durch das **Hilfsverb** angegeben.

Prädikat	Beispiele
einteilig	Mirko *spielt* (Personalform) Schach.
mehrteilig	Mirko *hat* (Personalform) Schach *gespielt* (Partizip). Die Zeit zwischen den Zügen *wird* (Personalform) *gestoppt* (Partizip).

Der Infinitiv als Ergänzung

Die Personalform des Verbs kann durch den **Infinitiv** ergänzt werden, wie es im Futur und bei der Nutzung der Modalverben der Fall ist.

Futur	Der Sieger *wird* (Personalform) ein kleines Preisgeld *erhalten* (Infinitiv).
Modalverben	Auch beim nächsten Turnier *will* (Personalform) Mirko wieder mit von der Partie *sein* (Infinitiv).

Die Prädikatsklammer

Ein zweiteiliges Prädikat kann auch aus einem zusammengesetzten Verb gebildet werden. Die Prädikatsteile, die andere Satzglieder umschließen, werden als **Prädikatsklammer** bezeichnet.

	Prädikatsklammer
einpacken	Alle Schachspieler *packen* ihre Figuren *ein*.
abbauen	Die Verantwortlichen *bauen* die Schachtische *ab*.

Das Prädikativ

Das Prädikativ ist Teil des Prädikates. Allerdings ist es kein Verb, sondern ein Nomen, das nach bestimmten Verben steht. Es kann im Nominativ stehen, wenn es sich auf das Subjekt bezieht. Man erfragt es mit *Wer oder Was?* und spricht in diesem Fall vom **prädikativen Nominativ**. Vor allem die Verben *sein, werden, bleiben, scheinen* und *heißen* verlangen dieses Prädikativ.

Satz	Prädikat	prädikativer Nominativ
Sie **wird** später sicher **Sportreporterin**.	wird	Sportreporterin
Sie bleibt immer ein **kleines Mädchen**.	bleibt	kleines Mädchen

Das Prädikativ kann aber auch im Akkusativ stehen, wenn es sich auf das Akkusativobjekt des Satzes bezieht. Man erfragt es mit *Wen oder Was?* und spricht in diesem Fall vom **prädikativen Akkusativ**.
Vor allem die Verben *nennen, finden, heißen, schelten* und *schimpfen* verlangen dieses Prädikativ.

Satz	Prädikat	prädikativer Akkusativ
Die anderen Jungen **schimpften** ihn **einen Feigling**	schimpften	einen Feigling
Sie **nannten sie** die **rasende Reporterin**	nannten	rasende Reporterin

Zusammenfassung

- Das **Subjekt** ist der Satzgegenstand.
  Man erfragt es mit: „Wer oder was tut etwas?"
  Das Subjekt steht im Nominativ.
- Das **Prädikat** ist die Satzaussage.
  Im Hauptsatz steht der flektierte Teil des Prädikats normalerweise an zweiter Stelle, im Nebensatz an letzter.

Lern-Video

Objekte

Die meisten deutschen Sätze brauchen mindestens ein Objekt, um vollständig zu sein. Das Objekt bezeichnet die Person oder Sache, auf die sich eine Handlung oder ein Geschehen bezieht. Im Deutschen gibt es vier Objekte.

Das Genitivobjekt

Das **Genitivobjekt** ist wenig gebräuchlich und wird nur von wenigen Verben verlangt, z. B. *gedenken, erinnern, bedürfen, erbarmen.* Es beantwortet die Frage *wessen?*

Die Familie erinnerte sich **der** gemeinsam verbrachten **Urlaube**.
Frage nach dem Genitivobjekt: *Wessen* erinnerte die Familie sich?

Das Genitivobjekt kann durch verschiedene Wortarten und Wortgruppen gebildet werden.

Ich gedachte **meines Urlaubs**. → Nominalgruppe
Er erbarmte sich **Karls**. → Nomen
Ich erinnerte mich **dessen**. → Pronomen
Er freute sich, **das Leben zu genießen**. → Nebensatz

Oftmals wird das Genitivobjekt durch ein Präpositionalobjekt ersetzt. Auch dies führt dazu, dass das Genitivobjekt immer seltener vorzufinden ist.

Genitivobjekt	Präpositionalobjekt
Ich erinnerte mich **des Urlaubs**.	Ich erinnerte mich **an den Urlaub**.

Das Dativobjekt

Das **Dativobjekt** beantwortet die Frage *wem?*

Die Kette gehört **Paula**.
Frage nach dem Dativobjekt: *Wem* gehört die Kette?

Das Dativobjekt kann ebenfalls durch verschiedene Wortarten und Wortgruppen gebildet werden.

Ich danke **meiner Mutter**. → Nominalgruppe
Ich danke **ihr**. → Pronomen
Luise gibt **ihrer besten Freundin** ihr Tagebuch. → Attributive Wortgruppe

Verben, nach denen ein Dativobjekt steht, werden **intransitive Verben** genannt:

Lisa **gleicht ihrer Schwester** aufs Haar.
Max **hilft seinem Bruder** bei den Hausaufgaben.

Das Akkusativobjekt

Das **Akkusativobjekt** ist das am häufigsten verwendete Objekt. Es beantwortet die Frage *wen oder was?*

Paula findet **die Kette** wunderschön.
Frage nach dem Akkusativobjekt: *Wen oder was* findet Paula wunderschön?

Verschiedene Wortarten oder Wortgruppen können das Akkusativobjekt bilden.

Ich besuche **das Konzert**. → Artikel + Nomen
Ich liebe **Karl**. → Nomen
Karl liebt **mich**. → Pronomen
Ich hasse es, **Sellerie zu essen**. → Infinitivgruppe

Verben, die ein Akkusativobjekt erfordern, werden **transitive Verben** genannt:

Hanna **besucht ihren Onkel** in Paris.
Für die lange Reise **nimmt** sie **den Zug**.
Sie **lernt** unterwegs **nette Menschen** kennen.

Das Präpositionalobjekt

Das **Präpositionalobjekt** steht im Akkusativ oder im Dativ. Es hängt von Verben ab, die mit einer Präposition verbunden sind. Diese Präposition bestimmt den Kasus des Objekts.
Das Präpositionalobjekt wird mit der entsprechenden Präposition und dem Fragewort erfragt.

Matthis spricht *mit Aisha.* **Mit wem** spricht er? *Mit Aisha.*	Päpositionalobjekt im Dativ
Sie sprechen *über Grammatik.* **Worüber** sprechen sie? *Über Grammatik.*	Päpositionalobjekt im Akkusativ

Die Reihenfolge der Objekte im Satz

Manche Prädikate ziehen mehrere Objekte nach sich.

Die Bedienung bringt	**Felix**	**den Hamburger.**
	Dativobjekt (*Wem* bringt sie den Hamburger?)	**Akkusativobjekt** (*Wen* oder *was* bringt sie Felix?)

Wenn ein Satz ein Dativ- und ein Akkusativobjekt enthält, hängt die Reihenfolge davon ab, wie die Objekte gebildet werden. Bestehen beide Objekte aus einem **Nomen** oder einer **Wortgruppe**, steht in der Regel das Dativobjekt vor dem Akkusativobjekt:

Sie bringt **Felix** den Hamburger.
Er leiht **meiner Schwester** seinen CD-Player.

Wird eines der Objekte durch ein Pronomen ersetzt, steht dieses Objekt an erster Stelle:

Sie bringt **ihn** Felix.
Er leiht **ihr** seinen CD-Player.

Werden allerdings beide Objekte durch ein Pronomen ersetzt, steht das Akkusativobjekt vor dem Dativobjekt:

Sie bringt **ihn ihm**.
(*Wen?* den Hamburger, *Wem?* Felix)
Er leiht **ihn ihr**.
(*Wen?* den CD-Player, *Wem?* meiner Schwester)

Zusammenfassung

Das Objekt ist eine Satzergänzung. Man unterscheidet zwischen dem
Genitivobjekt (Ich gedenke *meiner Großeltern.*)
Dativobjekt (Paul dankt *seiner Schwester.*)
Akkusativobjekt (Luise füttert *den Hund.*)
Präpositionalobjekt (Anna erinnert sich *an ihre Verabredung.*)

Adverbiale Bestimmungen und Attribut

Adverbiale Bestimmungen sind Satzglieder, mit deren Hilfe genauere Angaben zu den Umständen eines Geschehens gemacht werden können. Man nennt sie deshalb auch Adverbiale oder **Umstandsbestimmungen**. Das Attribut (Beifügung) ist eine Ergänzung zu einem Satzglied und bestimmt dieses näher.

Man unterscheidet verschiedene **adverbiale Bestimmungen**. Die Frageprobe gibt Auskunft darüber, welchen Umstand sie jeweils näher bestimmen.

Die adverbiale Bestimmung der Zeit

Die adverbiale Bestimmung der Zeit oder das **Temporaladverbiale** gibt Zeitpunkt oder Dauer, Häufigkeit oder Wiederholungen eines Geschehens oder Sachverhaltes an. Temporaladverbialien werden erfragt durch *Wann? Seit wann? Bis wann? Wie oft? Wie lange?* Oft stehen sie zusammen mit den Präpositionen *seit, bis, vor, während, nach.*

Adv. Best. der Zeit	Fragewort
Heute scheint die Sonne.	*Wann* scheint die Sonne?
Bis gestern hat es geregnet.	*Bis wann* hat es geregnet?

Die adverbiale Bestimmung des Ortes

Die adverbiale Bestimmung des Ortes oder das **Lokaladverbiale** gibt den Ort oder die Richtung und räumliche Ausdehnung eines Sachverhaltes oder Geschehens näher an. Lokaladverbialien werden erfragt durch *Wo? Wohin? Wie weit? Woher?* Oft stehen sie zusammen mit den Präpositionen *auf, unter, vor, zwischen.*

Adv. Best. des Ortes	Fragewort
Auf dem Markt gibt es Biogemüse.	*Wo* gibt es Biogemüse?
Sie kamen **aus der Stadt**.	*Woher* kamen sie?

Die adverbiale Bestimmung des Grundes

Die adverbiale Bestimmung des Grundes oder das **Kausaladverbiale** gibt die Ursache und den Grund eines Geschehens oder Sachverhaltes an.
Kausaladverbialien werden erfragt durch *Warum? Wieso? Weshalb?*
Oft stehen sie zusammen mit den Präpositionen *wegen, durch, aus, aufgrund.*

Adv. Best. des Grundes	Fragewort
Aufgrund eines Stromausfalls musste die Schule geschlossen bleiben.	*Weshalb* musste die Schule geschlossen bleiben?
Die Schüler jubelten **aus lauter Freude**.	*Warum* jubelten die Schüler?

Die adverbiale Bestimmung der Art und Weise

Die adverbiale Bestimmung der Art und Weise oder das **Modaladverbiale** gibt nähere Auskünfte über die Begleitumstände eines Sachverhaltes oder Geschehens. Modaladverbialien werden erfragt durch *Wie? Wie sehr? Auf welche Weise?*
Oft stehen sie zusammen mit den Präpositionen *aus, mit, unter, durch.*

Adv. Best. der Art und Weise	Fragewort
Sie freut sich **riesig** über ihren Sieg.	*Auf welche Weise* freut sie sich?
Ganz außer Atem rannte sie über die Ziellinie.	*Wie* rannte sie über die Ziellinie?

Die adverbiale Bestimmung des Mittels

Die adverbiale Bestimmung des Mittels oder das **Instrumentaladverbiale** gibt genauer Auskunft über die Mittel, mit denen ein Sachverhalt oder ein Geschehen erreicht wird. Instrumentaladverbialien werden erfragt durch *Womit? Wodurch?*
Oft stehen sie zusammen mit den Präpositionen *durch* und *mit.*

Adv. Best. des Mittels	Fragewort
Sie fährt **mit dem Fahrrad** zu ihrer Freundin.	*Womit* fährt sie?
Durch fleißiges Üben konnte er seine Leistungen verbessern.	*Wodurch* konnte er seine Leistungen verbessern?

Die adverbiale Bestimmung der Bedingung

Die adverbiale Bestimmung der Bedingung oder das **Konditionaladverbiale** gibt an, welche Bedingungen erfüllt sein müssen, damit ein Sachverhalt eintritt.
Konditionaladverbialien werden erfragt durch *Unter welchen Bedingungen? In welchem Fall?*

Adv. Best. der Bedingung	Fragewort
Wenn die Sonne scheint, können wir einen Ausflug machen.	*Unter welchen Bedingungen* können wir einen Ausflug machen?
Bei wiederholter Ruhestörung muss die Disco leider schließen.	*In welchem Fall* muss die Disco schließen?

Die adverbiale Bestimmung des Zwecks

Die adverbiale Bestimmung des Zwecks oder das **Finaladverbiale** gibt den Zweck eines Geschehens oder die Absicht einer Handlung an. Finaladverbialien werden erfragt durch *Zu welchem Zweck? Wozu? Mit welcher Absicht?*

Adv. Best. des Zwecks	Fragewort
Diese Einteilung dient **zum besseren Verständnis**.	*Zu welchem Zweck* dient diese Einteilung?
Zum Fotografieren nutzen viele heute das Handy.	*Wozu* wird das Handy genutzt?

Die adverbiale Bestimmung der Folge

Die adverbiale Bestimmung der Folge oder das **Konsekutivadverbiale** gibt die Folgen eines Geschehens oder Sachverhaltes näher an. Konsekutivadverbialien werden erfragt durch *Mit welcher Folge? Mit welcher Wirkung?*

Adv. Best. der Folge	Fragewort
Zur großen Enttäuschung ihrer Eltern lagen sie noch um halb zwölf im Bett.	*Mit welcher Folge* lagen sie noch um halb zwölf in Bett?

Die adverbiale Bestimmung der Einschränkung

Die adverbiale Bestimmung der Einschränkung oder das **Konzessivadverbiale** gibt Auskunft über den Gegengrund eines Sachverhaltes oder Geschehens. Konzessivadverbialien werden erfragt durch *Trotz welchen Umstandes? Trotz welcher Voraussetzungen?*

Adv. Best. der Einschränkung	Fragewort
Trotz des schönen Wetters ist mir langweilig.	*Trotz welcher Voraussetzung* ist mir langweilig?

Die adverbialen Bestimmungen im Überblick

Adverbiale Bestimmung	Lateinische Bezeichnung	Fragen
der Zeit	Temporaladverbiale	Seit wann? Bis wann? Wie oft? Wie lange?
des Ortes	Lokaladverbiale	Wo? Wohin? Wie weit? Woher?
des Grundes	Kausaladverbiale	Warum? Wieso? Weshalb?
der Art und Weise	Modaladverbiale	Wie? Wie sehr? Auf welche Weise?
des Mittels	Instrumentaladverbiale	Wodurch? Womit?
der Bedingung	Konditionaladverbiale	Unter welchen Bedingungen? In welchem Fall?
des Zwecks	Finaladverbiale	Wozu? Zu welchem Zweck?
der Folge	Konsekutivadverbiale	Mit welcher Folge? Mit welcher Wirkung?
der Einschränkung	Konzessivadverbiale	Trotz welchen Umstandes? Trotz welcher Voraussetzungen?

Tipp

Präpositionalobjekt oder adverbiale Bestimmung?
Wenn die adverbiale Bestimmung aus einer Präposition und einem Nomen gebildet wird, ähnelt sie manchmal sehr einem Präpositionalobjekt. Dann kann man beide Satzglieder leicht miteinander verwechseln:

Lena passt **auf dem Spielplatz** (adverbiale Bestimmung des Ortes) **auf ihren kleinen Bruder** (Präpositionalobjekt) auf.

Hier gibt es einen ganz leichten Trick: Für die Frage nach der adverbialen Bestimmung genügt allein ein Fragepronomen, das Präpositionalobjekt erfragst du hingegen zusätzlich mit der Präposition, mit der es verbunden ist:

Lena passt auf dem Spielplatz (**wo?**) auf ihren kleinen Bruder (**auf wen?**) auf.

Das Attribut

Das Attribut kann dem Subjekt, dem Objekt oder der adverbialen Bestimmung zugehören und dies näher bestimmen. Es gibt verschiedene Arten von Attributen. Sie können bei der Umstellprobe nicht alleine verschoben werden.

Beispiele	Attribute
das **rothaarige** Mädchen	Adjektivattribut
Harry, **der Zauberlehrling**, war in Gefahr.	Apposition
der Eiffelturm **in Paris**	präpositionales Attribut
die Schlange **dort**	Adverb
dieser Bösewicht	Pronomen
drei Freunde	Zahlwort

Zusammenfassung

- **Adverbiale Bestimmungen** geben an, wann etwas passiert (*heute, morgen*), wo etwas passiert (*in der Schule*), warum etwas passiert (*aufgrund des Regens*), wie etwas passiert (*völlig außer sich*), mit welchen Mitteln etwas passiert (*mit viel Geduld*), unter welchen Bedingungen etwas passiert (*im Falle eines erneuten Unwetters*), zu welchem Zweck etwas geschieht (*zur Verbesserung des Klassenklimas*), welche Folgen ein Geschehen hat (*infolge des guten Notendurchschnitts*) und trotz welcher Einschränkung etwas geschieht (*trotz des schlechten Notendurchschnitts*).
- Attribute sind Satzgliedteile. Man unterscheidet Adjektivattribute (der *bissige* Hund), Appositionen (Stefka, *die gestreifte Tigerkatze*, schläft auf der Fensterbank), präpositionale Attribute (das Haus *am Ende der Straße*), Adverbien (das Buch *hier*), Pronomen (*diese* Aussage) und Zahlwörter (*sieben* Zwerge).

Satzgliedproben

Lern-Video

Wenn Satzglieder aus Wortgruppen bestehen oder mehrere Begleiter haben, ist es oft nicht leicht herauszufinden, welche Wörter zu einem Satzglied gehören. Die Satzgliedproben helfen in diesen Fällen bei der Bestimmung.

Die Umstellprobe

Bei der **Umstellprobe** wird die Reihenfolge der Wörter im Satz verändert. Der Satz muss dabei sinnvoll und vollständig bleiben. Alle Wörter, die bei einer Umstellung entweder **allein** oder nur als **Wortgruppe** umgestellt werden können, bilden ein Satzglied.

Satzglieder				
Alle Schüler	kommen	um zehn Uhr	zum Fototermin	auf den Pausenhof.
Um zehn Uhr	kommen	alle Schüler	zum Fototermin	auf den Pausenhof.
Zum Fototermin	kommen	um zehn Uhr	alle Schüler	auf den Pausenhof.

Die Ersatzprobe

Bei der **Ersatzprobe** werden einzelne Satzglieder durch Satzglieder derselben Art ersetzt. Auf diese Weise kann man die Satzglieder ebenfalls unterscheiden.

Hanna | liest | ein Buch.
Sie | liest | es.
Hanna | geht | in einer Stunde | zum Reiterhof.
Sie | geht | nachher | dorthin.

Die Weglassprobe

Um herauszufinden, welche Satzglieder für das Verständnis eines Satzes notwendig sind, wird die **Weglassprobe** eingesetzt. Die Weglassprobe lässt sich nicht auf Subjekte und Prädikate anwenden.

Ich traf ihn ~~in der Pizzeria~~. Ich traf ihn.
Die ~~schwere~~ Aufgabe konnte ~~nur mit großer Mühe befriedigend~~ gelöst werden.
Die Aufgabe konnte gelöst werden.

Alle diese Proben können dazu dienen, herauszufinden, welche Wörter oder Wortgruppen ein zusammengehörendes Satzglied bilden. Ein Satzglied muss immer komplett umgestellt, ersetzt oder weggelassen werden können.

Hauptsätze

Hauptsätze erkennt man daran, dass sie sinnvoll allein stehen können und von keinem anderen Satz abhängen. Werden mehrere Hauptsätze zu einem Satz verbunden, spricht man von einer Satzreihe (Parataxe). Oft werden nebenordnende Konjunktionen gebraucht, um mehrere Hauptsätze in einem Satz zu verbinden.

Der Aussagesatz

Der Aussagesatz ist die gebräuchlichste Satzart. Feststellungen, Mitteilungen oder Sachverhalte werden in Aussagesätzen formuliert. Im Aussagesatz steht das Satzglied „Prädikat" an zweiter Stelle, also direkt nach dem Subjekt. Der Aussagesatz wird mit einem Punkt als Satzschlusszeichen beendet:

Louise ist ein schlaues Mädchen.
Du sollst nach Hause kommen.
Mein Handy kann sich Geburtstage merken.

Der Fragesatz

Fragesätze dienen dazu, Informationen zu einem Sachverhalt zu bekommen. Bei den Fragesätzen lassen sich **Entscheidungsfragen, Alternativfragen** und **Ergänzungsfragen** unterscheiden. Am Ende steht immer ein Fragezeichen.

Entscheidungsfragen

Fragesätze, die nur mit *Ja* oder *Nein*, eventuell noch mit *Vielleicht* oder *Kann sein* beantwortet werden können, nennt man **Entscheidungsfragen**. Mit diesen Fragen versucht man in Erfahrung zu bringen, ob etwas wirklich so ist, wie man denkt. Bei den Entscheidungsfragen steht die **Personalform des Verbs an erster Stelle**.

Frage	Antwort
Gehst du mit ins Schwimmbad?	Ja/Nein
Glaubt ihr, es gibt Leben in anderen Galaxien?	Ja/Nein/Vielleicht/Kann sein

Alternativfragen

Es ist aber auch möglich, Entscheidungsfragen zu stellen, bei denen man schon eine Alternativantwort mitliefert. Diese Fragen werden **Alternativfragen** genannt. Die Konjunktion *oder* verbindet die Alternativen:

Magst du **Pizza oder Nudeln** zum Mittagessen?
Machen wir **eine oder zwei** Wochen Urlaub?

Ergänzungsfragen
Fragesätze, bei denen es darum geht, umfassendere Information zu erhalten oder genauer über etwas Bescheid zu wissen, heißen **Ergänzungsfragen**. Sie werden mit Fragewörtern (*wer, was, wann, wo, warum …*) eingeleitet. Da die Fragewörter alle mit W beginnen, werden diese Fragen auch als **W-Fragen** bezeichnet. Die **Personalform des Verbs** steht **an zweiter Stelle**.
Die Antworten auf diese Fragen können ganz unterschiedlich ausfallen, sie können aus einem Wort, einer Wortgruppe oder auch aus einem ganzen Satz bestehen.

Frage	Antwort
Wann gehst du ins Stadion?	Morgen.
Wo findet das Fußballspiel statt?	In Mainz.
Wie kommst du nach Mainz?	Meine Mutter fährt mich hin.

Der Aufforderungssatz
Der Aufforderungssatz formuliert eine Bitte, einen Befehl oder eine Forderung. Meistens wird dabei eine andere Person angesprochen. In diesem Fall steht die Personalform des Verbs **an erster Stelle** und in der Befehlsform (Imperativ). Der Aufforderungssatz endet immer mit einem Ausrufezeichen:

Geht sofort von der Mauer runter**!**
Hilf bitte deiner Mutter beim Wäscheaufhängen**!**
Helfen Sie den Menschen im Erdbebengebiet**!**

Eine Aufforderung kann aber auch ganz allgemein gehalten sein. In diesen Fällen entfällt die Personalform und der **Infinitiv** des Verbs steht am **Schluss**:

Tiere bitte nicht **füttern!**
Rasen nicht **betreten!**
Vor Inbetriebnahme Batterie **einsetzen!**

Es kann aber auch sein, dass sich der Sprecher der Bitte oder Aufforderung an eine Gruppe wendet, der er selbst angehört. Auch in diesen Fällen steht die Personalform des Verbs an der ersten Stelle des Satzes, allerdings im Konjunktiv I Präsens. Das gilt auch, wenn die angesprochene Person gesiezt wird:

Beeilen wir uns mit dem Aufräumen!
Sammeln wir erst einmal Vorschläge!
Seien Sie bitte ruhig!

Der Wunschsatz

Der Wunschsatz wird häufig im Konjunktiv ausgedrückt. Dabei können Wunschsätze sowohl im Konjunktiv II Präteritum als auch im Konjunktiv II Plusquamperfekt formuliert werden. Die Personalform des Verbs steht im Wunschsatz entweder an erster oder an letzter Stelle des Satzes:

Wärst du bloß nicht immer so schlecht gelaunt!
Würden wir doch bloß einmal in einen Freizeitpark fahren!
Wenn **ich** im Lotto **gewänne** (gewinnen würde), ginge ich auf eine große Reise.

Der Ausrufesatz

Der Ausrufesatz ist ein Satz, der hauptsächlich in der gesprochenen Sprache gebraucht wird. Er drückt meist Verwunderung oder Bewunderung aus. Die Personalform des Verbs kann im Ausrufesatz an erster Stelle des Satzes stehen, an zweiter oder auch an letzter Stelle. Am Ende des Ausrufesatzes steht das Ausrufezeichen:

Ist das ein tolles Skateboard**!**
Was man mit dem nicht alles machen **kann!**
Na endlich **sind** die Fotos fertig**!**

Die Satzreihe

Eine Satzreihe besteht aus einer Aneinanderreihung von zwei oder mehr selbstständigen Teilsätzen. Die lateinische Bezeichnung für die Satzreihe lautet **Parataxe**. Inhaltlich eng verbundene Haupt- bzw. Teilsätze werden meist durch ein Komma voneinander getrennt:

Sie reitet viel**,** sie schwimmt gern**,** im Handballverein meldet sie sich allerdings nicht an.

Um die Hauptsätze miteinander zu verbinden, verwendet man oft Konjunktionen (Bindewörter). Konjunktionen, die zwei Hauptsätze verbinden, nennt man **nebenordnende Konjunktionen**.
Vor den Konjunktionen *und, oder, entweder … oder, weder … noch, beziehungsweise* muss kein Komma stehen, sofern die Hauptsätze gleichrangig sind:

Es regnet schon seit Stunden **(,) und** der Wind rüttelt an den Ästen der Bäume.
Entweder ich gehe jetzt noch raus **(,) oder** ich mache es mir auf dem Sofa gemütlich.

Vor den nebenordnenden Konjunktionen *aber, jedoch, denn, sondern, allein, vielmehr, nämlich* **muss immer** ein Komma stehen:

Die meisten fahren gerne Auto**, aber** Bahnfahren ist viel umweltschonender.
Viele können sich keine Zugreise leisten**, denn** die Tickets sind teuer.

In einer Satzreihe müssen die Hauptsätze nicht nacheinander stehen. Ein zweiter Hauptsatz kann auch in einen ersten Hauptsatz eingeschoben sein. Der eingeschobene Satz wird dann als **Paranthese** bezeichnet und steht zwischen Kommas:

Sie könnte**, das zeichnet sich ganz klar ab,** beim Triathlon erfolgreich sein.

Zusammenfassung

Zu den **Hauptsätzen** gehören:

- Aussagesätze (*Judith schreibt.*)
- Fragesätze (*Was schreibt Judith?*)
- Aufforderungssätze (*Judith, schreib jetzt!*)
- Wunschsätze (*Wenn du doch endlich schriebest!*)
- Ausrufesätze (*Das ist aber schön!*)

Eine **Satzreihe** ist eine Aneinanderreihung von zwei oder mehreren Hauptsätzen.

5. / 6. Klasse

Rechtschreibung und Zeichensetzung

Hilfen bei der Rechtschreibung

Es gibt verschiedene Tricks, die in Zweifelsfällen der deutschen Rechtschreibung oft weiterhelfen: die Suche nach verwandten Wörtern, die Verlängerung von Wörtern oder auch die Silbentrennung. In besonders kniffligen Fällen kann man aber natürlich auch in einem Wörterbuch nachschlagen.

Wortverwandte suchen

Oft erfährt man etwas über die richtige Schreibung von Wörtern, wenn man die Schreibung verwandter Wörter kennt. Diese Probe ist hilfreich, wenn man zum Beispiel nicht genau weiß, ob ein Wort mit **au** oder **eu**, **ä** oder **e** geschrieben wird. In diesem speziellen Fall sucht man verwandte Wörter. Werden diese mit **au** oder **a** geschrieben, wird das Wort, bei dem man sich unsicher ist, mit **äu** oder **ä** geschrieben.

ä oder e, äu oder eu	Wortverwandte
F**ä**hre	f**a**hren
sch**äu**men	Sch**au**m
Verk**äu**fer	verk**au**fen, K**au**fmann
l**eu**chten	L**eu**chtreklame, L**eu**chtdiode

Wörter verlängern

Diese Rechtschreibprobe ist besonders geeignet, wenn man unsicher ist, ob ein Wort am Ende mit **d** oder **t**, mit **b** oder **p**, mit **g** oder **k** geschrieben wird,
Weiß man etwa nicht genau, ob *Hand* am Ende mit **d** oder **t** geschrieben wird, verlängert man das Wort, indem man z. B. den Plural bildet. Spricht man *Hände* aus, hört man deutlich, dass der Laut weich und stimmhaft klingt und darum ein **d** und nicht ein **t** geschrieben wird. Entsprechendes gilt dann für das Wort *Hand*.

Wort	Verlängerung	Wort	Verlängerung
Han**d**	Hän**de**	Wal**d**	Wäl**der**
Ta**g**	tä**glich**	kal**t**	Käl**te**
klu**g**	klü**ger**	al**t**	äl**ter**

Zusammensetzungen in Bestandteile zerlegen

Um Zusammensetzungen (Komposita) richtig zu schreiben, hilft es oft, das Wort in seine Bestandteile zu zerlegen.

Komposita	Wortbestandteile
Sauersto**fff**lasche	Sauer-sto**ff-f**lasche
wide**rr**ufen	wide**r-r**ufen
Ra**dd**ampfer	Ra**d-d**ampfer

Die Silbentrennung

Die Silbentrennung ist vor allem dann angebracht, wenn man sich beim Zuhören oder flüssigen Sprechen nicht ganz darüber im Klaren ist, welche Laute im Einzelnen in einem Wort vorkommen. Das **t** in *Katze* kann man leicht überhören, sagt man sich das Wort aber silbenweise vor, merkt man, dass es Kat-ze heißen muss: Frat-ze, Spit-ze, Schu-he, Brot-zeit, Klas-se, Rol-le.

Verschiedene Schreibweisen ausprobieren

Wer viel liest oder aufmerksam durch die Welt geht, hat bei dieser Strategie einen klaren Vorteil. Auch wenn man sich bei der Schreibung einzelner Wörter unsicher ist, so ist man häufig mit dem Schriftbild aus einem der unzähligen Texte, die uns ständig begegnen, vertraut. Darum hilft es oft, verschiedene Schreibweisen eines Wortes auszuprobieren und dann diejenige zu wählen, die uns als die richtige erscheint.

Das Wörterbuch

In einem Wörterbuch nachzuschlagen ist besonders dann sinnvoll, wenn du trotz angewandter Rechtschreibproben und Rechtschreibstrategien unsicher bist. Wörterbücher sind grundsätzlich alphabetisch geordnet, auch innerhalb eines Wortes.

Tipp

Genitiv-s ja oder nein?

Das Wörterbuch gibt auch Auskunft über den dazugehörigen Artikel, das heißt, es macht eine Aussage zum Genus (dem Geschlecht) des Wortes und man kann nachschlagen, wie das Wort im Genitiv lautet. Das ist wichtig, da z. B. zwar den meisten, aber nicht allen Wörtern männlichen Geschlechts im Genitiv ein **-s** angehängt wird. Es heißt nämlich nicht: Das ist der Rüssel des Elefants, sondern *Das ist der Rüssel des Elefanten.*

Lange und kurze Vokale

Die Vokale **a, e, i, o, u** und die Umlaute **ä, ö** und **ü** können lang oder kurz gesprochen werden. Das *a* in *Ratte* z. B. wird kurz gesprochen, das *a* in *raten* hingegen wird lang gesprochen. Die Schreibung der nachfolgenden Buchstaben richtet sich nach der Kürze oder Länge des vorangehenden Vokals.

Wenn man also hört, ob der Vokal lang oder kurz gesprochen wird, kann man in vielen Fällen schon Rückschlüsse auf die weitere Schreibung des Wortes ziehen. Die meisten Fehler lassen sich also durch genaues Hinhören und das folgende Regelwissen vermeiden.

Wörter mit langem Vokal	Wörter mit kurzem Vokal
tr**äu**men, V**a**se, R**e**gen, W**a**gen, L**u**pe, r**o**t, s**a**gen, T**a**l, B**e**sen, W**a**re, l**e**gen, B**oo**t, Kn**o**ten, st**e**hen, k**e**hren, s**ie**ben, H**ie**b, str**eu**nen	Schl**a**mm, sch**i**mpfen, m**e**ckern, L**i**cht, L**o**cke, L**u**ft, g**e**lb, L**ä**rm, **A**st, K**a**nne, H**e**nne, L**ü**cke, R**o**ck, sp**u**cken, Gl**ü**ck, T**e**xt, P**e**tze, Sch**a**tz

Wie bei fast allen Regeln gilt auch hier, dass es Ausnahmen gibt, die man sich einfach einprägen muss. Grundsätzlich gelten aber für Schärfung (kurze Aussprache) und Dehnung (lange Aussprache) von Vokalen die folgenden Regeln.

Zwei Konsonanten nach kurzem Vokal

Folgen auf einen Vokal zwei oder mehrere Konsonanten, so ist der Vokal normalerweise kurz:

Ka**st**en, Pri**nz**, Ba**nd**, lä**st**ern, Ka**rt**e, Wa**ld**, He**rz**, Wi**tz**, Re**st**, ha**st**en, lu**st**ig, Ke**rz**e, Mä**rz**, he**tz**en, Pi**lz**

- Diese Regel gilt **nicht für alle Fremdwörter** mit kurzem Vokal wie z. B. *Papaya, Gig, Taxi* oder *Lexikon*.
- Weiterhin muss man beachten, dass ein **Dehnungs-h**, wie es z. B. in *Rahmen* vorkommt, nicht als Konsonant, der auf einen kurzen Vokal hinweist, zu werten ist.
- **Einige einsilbige Wörter** wie z. B. *das, des, mit, ob, in* oder *man*, die Formen *ich bin* und *er hat* sind von dieser Regel ausgenommen.

Einem kurzen, betonten Vokal kann statt zwei unterschiedlicher Konsonanten auch ein Doppelkonsonant folgen:

Bi**tt**e, Ri**nn**e, ra**ss**eln, Pa**pp**el, Ka**mm**, So**nn**e, Ha**mm**er, re**nn**en, Sti**mm**e, ko**m**-**m**en, su**mm**en, La**mm**, gli**mm**en

Achtung: Ist der vorangehende Vokal unbetont, verdoppelt man den Konsonanten trotzdem

- wenn es sich z. B. um ein stimmloses *s* in einem Fremdwort handelt (z. B. *Fassade, Kassette, passieren*)
- wenn auf die Endungen **-in, -nis, -as, -is** und **-os** in der Wortverlängerung ein Vokal folgt, z. B. *Lehrerin – Lehrerinnen, Ärgernis – Ärgernisse, Ananas – Ananasse*
- in einigen Fremdwörtern, z. B. *Allee, Billion*

Kurzer Vokal vor tz und ck

Die Konsonanten **k** und **z** werden nach einem kurzen, betonten Vokal nicht verdoppelt. Man schreibt anstelle eines Doppelvokals **ck** oder **tz**, sofern dem **k** oder dem **z** nicht bereits ein Konsonant vorangegangen ist (z. B. in *Würze* oder *Marke*):

Ka**tz**e, Mü**tz**e, Pe**tz**e, Scha**tz**, Ki**tz**, pu**tz**en, Pla**tz**, kra**tz**en, bli**tz**en, si**tz**en, schä**tz**en, schü**tz**en, Nu**tz**en, La**ck**, De**ck**e, Mü**ck**e, De**ck**e, kle**ck**ern, schi**ck**, Dre**ck**, ste**ck**en, schlu**ck**en

Ausnahme: Diese Regel gilt nicht für Fremdwörter. Hier kommen **k** und **z** als Doppelkonsonanten vor, z. B. *Marokko, Akkumulation, Razzia, mezzo.*

Ein Konsonant nach langem Vokal

Einem langen, betonten Vokal ohne Längenzeichen folgt nur ein Konsonant.
Die Diphthonge **au, äu, eu, ei, ai** werden wie lange Vokale behandelt:

ra**t**en, rei**s**en, räu**m**en, Sü**d**en, Leu**t**e, sau**g**en, Ti**g**er, lö**s**en, Fi**b**er, Betru**g**, Lo**b**, Lu**p**e, gu**t**, stu**r**, blei**b**en, lei**s**e, Flu**r**, Kai**s**er, Mei**s**e, Blu**t**, Betrü**g**er, Li**d**, Ki**w**i, li**l**a, stö**b**ern, klu**g**

Ausnahme: Diese Regel gilt nicht für Wörter mit Vor- oder Nachsilben oder für zusammengesetzte Wörter. Hier können auf einen langen Vokal zwei oder mehr Konsonanten folgen, z. B. *Vor**st**adt, glau**bh**aft, Spee**rw**urf.*

Das Dehnungs-h

Einem langen Vokal folgt immer ein Dehnungs-*h*, wenn dem langen, betonten Vokal unmittelbar ein kurzer, unbetonter Vokal folgt:

Ru**h**e, ge**h**en, se**h**en, Rei**h**e, Schu**h**e, Krä**h**e

Ausnahme: Nicht der Fall ist dies z. B. bei *Schule* oder *rufen*, da hier dem betonten Vokal ein Konsonant und kein unbetonter, kurzer Vokal folgt.

Einem langen Vokal folgt auch dann ein Dehnungs-*h*, wenn in der **Verlängerung des Wortes** dem langen, betonten Vokal ein kurzer, unbetonter Vokal folgt:

Ku**h** – Kü**he**, na**h** – Nä**he**, frü**h** – Frü**he**, Re**h** – Re**he**, ge**h**! – ge**he**n

Ausnahme: Selten steht ein Dehnungs-h nach dem Diph-thong **ei**. Leider gibt es keine zuverlässige Regel, die die Fälle, in denen ein **h** einem Diphthong folgt, klar von den anderen unterscheidet.

selten so:	**meistens so:**
Gew**eih**, verz**eih**en, ged**eih**en, R**eih**e, l**eih**en, W**eih**er	Geier, Geschrei, Blei, Brei

In vielen Fällen steht ein Dehnungs-*h* nach einem langen, betonten Vokal, wenn dem Vokal **l, m, n** oder **r** folgt. Dies gilt, wenn direkt auf **l, m, n** oder **r** kein weiterer Konsonant folgt:

Mö**hr**e, Hö**hl**e, Ba**hr**e, bo**hr**en, fü**hl**en, kü**hl**

Das Dehnungs-*h* bleibt auch bei Wortableitungen bis auf wenige Ausnahmen erhalten:

fü**h**len – Gefü**hl**, er sta**hl** – Diebsta**hl**,
fa**h**nden – Fa**h**ndung, ka**h**l – Ka**h**lschlag
aber: Blume – blü**h**en, Nadel – nä**h**en

Achtung: In Fremdwörtern steht mit wenigen Ausnahmen nach einem langen Vokal kein -*h*, z. B. *Parade.*

Doppelvokale

In manchen Fällen schreibt man statt eines langen Vokals einen Doppelvokal. Dies gilt allerdings nur für die Vokale **a, e** und **o**:

Aal, H**aa**r, P**aa**r, S**aa**l, F**ee**, M**ee**r, S**ee**, T**ee**, B**oo**t, Z**oo**

Achtung: In der Verkleinerungsform (Diminutiv) wird der Umlaut nicht verdoppelt, z. B. *Härchen, Bötchen.*

Das lange i (i, ie, ieh)

Das lange **i** wird normalerweise **ie** geschrieben. Bei einigen Ausnahmen wird jedoch stattdessen ein einfaches **i** geschrieben. Es gibt leider keine einfache und allgemeingültige Regel, anhand derer man die Ausnahmen vom Normalfall unterscheiden kann. Auch hier muss man sich die Wörter einprägen und im Zweifelsfall im Wörterbuch nachschlagen:

B**ie**st, d**ie**ses, g**ie**ßen, l**ie**gen, s**ie**ben, t**ie**f, v**ie**l, m**ie**ten
aber: T**i**ger, F**i**bel, L**i**ter, B**i**ber

In manchen Fällen wird das lange **i** **ieh** geschrieben:

V**ieh**, fl**ieh**en, z**ieh**en

Achtung: Das lange **ih** steht nur in Personalpronomen und Possessivpronomen, z. B. ***ih**r(e)*, ***ih**rem*, ***ih**res.*

Zusammenfassung

- Die Vokale *a, e, i, o, u* und die Umlaute *ä, ö, ü* können kurz oder lang gesprochen werden.
- Einem langen Vokal folgt immer ein Dehnungs-*h*, wenn der folgende Vokal kurz und unbetont ist.
- In den meisten Fällen wird das lange *i* „*ie*“ geschrieben.
- Ein Doppelvokal wird lang gesprochen.

Konsonanten

Viele Konsonaten klingen im Deutschen gleich oder ähnlich und werden doch ganz unterschiedlich geschrieben. Das gilt für die Buchtaben *b* und *p*, *d* und *t*, *g* und *k* und ebenso für den *f*- und *x*-Laut. Auch die Schreibung des s-Lautes bereitet oft Schwierigkeiten. Meist helfen Rechtschreibproben weiter, mitunter muss man aber auch die Regeln beherrschen.

s-Laute (s, ss, ß)

Für die Schreibung des **s-Lautes** gibt es in der deutschen Sprache drei Varianten: **s**, **ss** und **ß**. Welche Schreibung die richtige ist, dafür gibt es genau festgelegte Regeln.
Darüber hinaus unterscheiden wir noch zwei Aussprachevarianten: das **stimmhafte** und das **stimmlose s**.

Tipp

Stimmhaftes oder stimmloses s?
Ob ein **s** stimmhaft ist oder nicht, kannst du leicht überprüfen. Wenn du die Hand oder einen Finger auf den Kehlkopf in der Mitte des Halses legst, spürst du bei der Aussprache des **stimmhaften s** ein Summen oder Vibrieren.

Weiterhin kann man das stimmhafte **s** daran erkennen, dass es eher wie ein weich gesprochenes **z** klingt. In dem Wort *Blase* ist der **s-Laut** stimmhaft, in dem Wort *Fuß* hingegen ist der **s-Laut** stimmlos.

Schreibung der s-Laute

Am Anfang eines Wortes, nach einem Konsonanten und nach einem langen Vokal wird das einfache **s** geschrieben.
Nach einem langen Vokal steht es allerdings nur dann, wenn es stimmhaft gesprochen wird, wie z. B. in *Hase* oder wenn der s-Laut in einer Verlängerung des Wortes stimmhaft wird wie z. B. in *Gras – Gräser*.

s am Wortanfang	s nach Konsonant	s nach langem Vokal
Sieb **s**ieden **S**and	al**s** Fer**s**e er**s**t	le**s**en Rie**s**e Na**s**e

Nach einem kurzen Vokal schreibt man fast immer **ss**, es sei denn, es folgt ein weiterer Konsonant. Zu den Ausnahmen zählen nur wenige Wörter (z. B. *Bus*, *Iris*):

Bi**ss**, Ka**ss**e, fa**ss**en, me**ss**en, vermi**ss**en, Kla**ss**e, Pa**ss**, Wa**ss**er, Schu**ss**, A**ss**el, Kre**ss**e, wi**ss**en, Ki**ss**en, Ri**ss**

aber: Ka**st**en, La**st**, ra**st**en, Pi**st**e, Kü**st**e, Li**st**e, Mi**st**

Achtung: Die Nomenendung **-nis** folgt dieser Regel nicht. Setzt man diese Wörter in den Plural, wird das einfache **s** zum **ss**.

Singular	Plural
Geheimni**s** Versäumni**s**	Geheimni**ss**e Versäumni**ss**e

Wenn dem s-Laut ein langer Vokal oder ein Diph-thong vorangeht, wird **ß** geschrieben und stimmlos gesprochen:

Gr**uß**, Fl**oß**, Sp**aß**, Sch**oß**, s**aß**en,
Fl**eiß**, Str**auß**, geni**eß**en, b**eiß**en, **auß**er, w**eiß**

Der s-Laut bleibt dabei auch in der Verlängerung des Wortes stimmlos.

Singular	Plural
Gru**ß** Stra**ß**e Spa**ß** Fu**ß** sü**ß**	Grü**ß**e Stra**ß**en Spä**ß**e Fü**ß**e sü**ß**en

das und *dass*

Lern-Video

Die Unterscheidung von *das* und *dass* bereitet immer wieder Schwierigkeiten. Das muss nicht sein, denn es gibt mehrere Möglichkeiten, beide Schreibweisen zuverlässig voneinander abzugrenzen.
Es ist sinnvoll, sich im Zweifelsfall nicht nur auf eine Methode zu verlassen.
Eine Möglichkeit ist, *das* und *dass* entsprechend ihrer **grammatischen Funktion** zu unterscheiden.
Das kann dabei sowohl ein Artikel, ein Relativpronomen oder ein Demonstrativpronomen sein.
Handelt es sich dagegen um eine Konjunktion, wird damit also ein Nebensatz eingeleitet, schreibt man *dass*.
Besonders einfach und schnell funktioniert das Ausschlussverfahren bzw. die **Ersatzprobe**:
Lässt sich *das* durch *dieses, jenes* oder *welches* ersetzen, wird *das* mit einfachem *s* geschrieben, in allen anderen Fällen schreibt man *dass*.
Für die Konjunktion *dass* gibt es keine Ersatzwörter. Schau dir die Beispiele auf der folgenden Seite an.

Ersatzprobe

	Beispiele	Ersatzprobe
Artikel	Ich habe **das** Handy auf den Schreibtisch gelegt.	dieses/jenes Handy
Demonstrativpronomen	**Das** suche ich schon seit zwei Tagen.	dieses/jenes
Relativpronomen	Es ist das Handy, **das** mir meine Oma geschenkt hat.	… das Handy, welches
Konjunktion	Ich glaube, **dass** ich noch einmal gründlich suchen muss.	

b und p, d und t, g und k

Aussprache von ähnlichen Buchstaben
Bei den Konsonanten gibt es Laute, die gleich oder ähnlich klingen. Im Anlaut, das heißt am Anfang eines Wortes, sind sie meist noch gut zu unterscheiden, im Inlaut, das heißt in der Mitte, muss man etwas sorgfältiger hinhören und im Auslaut, am Ende eines Wortes, klingen sie oft gleich.

Anlaut	Inlaut	Auslaut
Baum **b**aden **b**lau **P**udel **p**addeln **p**ink	Ra**b**e le**b**en ü**b**lich Re**p**orter rum**p**eln ru**pp**ig	Kor**b** gi**b**! gel**b** Sto**pp**! schna**pp**! tippto**pp**
Dorf **d**rücken **d**umm **T**orf **t**rinken **t**oll	A**d**er wer**d**en han**d**lich Al**t**er ra**t**en rö**t**lich	Han**d** re**d**! fa**d** Wel**t** hal**t**! kal**t**
Geige **g**ehen **g**roß **K**lasse **k**riechen **k**lug	Gehe**g**e re**g**en tei**g**ig Er**k**er wel**k**en ul**k**ig	Tal**g** le**g**! ar**g** Stoc**k** stec**k**! wel**k**

Das **b** wird weich gesprochen und ist **stimmhaft**, das **p** wird hart gesprochen und ist **stimmlos**. Nicht selten aber hört man zwischen den beiden Buchstaben kaum einen Unterschied. Besondere Schwierigkeiten bereitet die Unterscheidung zwischen **b** und **p** im Auslaut. Gleiches gilt für die Konsonantenpaare **d** und **t** und **g** und **k**. Um sich für die richtige Schreibweise zu entscheiden, kann die **Verlängerungsprobe** hilfreich sein.

Verlängerungsprobe
Das Wort, bei dessen Schreibweise man sich unsicher ist, wird verlängert, indem man z. B. bei Nomen den Plural oder bei Adjektiven eine Steigerung bildet oder ein verwandtes Wort sucht.

Beispiele	Plural	Steigerung	Verwandtes Wort
Kor**b**	Kör**be**		
Hel**d**	Hel**den**		
kal**t**		käl**ter**	
genu**g**			genü**ge**n
Gestan**k**			stin**k**en

f und v

f und **v** sind beim Hören oft nicht voneinander zu unterscheiden. Leider gibt es auch hier keine zuverlässige Regel, die die sichere Unterscheidung ermöglicht. Allerdings kann man sich hier merken, dass Wörter mit der Vorsilbe **V/ver**- grundsätzlich mit **v** geschrieben werden. Beginnt das Wort nicht mit dieser Vorsilbe, kommt das **f** häufiger vor als das **v**.

f	ver-	v
Freitag **f**rieren Ha**f**t hel**f**en He**f**t	**ver**säumen **ver**passen **ver**rückt **ver**boten **Ver**such	**V**ogel Stati**v** **v**ielleicht **v**or **V**erkehr

x-Laute (x, ks und chs)

Auch bei der Unterscheidung der Laute **ks, x,** und **chs** gibt es nur grobe Richtlinien, an die man sich halten kann, um möglichst wenig Fehler zu machen.
Am Anfang eines Wortes wird immer **x** geschrieben. Kommt der Laut in der Mitte des Wortes oder am Wortende vor, kann man nach verwandten Wörtern suchen. Das funktioniert aber nicht immer; im Zweifelsfall hilft das Wörterbuch weiter.

x	ks	chs
Xanten **X**ylofon	Kle**cks** – kle**ck**ern lin**ks** – die lin**k**e Hand	A**chs**e La**chs**

Zusammenfassung

- Nach einem langen Vokal folgt ein einfacher Konsonant.
- Hört man nach einem langen Vokal nur einen Konsonanten, wird er verdoppelt. Ausnahme: Statt *kk* schreibt man *ck*, statt *zz* schreibt man *tz*.
- Zu Beginn eines Wortes, nach einem Konsonanten und das stimmhafte *s* nach einem langen Vokal schreibt man *s*.
- Hört man nach einem kurzen Vokal nur ein *s*, schreibt man *ss*.
- Wenn der vorangehende Vokal lang und der *s*-Laut stimmlos ist, schreibt man *ß*.

Großschreibung

Das erste Wort eines Satzes, einer Überschrift und eines Nomen wird mit einem großen Anfangsbuchstaben geschrieben. Aber auch Adjektive, Verben und Adverbien werden mitunter großgeschrieben. In diesen Fällen sind sie in Nomen verwandelt worden. Man spricht daher auch von einer Nominalisierung (Substantivierung) dieser Wortarten.
Beachte auch die Regeln zur Großschreibung bei Eigennamen und Herkunftsbezeichnungen und bei der höflichen Anrede.

Satzanfänge

Am **Anfang eines Satzes** wird immer großgeschrieben. Dabei spielt es keine Rolle, zu welcher Wortart das erste Wort gehört.
Auch der **Anfang der wörtlichen Rede** wird großgeschrieben.
Nach einem Doppelpunkt wird großgeschrieben, wenn der folgende Satz ein vollständiger Satz ist:

> **P**ia hat sich einen neuen Pullover gekauft. **A**m Telefon beschreibt sie ihn ihrer besten Freundin. **P**ia sagt: „**D**er Pullover ist grau und hat schwarze Streifen und einen v-förmigen Ausschnitt. **E**r ist aus Baumwolle. **I**ch werde ihn morgen anziehen und du musst mir ehrlich sagen, ob er mir steht, denn unsere Abmachung lautet: **D**ie beste Freundin darf niemals angelogen werden.“ „**I**ch würde dich niemals belügen!“, verspricht Pias Freundin.

Überschriften

Überschriften und Werktitel werden großgeschrieben.

Überschriften	Werktitel
Eisiges Zeitalter Mit Herz und Verstand Aus bestem Schrot und Korn Jäger des Spotts	Tintenherz Harry Potter und der Stein der Weisen Die Blechtrommel

Nomen

Nomen, auch **Substantive** genannt, werden **immer** großgeschrieben.
Nomen sind im Text gut zu erkennen, da viele von ihnen typische **Nomenkennzeichen** aufweisen. Zum einen bezeichnen Nomen Dinge, die man sehen, riechen, hören oder erfühlen kann, z. B. *Tisch, Duft, Lärm, Tasse* oder *Telefon*.

Es gibt aber auch andere Nomen, sogenannte **Abstrakta**, die man nicht sinnlich wahrnehmen kann. Hierunter fallen *Freiheit, Freundschaft* oder *Ehrlichkeit*. Um viele Nomen auf Anhieb zu erkennen, kann man auf die Endung achten. Häufige Nomenendungen sind **-heit, -keit, -nis, -schaft, -ung, -er** und **-in**.

Endungen	Beispiele
-heit	Frei**heit**, Schön**heit**, Sicher**heit**, Ein**heit**, Faul**heit**
-keit	Heiter**keit**, Wachsam**keit**, Müdig**keit**, Langsam**keit**, Fröhlich**keit**
-nis	Geheim**nis**, Bedräng**nis**, Erlaub**nis**, Fäul**nis**, Ärger**nis**
-schaft	Freund**schaft**, Feind**schaft**, Gemein**schaft**, Gesell**schaft**, Verwandt**schaft**
-ung	Send**ung**, Halt**ung**, Fertig**ung**, Reinig**ung**, Licht**ung**
-er	Bau**er**, Bäck**er**, Maur**er**, Handwerk**er**, Verkäuf**er**
-in	Mechaniker**in**, Erzieher**in**, Sportler**in**, Friseur**in**, Fahrer**in**

Anredepronomen

Die Anredepronomen der höflichen Anrede werden großgeschrieben. Die vertraulichen Anredepronomen hingegen werden normalerweise kleingeschrieben. In Briefen dürfen sie aber auch großgeschrieben werden.

Die höflichen Anrede	Die vertrauliche Anrede
Ich bitte **Sie** hiermit, mir möglichst bald Bescheid zu geben, ob mein Vorschlag **Ihnen** und **Ihren** Mitarbeitern zusagt.	Ich freue mich, **d/Dich** und **d/Deine** Familie zu sehen und warte gegen acht Uhr in der Bahnhofshalle auf **E/euch**.

Eigennamen

Eigennamen werden großgeschrieben:

Caroline, Paul, London, Frankreich, Australien

Eigennamen, die aus mehreren Bestandteilen bestehen, schreibt man mit Ausnahme der Konjunktionen und Präpositionen groß:

Alexander der Große, der Atlantische Ozean, die Chinesische Mauer, das Maastrichter Abkommen, die Erste Hilfe, der Blaue Reiter (Künstlergruppe), die Vereinigten Arabischen Emirate, die Mecklenburgische Seenplatte, die Fränkische Schweiz, der Kölner Karneval

Herkunftsbezeichnungen

Ableitungen von **geografischen Eigennamen** werden großgeschrieben, wenn sie auf **-er** enden. **Kleingeschrieben** werden sie, wenn sie auf **-isch/-ische** enden, es sei denn, es handelt sich um einen Eigennamen.

Ableitungen auf -er	Ableitungen auf -isch/-ische
der Dresdn**er** Stollen der Prag**er** Fenstersturz die Berlin**er** Luft der Hamburg**er** Fischmarkt die Frankfurt**er** Würstchen das Meißen**er** Porzellan Europäisch**er** Gerichtshof	italien**ische** Schuhe die französ**ische** Zwiebelsuppe die finn**ische** Sauna das bayer**ische** Weißbier **aber:** die Europä**ische** Union, die Chine**sische** Mauer, das Russ**ische** Roulette

Feste Verbindungen aus Nomen und Adjektiv

Bei festen Verbindungen aus Nomen und Adjektiv schreibt man das **Adjektiv** normalerweise **klein**, es sei denn, die feste Verbindung hat idiomatischen, das heißt bildlichen Charakter.

Feste Verbindungen ohne idiomatischen Charakter	Feste Verbindungen mit idiomatischem Charakter
der verlorene Sohn die sichere Sache die gesammelten Werke die neuen Medien	das **S**chwarze Gold (statt Öl) der **W**eiße Tod (statt Lawinentod)

Lern-Video

Nominalisierte Adjektive, Verben und Adverbien

Häufig verwendet man Wörter, die ursprünglich einer anderen Wortart angehören, substantivisch, das heißt als Nomen. Man nennt dieses Vorgehen **Nominalisierung** oder **Substantivierung**.

Nominalisierte Adjektive

Ein nominalisiertes Adjektiv schreibt man **groß**. Man erkennt es häufig an einem **vorangehenden Artikel** oder einem **vorangehenden Indefinitpronomen**, z. B. *etwas, allerlei, nichts*. Ist das nicht der Fall, kann es helfen, sich einen Artikel oder ein Pronomen hinzuzudenken. Wenn das funktioniert, handelt es sich um ein nominalisiertes Adjektiv.

Nominalisierte Adjektive mit Erkennungszeichen	Nominalisierte Adjektive ohne Erkennungszeichen
Caroline reist um die Welt und erlebt **viel Spannendes.** Ihren Eltern berichtet sie **das Schönste** in langen E-Mails. Immer **vom Feinsten** sind die Souvenirs, die sie mitbringt. **Das Beste** sind aber die vielen Fotos. Sie zeigen oft **das Verrückteste**, was man sich vorstellen kann.	(Etwas) **Aufregendes** kann man an einem Regentag nicht erwarten. Wenn dann auch noch (allerlei) **Langweiliges** im Fernsehen läuft, sollte man sich doch überlegen, ob man nicht lieber mit seinen Freunden etwas **Witziges** unternimmt.

Achtung: Adjektive im Superlativ in Verbindung mit **am** werden kleingeschrieben. In dem Satz *Am schönsten ist es auf Korsika* kann *am* nicht in *an dem* zerlegt werden, es hat also kein Nomenkennzeichen und *schönsten* ist kein Nomen.

Nominalisierte Verben

Neben nominalisierten Adjektiven sind auch nominalisierte Verben in der deutschen Sprache sehr gebräuchlich. Man schreibt sie **groß**. Auch ihnen können Artikel, Adjektive oder Pronomen vorangehen. Tauchen sie im Text **ohne Nomenkennzeichen** auf, gilt auch hier die Regel: Kann man ein Nomenkennzeichen hinzufügen, handelt es sich um ein nominalisiertes Verb.

Nominalisierte Verben mit Nomenkennzeichen	Nominalisierte Verben ohne Nomenkennzeichen
Beim Springen aus dem Flugzeug mit einem Fallschirm darf man **das Ziehen** der Reißleine nicht vergessen. **Unsanftes Landen** sollte der Fallschirmspringer unbedingt vermeiden.	Jonas ist vielseitig begabt. Ihm macht nicht nur (das) **Laufen** im Leichtathletikverein Spaß, sondern auch (ausdauerndes) **Lesen** an regnerischen Sonntagen. Er liebt aber auch (dieses kreative) **Backen** von leckeren Kuchen.

Nominalisierte Adverbien
Selten werden Adverbien nominalisiert. Auch sie erkennt man an typischen Begleitern, z. B. Artikel, mit Präpositionen verschmolzene Artikel, Pronomen, Zahlwörter oder Adjektive. Sie treten häufig paarweise auf:

Till steht mit seiner Kamera mitten **im Nirgendwo. Das ewige Hin** und **Her** macht Paul ganz verrückt.

Zusammenfassung

- Sätze und Überschriften beginnen mit einem großen Buchstaben.
- Nomen, Eigennamen, Herkunftsbezeichnungen auf *-er* (*Hamburger* Fischmarkt) und die höfliche Anrede (*Sie, Ihre…*) schreibt man groß.
- Nominalisierungen schreibt man groß (etwas *Süßes*).
- Feste Verbindungen mit bildlichem Charakter schreibt man groß (das *Schwarze* Gold).

Kleinschreibung

Die meisten Wortarten im Deutschen werden kleingeschrieben. Mitunter werden auch Nomen kleingeschrieben. Sie sind dann in eine andere Wortart umgewandelt worden. Man spricht in diesen Fällen von einer Denominalisierung.

Verben und Adjektive

Verben und Adjektive werden kleingeschrieben.

Verben	Adjektive
gehen, sehen, aufheben, mitkommen, rufen	schön, blau, klein, wichtig, alt, lang

Pronomen

Pronomen werden **kleingeschrieben**. Besonders verführerisch ist es, die Indefinitpronomen großzuschreiben, aber auch sie werden kleingeschrieben.

Pronomen		Beispiele
Personalpronomen	ich, du, er/sie/es, wir, ihr, sie	Maren hat ein neues Mobiltelefon. Darum probiert **sie es** gerade aus.
Possessivpronomen	mein, dein, sein/ihr, unser, euer, ihr	Didi möchte telefonieren. Aber **sein** Telefon ist unauffindbar. Darum bittet er Maren um **ihr** Telefon.
Demonstrativpronomen	dieser, diese, dieses	Didi stellt fest, dass **dieses** Telefon leichter zu bedienen ist.
Relativpronomen	der, die, das, welcher, welche, welches	Maren sucht das Telefon, **das** Didi eben noch in der Hand hatte.
Indefinitpronomen	manche, alle, viele, niemand, jeder	Maren bittet **alle**, bei der Suche zu helfen.

Achtung: Selten werden **Pronomen nominalisiert**. Auch sie erkennt man dann an den Nomenkennzeichen (Begleitern) oder daran, dass man dem Pronomen ein Nomenkennzeichen voranstellen könnte:

Er ist **ein Niemand**. Sie bietet allen **das Du** an.

Unveränderbare Wortarten

Die unveränderbaren Wortarten (Adverbien, Präpositionen, Konjunktionen und Interjektionen) werden kleingeschrieben.

Unveränderbare Wortarten	Beispiele
Adverbien	hier, jetzt, heute, aufgrund, wegen, gerne, sehr, nicht
Präpositionen	auf, unter, neben, nach, über
Konjunktionen	und, oder, weder … noch, sowohl … als auch, weil, als, nachdem, falls, obwohl
Interjektionen	ach, herrje, huch, igitt, aua

Numeralien (Zahlwörter)

Ob Numeralien klein- oder großgeschrieben werden, **hängt** ganz davon **ab**, zu **welcher Wortart** sie gehören.

- Werden sie als **Adjektiv** verwendet, schreibt man sie klein:
  ein Haus, **zwei** Äpfel, **zehn** Euro, **hundert** Möglichkeiten, **tausend** Gedanken
- Werden sie als **Adverbien** verwendet, schreibt man sie ebenfalls klein:
  erstens, zweitens, drittens …
- Man schreibt Numeralien groß, wenn sie als **Nomen** verwendet werden:
  der **Erste**, das **Dutzend**, die **Million**

Denominalisierungen

Wird ein Nomen in eine andere Wortart umgewandelt, schreibt man es klein:

Die Firma ist **pleite**. Daran ist das schlechte Management der Geschäftsführung **schuld**. Nun ist allen Angestellten **angst** und **bange**.

Groß oder klein?

Tipp

Es gibt Wortverbindungen, die man sowohl groß- als auch kleinschreiben kann. Wenn du unsicher bist, findest du in einem Wörterbuch die alternative Schreibweise, sofern es sie gibt:

mit Hilfe von oder **mithilfe** von
zu Stande kommen oder **zustande kommen**
auf Grund von oder **aufgrund** von

Zusammenfassung

Verben, Adjektive, Pronomen und die unveränderbaren Wortarten schreibt man klein.

Punkt, Semikolon (Strichpunkt), Komma

Der Text wird nicht nur durch eine klare und anschauliche Sprache verständlich, auch die Zeichensetzung trägt zum besseren Verständnis bei. Sie hilft, den Text zu gliedern und zeigt dem Leser zum Beispiel, wo ein Gedanke endet oder welche Wörter einen Zusammenhang bilden.

Der Punkt am Satzende

Der Punkt ist das Satzschlusszeichen für einen vollständigen Satz. Dieser kann auch mehrteilig sein. Der Punkt steht nicht, wenn der Satz mit einem **Fragezeichen** oder einem **Ausrufezeichen** endet:

Jürgen lacht.
Jenny spielt ein Computerspiel.
Verena spielt Tischtennis, obwohl sie das nicht sollte, weil sie sich einen Finger gebrochen hat.

Der Punkt steht nicht nach Zeilen, die vom restlichen Text deutlich unterscheidbar sind. Gemeint sind damit z. B. Buch-, Musiktitel-, oder Filmtitel, Überschriften oder Unterschriften:

Lebe lieber ungewöhnlich
Die Verwandlung
Yesterday
Zukünftig bessere Beratung beim Abschluss von Versicherungen

Der Punkt nach Zahlen

Ordnungszahlen werden mit einem Punkt gekennzeichnet. Stehen sie am Ende eines Satzes, so wird kein zusätzlicher Punkt gesetzt:

Herr Peters fährt am 17. Juni in Urlaub.
Herr Peters packt im Juni die Koffer am 15.

Das Semikolon zwischen Sätzen

Das Semikolon darf gesetzt werden, wenn zwischen gleichrangigen Sätzen ein Komma zu schwach, ein Punkt aber zu stark wäre:

Das Protokoll ist noch nicht vollständig; es fehlt der Beitrag von Julius.

Das Semikolon bei Aufzählungen

Bei einer Aufzählung kann das Semikolon verwendet werden, wenn Gruppen innerhalb der Aufzählung als zusammengehörig gekennzeichnet werden sollen:

In der Bibliothek kann man Sachbücher, Fachbücher und Romane; Musik-CDs und Hörbücher; Computerprogramme und Computerspiele leihen.

Das Komma bei Aufzählungen

Bei der Aufzählung gleichrangiger Wörter oder Wortgruppen wird ein Komma gesetzt:

Auf seinem Einkaufszettel standen Eier**,** Mehl**,** Tomaten in Dosen**,** frisches Basilikum.

Werden Aufzählungen durch **nebenordnende Konjunktionen** wie z. B. *und, oder* und *sowie* verbunden, wird kein Komma gesetzt:

Beim Gebrauchtwagenhändler stehen Kleinwagen, Limousinen, Transporter **sowie** verschiedene motorisierte Zweiräder **und** Traktoren auf dem Hof.

Zwischen zwei nicht gleichrangigen Adjektiven steht kein Komma:

Sie bestellt einen **großen schwarzen** Kaffee.

Das Komma in Satzreihen

Zwischen gleichwertigen Sätzen steht ein Komma:

Caroline und Jens fliegen nach Neuseeland**,** dort klettert Caroline in den Bergen**,** Jens sieht sich währenddessen Sehenswürdigkeiten an.

Werden die Sätze durch die nebenordnenden Konjunktionen *und, oder* oder *sowie* verbunden, muss kein Komma gesetzt werden. Dient ein Komma aber der besseren Strukturierung des Satzes, so darf es gesetzt werden:

Katrin trifft sich heute mit Lara in der Stadt **oder** sie geht mit Karsten ins Schwimmbad.

Julia hat heute zum ersten Mal in ihrem Leben Geigenunterricht **(,) und** ihre Schwester darf zusehen.

Zusammenfassung

- Am Ende eines Aussagesatzes steht ein Punkt.
- Kein Punkt steht nach Zeilen, die sich deutlich vom Rest des Textes abheben (z. B. Überschriften).
- Nach Ordnungszahlen steht ein Punkt.
- Das Semikolon kann verwendet werden, wenn innerhalb einer Aufzählung eine Gruppe von Wörtern als zusammengehörig gekennzeichnet werden soll.
- Das Komma trennt einzelne Wörter oder Wortgruppen bei Aufzählungen voneinander.
- Das Komma trennt die unverbundenen Sätze einer Satzreihe voneinander.

5. / 6. Klasse

Aufsatz, Textsorten, Methoden und Präsentation

Erzählen

Erzählen und Informieren sind zwei völlig unterschiedliche Dinge: Wenn du deine Leser informierst, vermittelst du ihnen Tatsachen, die sich nachprüfen lassen. Erzählst du dagegen eine Geschichte, kommt es gar nicht darauf an, ob das Geschehen wahr, teilweise oder vollständig erfunden ist. Wichtig ist nur, dass deine Geschichte spannend ist und deine Leser gut unterhält.

Spannend erzählen

Spannung bedeutet nicht, dass unbedingt etwas Gefährliches passieren muss. Eine Geschichte ist dann spannend, wenn man wissen möchte, wie es weitergeht. Das Thema ist nicht festgelegt. Natürlich kann es in einer spannenden Geschichte zum Beispiel um einen Kriminalfall gehen. Aber auch die Geschichte einer Freundschaft oder eine Geschichte mit viel Humor lässt sich spannend gestalten. Es wird dir helfen, dir deine Geschichte anhand einer **Spannungskurve** vorzustellen und sie entsprechend dieser Kurve zu schreiben. Dabei solltest du folgende Punkte beachten.

- Eine spannende Geschichte beginnt mit einer **Einleitung**. Hier wird das Interesse der Leser geweckt. In der Einleitung erfährt man, **um wen** es in der Geschichte geht und **wo** und **wann** die Geschichte spielt. Zum Beispiel: *Mia lief die Straße entlang. Seit sie vor zwei Jahren nach Nürnberg hierher gezogen war, war dies sicherlich der schönste Sommer. Sie musste sich beeilen, denn schon in 10 Minuten war sie mit ihrem besten Freund Jonas vor dem Eingang des Schwimmbads verabredet.*
- Im **Hauptteil** deiner Geschichte musst du darauf achten, dass sich die Spannung Schritt für Schritt steigert und auf einen **Höhepunkt** zuläuft.
- Im **Schlussteil** fällt die Spannung wieder ab und du löst die Geschichte auf. Du könntest deine Leser darüber hinaus mit einem Schlusssatz zum Nachdenken anregen: *Wer weiß, was passiert wäre, wenn Mia keinen besten Freund hätte, auf den sie sich verlassen kann.* Du kannst auch Bezug auf den Anfang deiner Geschichte nehmen: *Mia und Jonas verabredeten sich für den nächsten Tag zum Schwimmen und diesmal würde es sicherlich klappen.*

Spannungskurve

Die sprachliche Gestaltung

Ob eine Geschichte spannend ist oder nicht, hängt auch davon ab, wie du sie erzählst. Spannung entsteht, wenn du deine Geschichte nach den folgenden Tipps gestaltest.

- Beschreibe die **Gedanken**, **Gefühle** und **Sinneseindrücke** der handelnden Figuren: *Mia spürte, wie sie von hinten gepackt und zur Seite geschleudert wurde. Für einen kurzen Moment sah sie in das Gesicht der Fremden und kalter Schauer jagte ihr den Rücken hinunter.*
- Verwende **passende Adjektive** und **Verben**: Mit *zitternden* Händen *zerrte* Mia ein *hellblaues*, an den Seiten *ausgefranstes* Stückchen Stoff aus der Manteltasche der *geheimnisvollen* Fremden. Was *hatte es* mit diesem *merkwürdigen* Ding *auf sich*?
- Wähle unterschiedliche **Satzanfänge**: *Allmählich* kam Mia wieder zu sich. *In der Dämmerung* konnte sie noch die Umrisse der Bäume erkennen. *Schlagartig* begriff sie, dass mehrere Stunden vergangen sein mussten, seit sie das Bewusstsein verloren hatte.
- Verwende **wörtliche Rede**: *„Jonas!", schrie Mia. „Jonas, hilf m...!" Mias Hilferuf brach mitten im Satz ab.*
- **Verzögere** die **Handlung**, wenn es gerade spannend ist: *Mia schlich die Treppe hinauf. Oben angekommen bewegte sie vorsichtig die Tür. Sie knarrte leise. Mia schaute sich nochmals um. Es war ihr, als sei ihr jemand gefolgt.*
- Lege **falsche Spuren**: *Mia lag an diesem Abend noch lange wach und dachte nach. Zu welchem Kleidungsstück gehört der hellblaue Stofffetzen? Was hat die geheimnisvolle Fremde mit dem Fall zu tun. Auf einmal spürte sie einen Lufthauch in ihrem Nacken. Schreiend sprang sie aus dem Bett und tastete panisch nach dem Lichtschalter. Da merkte sie, was sie so erschreckt hatte. Stefka, die rote Tigerkatze des Nachbarn, war durch das offene Fenster ins Zimmer gesprungen.*
- Wechsle zum **Höhepunkt** der Geschichte vom Präteritum in das **szenische Präsens**: *Mia saß gefesselt auf einem Stuhl im Keller. Die geheimnisvolle Fremde traf währenddessen noch die letzten Fluchtvorbereitungen. Mia malte sich die kommenden Stunden und Tage aus: die Kälte, der Durst, der Hunger, die Angst und schließlich der Tod. „Niemand bewegt sich!",* schallt *es auf einmal aus dem oberen Stockwerk. Mia* hört, *wie mehrere Personen die Treppe hinunter* rennen. *Da* spürt *sie eine Pistole am Hinterkopf.*

Die Erzählform (Ich-Erzähler/Er-/Sie-Erzähler)

Wenn du dir eine Geschichte ausdenkst, bist du der **Autor** deiner Geschichte. Als Autor darfst du alle möglichen Figuren erfinden, auch den **Erzähler** deiner Geschichte kannst du dir ausdenken. Du kannst die Geschichte z. B. aus der Sicht eines Mädchens erzählen lassen, wenn du ein Junge bist, und umgekehrt, du kannst sogar ein Tier erfinden, das deine Geschichte erzählt. Autor und Erzähler sind also **nicht dasselbe**.

Am häufigsten werden Geschichten aus der Sicht eines **Ich-Erzählers** oder eines **Er-/Sie-Erzählers** wiedergegeben. Man nennt diese unterschiedlichen Blickwinkel auch **Erzählformen**.

- Eine Geschichte mit einem Ich-Erzähler klingt so: *Als **ich** mitten in der Nacht aufwachte, konnte **ich** hören, wie sich **meine** Eltern unten in der Küche stritten.*
- Eine Geschichte mit einem Er-/Sie-Erzähler klingt so: *Als **Tom** mitten in der Nacht aufwachte, konnte **er** hören, wie sich **seine** Eltern unten in der Küche stritten.*

Achte beim Schreiben deiner Geschichte darauf, dass du bei einer Erzählform bleibst.

Die Überschrift

Die Überschrift ist das, was zuerst gelesen wird. Sie weckt Erwartungen und entscheidet nicht selten darüber, ob man eine Geschichte lesen möchte oder nicht. Sie ist die **Werbung** für deine Geschichte. Dabei muss sie nicht aus einem vollständigen Satz bestehen, manchmal reicht ein einziges Wort.

Du solltest auf einige Dinge achten.

- Die Überschrift muss das Interesse deiner Leser wecken.
- Sie sollte einen Hinweis darauf geben, was in deiner Geschichte passiert.
- Sie darf aber keinesfalls zu viel verraten.

Die Textüberarbeitung

Wenn du mit deinem Aufsatz fertig bist, überarbeite ihn am besten noch einmal. Sicher fallen dir dabei Fehler auf oder Stellen, die noch nicht so gelungen sind. Du bist dabei in guter Gesellschaft; auch erfahrene Autoren müssen das, was sie geschrieben haben, immer wieder überarbeiten.

Die folgende **Checkliste** hilft dir, deinen Text zu verbessern.

- Ist die Geschichte so geschrieben, dass jederzeit klar ist, was passiert, wo es passiert und wer handelt?
- Ist die Geschichte sprachlich so verfasst, dass sie interessant ist?
  - Hast du beschrieben, was die Figuren denken und fühlen?
  - Hast du die Wörter treffend gewählt?
  - Hast du Wortwiederholungen vermieden?
  - Hast du im Präteritum und an passender Stelle im szenischen Präsens formuliert?
  - Ist eine Spannungskurve erkennbar?
- Hat deine Geschichte eine passende Überschrift?
- Sind Rechtschreibung und Zeichensetzung in Ordnung?

Die Bildergeschichte

Beim Schreiben einer Bildergeschichte sollst du eine Folge von Bildern zu einer ansprechenden Erzählung ausarbeiten. Dabei kannst du die Geschichte von einem Erzähler wiedergeben lassen, der die Gefühle und Gedanken aller Figuren kennt. Man nennt ihn auch den allwissenden Erzähler. Du kannst deine Geschichte aber natürlich auch aus der Sicht einer der beteiligten Figuren erzählen. Überlege dir dann genau, was diese Figur sieht, hört, weiß und worüber sie nur Vermutungen anstellen kann.

- Zuerst solltest du dir die Bilder genau ansehen und dir im Klaren darüber sein, **was** genau in der Geschichte **passiert**.

- Mache dir anschließend zu jedem der Bilder Stichpunkte. Achte dabei auch auf **Bewegungen**, **Gesten** und **Gesichtsausdrücke**, die dir etwas über den Verlauf der Geschichte verraten. Deine Stichpunkte zu Bild 1 könnten die folgenden sein.
  - Ein Hund und eine Katze halten sich gemeinsam in einem Zimmer auf.
  - Die Katze schläft.
  - Der Hund langweilt sich beim Fernsehen.
- Folge beim Schreiben der **Reihenfolge** der **Bilder**.
- **Verbinde** die einzelnen Bilder zu einer Geschichte. Reihe dabei nicht nur aneinander, was zu sehen ist, erzähle besser **zusammenhängend** und **flüssig**, damit sich deine Leser nicht langweilen.
  Statt: *Der Hund schaute gelangweilt Fernsehen. Dann sah er auf dem Bildschirm einen Tiger. Gleich hatte er eine Idee.*
  Besser: *„Was für ein langweiliges Programm", dachte Otti, als gleich im nächsten Moment ein Tiger durchs Bild schlich, der ihn auf eine fabelhafte Idee brachte.*
- Bleibe bei einem **Erzähltempus** (meist Präteritum).
- Gliedere deine Geschichte in **Einleitung**, **Hauptteil** und **Schluss** und achte auf die **sprachliche Gestaltung**.
- Lies deine Geschichte noch einmal genau durch und überarbeite sie.

Einen Erzählkern ausgestalten und einen Schreibplan erstellen

Vielleicht sollst du in deinem Aufsatz einen Erzählkern ausgestalten. Dabei wird dir kurz vorgegeben, was in der Geschichte passieren soll. Deine Aufgabe besteht darin, aus dem vorgegebenen Erzählkern eine interessante Geschichte zu machen. Bevor du mit dem Schreiben beginnst, ordnest du deine Ideen am besten erst einmal mit Hilfe eines Schreibplans.

Erzählkern

Anna verlässt morgens das Haus. Ihre Mutter ist bereits zur Arbeit gefahren und ihr Vater ist mit ihrer kleinen Schwester unterwegs zur Kindertagesstätte. Während des Mathematikunterrichts fällt ihr ein, dass sie die Herdplatte angelassen hat. Unterdessen fahren draußen mehrere Einsatzwagen der Feuerwehr vorbei in Richtung der Straße, in der Anna wohnt. Anna reagiert panisch, verlässt den Unterricht und läuft nachhause. Dort stellt sie fest, dass alles in Ordnung ist und ihr Vater, der inzwischen nachhause gekommen war, die heiße Herdplatte bemerkt und ausgeschaltet hat.

Sicher fallen dir sofort viele Möglichkeiten ein, wie du deine Geschichte ausgestalten könntest. Mache jetzt aber nicht den Fehler, einfach loszuschreiben. Eine gute Geschichte musst du genau planen. Lege dafür einen **Schreibplan** an, in dem du die einzelnen Erzählschritte festlegst. Überlege dir, **was passiert**, **was** die **Figuren denken** und **sagen**, was zu **hören** ist und halte deine Ideen fest.

Dein Schreibplan könnte zum Beispiel so aussehen:

Schreibplan

Einleitung: 1) Anna ist spät dran. Sie kocht noch schnell einen Tee. Man hört hektische Schritte.

Hauptteil: 2) Anna trinkt schnell ihren Tee und verlässt das Haus. Sie flucht.

...

5) Mehrere Einsatzwagen der Feuerwehr fahren am Fenster des Klassenraums vorbei. Man hört Martinshorn, Gemurmel in der Klasse, Stimme des Mathelehrers... Anna glaubt, die Herdplatte nicht ausgeschaltet zu haben und fühlt sich unbehaglich.

6) Anna rennt panisch nachhause, die Klasse johlt, der Lehrer ist ratlos.

...

Schluss: 9) Anna läuft zurück in die Schule und klärt die Situation auf. Alle sind erleichtert.

Jetzt wird es dir nicht schwerfallen, deine Geschichte so zu erzählen, dass deine Leser Freude daran haben. Halte dich an die Regeln des Erzählens, die du in den ersten Kapiteln dieses Buches wiederholt hast, und vergiss nicht, deine Geschichte noch einmal zu überarbeiten.

Erzählen nach Reizwörtern

Es kann sein, dass du für einen Aufsatz Reizwörter (meistens drei) vorgegeben bekommst, die du in einer Geschichte verwenden sollst. Dabei bist du beim Erzählen nicht so festgelegt wie etwa bei der Ausgestaltung eines Erzählkerns. Du kannst selbst bestimmen, was in deiner Geschichte passiert und in welcher Reihenfolge die vorgegebenen Wörter darin vorkommen.

Die vorgegebenen Reizwörter könnten zum Beispiel diese sein:

Wochenmarkt – Pistole – Affe

Auch hier ist die Planung der erste Schritt. Überlege dir zuerst, was in deiner Geschichte passieren soll. Um Zeit zu sparen, reichen hier **Stichpunkte**.
Die folgende Idee für eine Handlung ist nur ein Beispiel. Es wäre auch eine ganz andere Handlung denkbar.

- Auf dem **Wochenmarkt** werden mehrere Besucher innerhalb kürzester Zeit bestohlen.
- Polizei wird hinzugezogen
- Die Suche nach dem Dieb bleibt erfolglos.
- Einer Polizistin fehlt die **Pistole** → Unruhe wächst.
- Einem Obsthändler werden Bananen gestohlen.
- Die Polizei verfolgt eine heiße Spur.
- Ein dressierter **Affe** ist aus dem Zirkus entlaufen und für die Diebstähle verantwortlich.
- Der Affe wird gefangen, sein Diebesgut gesichert und das Tier wohlbehalten dem Zirkusdirektor übergeben.

Lege jetzt einen **Schreibplan** an. Beginne danach mit dem Schreiben deiner Geschichte. Überarbeite deine Geschichte anschließend.

Schreiben nach Mustern

Manchmal sollst du einen Aufsatz nach einem vorgegebenen Muster, zum Beispiel in der Form eines Märchens oder einer Fabel, schreiben. Überlege dir genau, welche Merkmale das jeweilige Muster kennzeichnen und schreibe so, dass deine Leser sofort merken, um welche Textsorte es sich handelt.

Deine Aufgabe könnte diese sein:
Schreibe eine Fabel mit folgender Moral: *Wer die Wahrheit sagt, braucht ein schnelles Pferd.*

- Überlege zuerst, welche **Merkmale typisch für** eine **Fabel** sind (vor allem: Tiere, die wie Menschen handeln und sprechen).
- Überlege dann, was das **Sprichwort bedeutet**. Das vorgegebene Sprichwort bedeutet: Es nicht immer erwünscht, dass jemand die Wahrheit sagt. Derjenige, der dann die Wahrheit doch sagt, sollte zusehen, dass er ohne Strafe davonkommt. Das Sprichwort wird oft dann verwendet, wenn etwas nicht an die Öffentlichkeit kommen oder vertuscht werden soll.
- Überlege, was in einer Fabel, die das Sprichwort veranschaulichen soll, passieren könnte. Arbeite mit einem **Schreibplan**.
- In einer Fabel stehen die Tiere stellvertretend für einen bestimmten Typus Mensch. Sie reden miteinander und verkörpern bestimmte menschliche Eigenschaften. Wenn du dir als handelnde Figuren vielleicht erstens einen einflussreichen, starken und uneinsichtigen Menschen, zweitens einen ehrlichen, aber gutgläubigen Menschen und drittens einen ehrlichen und schlauen Menschen ausgedacht hast, überlege nun, welche **Tiere** du in deiner Fabel **anstelle** dieser **Menschen** sprechen und handeln lassen möchtest. Passend wären zum Beispiel ein Bär, ein Schaf und ein Fuchs. Mit dem Bären verbindet man nämlich Stärke, mit einem Schaf Gutgläubigkeit und mit einem Fuchs Schlauheit.
- Schreibe nun die Fabel und überarbeite deinen Text anschließend. Korrigiere dabei auch Rechtschreib- und Zeichensetzungsfehler.

Nacherzählen

Beim Nacherzählen sollst du einen vorgegebenen Inhalt mit eigenen Worten interessant wiedergeben. Anders als beim Ausgestalten eines Erzählkerns oder dem Erzählen nach Reizwörtern, hast du hier – ähnlich wie beim Erzählen einer Bildergeschichte – keine Spielräume, was den Ablauf der Handlung angeht. Die Handlung ist durch die Textvorlage vorgegeben.

Damit einerseits die Handlung deiner **Nacherzählung** der Handlung der **Vorlage entspricht**, andererseits deine **Sprache** sich vom Original **unterscheidet**, musst du einiges beachten.

- Lies die Vorlage genau durch.
- Lies die Vorlage noch einmal und unterteile sie dabei in **sinnvolle Abschnitte.** Du musst dir dabei auch im Klaren darüber sein, welche Textpassage zur Einleitung, welche zum Hauptteil, welche zum Höhepunkt und welche zum Schluss gehört. Für eine Nacherzählung des Märchens „Hänsel und Gretel" könnten deine Stichpunkte so lauten:

  Einleitung

  Hänsel und Gretel sind Geschwister. Sie leben mit ihren Eltern am Waldrand in ärmlichen Verhältnissen.

  Hauptteil

  1) Die Eltern setzen die Kinder im Wald aus, weil sie sie nicht mehr ernähren können.
  2) Die Kinder markieren den Weg mit Kieselsteinen und finden wieder zurück nachhause.
  3) Die Eltern wollen die Kinder erneut im Wald aussetzen. Diesmal markieren sie den Weg mit Brotkrümeln.
  4) Vögel haben die Brotkrümel aufgefressen und die Kinder irren durch den Wald, bis sie zu einem Lebkuchenhaus kommen.
  5) Im Haus lebt eine Hexe, sie will Hänsel mästen und essen. Die Kinder täuschen die Hexe mit einem Knochen.

  Höhepunkt: Als die Hexe den Ofen vorheizt, stößt Gretel sie hinein.

  Schluss

  Die Kinder kehren nachhause zurück.

Hierauf solltest du beim Schreiben unbedingt achten:

- Schreibe deine Nacherzählung nur anhand deiner Stichpunkte. So läufst du nicht Gefahr, Textpassagen abzuschreiben oder dich so ähnlich auszudrücken wie der Autor der Textvorlage.
- Behalte die Reihenfolge der Handlungsschritte des Originals bei.
- Schreibe im gleichen Tempus, in dem auch das Original verfasst ist.
- Verwende nur dort wörtliche Rede, wo sie auch im Original vorkommt.
- Erfinde nichts hinzu.
- Spare dir Details, die für die Handlung und deren Spannungsverlauf nicht unbedingt notwendig sind, denn dein Text soll kürzer werden als der Originaltext.
- Wenn du fertig bist, solltest du deinen Text unbedingt noch überarbeiten

Zusammenfassung

- Deine Geschichte besteht aus Einleitung, Hauptteil und Schluss.
- Du erzählst im Präteritum, am Höhepunkt der Geschichte kannst du ins Präsens wechseln.
- Du kannst die Geschichte von einem Ich-Erzähler oder einem Er-/Sie-Erzähler wiedergeben lassen.
- Gib deiner Geschichte eine passende Überschrift.

Beschreiben

Bei einer Beschreibung müssen deine Leser genau nachvollziehen können, was du vor Augen hast. Dabei kann es sich um einen Gegenstand handeln, ein Tier, einen Vorgang oder einen Weg. In allen Fällen musst du sachlich und genau formulieren, denn Beschreibungen gehören zu den informierenden Texten.

Hierauf solltest du bei allen Beschreibungen besonders achten:

- **Äußere** in einer Beschreibung **nicht** deine eigene **Meinung**. Sätze wie „Die Federtasche hat ein *hübsches* Muster" sind irreführend, denn du weißt nicht, ob deine Leser genauso empfinden wie du.
- **Vermeide Schachtelsätze**. Bei einem komplizierten Schreibstil besteht die Gefahr, dass deine Leser etwas falsch verstehen oder viel Zeit benötigen, um zu verstehen, was gemeint ist. Bei einer Beschreibung geht es darum, dass die Leser möglichst schnell verstehen, auf was geachtet werden muss.
- **Unnötige Informationen** gehören nicht in eine Beschreibung. Überlege dir also genau, welche Information dazu dient, dass zum Beispiel ein Weg gefunden oder ein Gegenstand erkannt wird, und welche Information nur ablenkt.

Wegbeschreibung

Wenn du eine Wegbeschreibung anfertigen sollst, erhältst du vermutlich einen Stadtplan, auf dem ein Weg eingezeichnet ist, den du beschreiben sollst, oder du sollst einen Weg aus dem Gedächtnis, zum Beispiel deinen Schulweg, beschreiben. In beiden Fällen gehst du folgendermaßen vor:

- Nenne zuerst **Start** und **Ziel** des Weges, den du beschreiben möchtest. Zum Beispiel: *Um vom Hauptbahnhof in die Alleestraße 14 zu kommen, musst du dich nach rechts wenden und die Goethestraße entlanggehen.*
- Beschreibe in der **richtigen Reihenfolge**.
- **Straßennamen**, markante Gebäude oder andere **Auffälligkeiten** helfen bei der Orientierung: *Biege rechts in die Kleiststraße ein. Auf der linken Straßenseite siehst du dann das Rathaus.* Oder: *Gehe die Hauptstraße entlang, bis du auf der rechten Seite einen großen Brunnen siehst. Vor dem Brunnen biegst du rechts in die Wiener Straße ein.*
- Verwende **angemessene Verben** (*abbiegen, entlanggehen, überqueren…*).
- Verwende angemessene **Adjektive** (*rotes Klinkergebäude, hölzerner Brunnen, längliches Schulgebäude…*).
- Verwende passende **Adverbien** (*links, rechts, geradeaus…).*
- Verwende passende **Präpositionen** (*unter, über, neben, auf…).*

- Verwende das **Präsens**.
- Am Ende deiner Wegbeschreibung könnte folgender **Schlusssatz** stehen: *Am Ende der Straße triffst du genau auf den Hauptbahnhof.*

Gegenstandsbeschreibung

Eine Gegenstandsbeschreibung dient zum Beispiel dazu, einen vermissten oder gestohlenen Gegenstand so zu beschreiben, dass eine Person, die ihn findet, ihn auch erkennt. Möglicherweise sollst du in der Klassenarbeit deine Federtasche beschreiben, die du in der Schule verloren hast, oder dein Fahrrad, das dir gestohlen wurde.

- **Nenne** zunächst den **Gegenstand**, um den es sich handelt. Zum Beispiel: *Bei dem vermissten Gegenstand handelt es sich um eine Federtasche.*
- Beschreibe zuerst das, was **zuerst ins Auge fällt** (Größe, Farbe, Form, Muster …).
- Beschreibe anschließend **Details** (*Die Federtasche hat einen schwarzen Reißverschluss*) und Besonderheiten, d.h. Merkmale, die nur dieser Gegenstand aufweist: *Die Federtasche hat am linken Rand einen Tintenfleck von ungefähr einem Zentimeter Durchmesser.*
- **Markennamen** oder andere **Aufschriften** sind ebenfalls wichtige Hinweise.
- Verwende **angemessene Adjektive** (*blau, kariert, schmal, quadratisch …*).
- Verwende **passende Präpositionen** (*unter, über, neben, auf …*).
- Verwende das **Präsens**.

Tierbeschreibung

Wenn du ein Tier in der Klassenarbeit beschreiben sollst, geht es dabei möglicherweise um deinen entlaufenen Hund.

- **Nenne** zuerst die **Gattung**, zu der das Tier gehört (z.B. *Hund, Katze …*). Im Anschluss daran kannst du etwas genauer werden (*Foxterrier, Siamkatze …*).
- Beschreibe, wie das Tier **aussieht**. Gehe dabei zum Beispiel auf die Größe und die Statur oder die Fellfarbe und -beschaffenheit ein (*glatt, flauschig, buschig …*).
- Verwende **passende Begriffe**. Den Schwanz eines Pferdes nennt man Schweif, die Ohren eines Hasen heißen Löffel.
- Nenne **besondere Kennzeichen** dieses einen Tiers. Vielleicht hat der Foxterrier einen kreisrunden dunklen Ring um das linke Auge.
- Gehe dann auf die **Besonderheiten** im Verhalten des Tiers ein. Beantworte z.B. Fragen wie: Ist der Hund besonders aufgeweckt oder kinderlieb? Auf welchen Namen reagiert er?
- Schreibe im Präsens.

Es könnte auch sein, dass du nicht ein bestimmtes Tier beschreiben sollst, sondern eine **Tierart**. Diese Form der Tierbeschreibung wirst du vor allem im Biologieunterricht anfertigen müssen. Oft gehört ein Steckbrief dazu.

- Gehe in einem **Steckbrief** zunächst darauf ein, um was für ein Tier es sich handelt.
- Nenne anschließend **allgemeine Daten,** zum Beispiel zu **Größe** und **Gewicht**.
- Beschreibe dann das **Aussehen**.
- In einen Steckbrief gehören auch Informationen über den **Lebensraum**, die **Fortpflanzung** und **Lebenserwartung** des Tiers.
- Wenn es sich um ein Haustier handelt, gehe auch auf die **Haltung** und **Pflege** ein.

Vorgangsbeschreibung

Wenn du einen Vorgang beschreibst, sollen deine Leser die Handlung anhand deiner Beschreibung selbst exakt ausführen können. Möglicherweise sollst du beschreiben, wie man ein T-Shirt zusammenlegt, wie man einen Papierflieger faltet oder wie man Nudeln kocht.

- Informiere zuerst darüber, **welcher Vorgang** ausgeführt werden soll, z. B.: *Um Nudeln mit Tomatensoße zu kochen, braucht man…*
- Nenne im Anschluss daran alle **Zutaten** oder **Gegenstände**, die man braucht, um den Vorgang auszuführen. Im Falle der Nudelzubereitung solltest du also erwähnen, dass man einen Topf mit Wasser, eine Packung Nudeln und Tomatensoße braucht.
- Erkläre Schritt für Schritt, was zu tun ist. Achte dabei auf die **richtige Reihenfolge**.
- Passende **Adverbien** oder andere Wörter, die den **zeitlichen Ablauf** darstellen (*zuerst, danach, im Anschluss…*) erleichtern es den Lesern deiner Vorgansbeschreibung, den genauen Ablauf besser nachzuvollziehen.
- Verwende **Fachbegriffe** und zum Vorgang passende Wörter wie zum Beispiel *al dente* (bissfest) für eine Kochanleitung, *falten* für eine Papierflieger-Bauanleitung oder *Saum* für die Anleitung zum Falten eines T-Shirts.
- Am Ende deiner Vorgangsbeschreibung könnte zum Beispiel folgender **Schlusssatz** stehen: *Nun ist dein Papierflieger startklar.*
- Verwende das Präsens.

Versuchsbeschreibung (Versuchsprotokoll)

Die Versuchsbeschreibung ist eine besondere Form der Vorgangsbeschreibung. In der Regel wirst du die Versuchsbeschreibung in naturwissenschaftlichen Fächern anfertigen.

- Informiere deine Leser zuerst darüber, um **welchen Versuch** es sich handelt und wie die **Fragestellung** des Versuchs lautet, z.B.: *In dem folgenden physikalischen Experiment soll herausgefunden werden, was mit Wasserdampf passiert, wenn er abkühlt.*
- Beschreibe genau, welche **Gegenstände** man **benötigt** und gegebenenfalls, wie sie **angeordnet** werden: *Für den Versuch benötigt man ein hitzebeständiges Gefäß, das bis zur Hälfte mit Wasser gefüllt ist.* Eventuell kannst du deinen Versuchsaufbau um eine Skizze ergänzen.
- Auch die einzelnen **Handlungsschritte** musst du ganz genau darstellen. Verwende dabei zum Beispiel Adverbien, die die **Reihenfolge** der Handlungsschritte verdeutlichen, und passende Adjektive und Verben: *Zuerst wird der halbvolle Wasserbehälter auf einer Herdplatte erhitzt, bis das Wasser darin kocht und Wasserdampf entsteht.*
- Verwende **Fachbegriffe** (*Reagenzglas, Bunsenbrenner…).*
- Im Anschluss dokumentierst du, was man **beobachten** kann: *Wenn der Wasserdampf mit einer kalten Fläche in Berührung kommt, bilden sich Wassertropfen.*
- Ein Versuch muss ausgewertet werden, du musst aus deinen Beobachtungen also auch eine **Schlussfolgerung** ziehen. Sie gehört an das Ende deiner Beschreibung, z.B.: *Wasserdampf, der abgekühlt wird, wird wieder zu Wasser.*
- Schreibe im Präsens.

Zusammenfassung

Bei der Beschreibung kommt es darauf an, dass du
- genau und verständlich beschreibst,
- passende Wörter verwendest,
- nicht deine eigene Meinung wiedergibst oder etwas hinzuerfindest,
- im Präsens formulierst.

Berichten

Mit dem Berichten verhält es sich ganz ähnlich wie mit dem Beschreiben. Der Bericht gehört auch zu den informierenden Textsorten. Deine Sprache muss also wieder sachlich, knapp und präzise sein.

Mitunter sollst du über eine Bilderfolge einen Bericht anfertigen. Es kann auch sein, dass du z. B. eine unsachliche Aussage über ein Ereignis in einen sachlichen Bericht umarbeiten sollst. Halte dich in allen Fällen an die folgenden Hinweise.

- Wenn du einen Bericht verfasst, musst du dir vorher genau überlegen, **für wen** der Bericht ist und **welche Informationen** für die betreffende Person wichtig sind. Wenn du einen Bericht für die Polizei schreibst, weil du zum Beispiel gesehen hast, wie ein Auto einen parkenden Wagen gerammt hat, ist es wichtig, die KFZ-Kennzeichen der beteiligten Fahrzeuge oder die Namen der beteiligten Personen anzugeben. Schreibst du einen Bericht zum gleichen Ereignis für eine Zeitung, haben KFZ-Kennzeichen oder Namen darin nichts zu suchen.
- Beantworte in deinem Bericht die **W-Fragen**. Zur Erinnerung hier noch einmal die wichtigsten W-Fragen:
  1) Was ist passiert?
  2) Wer ist daran beteiligt?
  3) Wann ist es passiert?
  4) Wo ist es passiert?
  5) Wie ist es passiert?
  6) Warum ist es passiert?
  7) Welche Folgen hat das Ereignis?

  Die ersten vier W-Fragen solltest du möglichst am Beginn deines Berichts beantworten. Mit welcher du beginnst, hängt oftmals damit zusammen, wie du den ersten Satz formulierst. Du könntest so beginnen:
  Am 17.03. um 18.30 Uhr rammte in der Alleestraße auf Höhe des Einkaufszentrums ein blauer Kleinwagen einen parkenden PKW.
  Dein Anfang könnte aber auch so lauten:
  Ein blauer Kleinwagen rammte am 17.0.3 um 18.30 Uhr einen parkenden Pkw in der Alleestraße auf Höhe des Einkaufszentrums.
- Achte darauf, dass du in deinem Bericht das Geschehen in der **richtigen Reihenfolge** wiedergibst.

- Formuliere **knapp** und **präzise**, das heißt, verzichte auf unnötige Informationen, lasse aber auch nichts Wichtiges aus.
- Halte dich beim Berichten an die **Tatsachen**. Vermutungen gehören nicht in einen Bericht. Sollte dir eine Vermutung so wichtig erscheinen, dass du sie unbedingt in deinen Bericht aufnehmen möchtest, musst du sie als Vermutung kennzeichnen. Schreibe also nicht: *Der Fahrer telefonierte während der Fahrt, war abgelenkt und rammte darum das parkende Fahrzeug.* Sondern: *Der Fahrer schien während der Fahr zu telefonieren, als er das parkende Fahrzeug rammte.* Oder: *Es sah so aus, als ob der Fahrer des blauen Kleinwagens gerade ein Telefongespräch führte, als er den parkenden Wagen rammte.*
- Verwende beim **schriftlichen** Berichten das **Präteritum**. Beim **mündlichen** Berichten wird normalerweise das **Perfekt** verwendet.
  Achtung: Bei **Vorzeitigkeit** musst du das Plusquamperfekt verwenden. Das gilt sowohl für das schriftliche Berichten im Präteritum als auch für das mündliche Berichten im Perfekt.
  Bericht im Präteritum: *Bevor der Fahrer des blauen Kleinwagens das parkende Fahrzeug rammte,* hatte *er einen Fahrspurwechsel gemacht.*
  Bericht im Perfekt: *Bevor der Fahrer des blauen Kleinwagens das parkende Fahrzeug gerammt hat,* hatte *er einen Fahrspurwechsel gemacht.*

Zusammenfassung

- Überlege genau, wer den Bericht liest und welche Informationen für diese Person wichtig sind.
- Beantworte die W-Fragen.
- Schreibe kurz, knapp und sachlich.
- Achte auf die richtige Reihenfolge
- Verwende beim schriftlichen Berichten das Präteritum, beim mündlichen Berichten das Perfekt und bei Vorzeitigkeit das Plusquamperfekt.

Lyrische Texte – Form und Inhalt

Lyrische Texte oder Gedichte sind nach einem sehr alten Instrument benannt: der Lyra. Die Lyra ist ein Saiteninstrument, das der heutigen Harfe ziemlich ähnlich ist. Im alten Griechenland war sie das Symbol der Dichter, weshalb man die Kunst, Gedichte zu schreiben, auch als Lyrik bezeichnet.
Wenn du ein Gedicht beschreiben möchtest, musst du dessen Form und Inhalt berücksichtigen und aufeinander beziehen.

Form

Die folgenden Begriffe sind für die formale Beschreibung eines Gedichts wichtig.

Der Vers und die Strophe

Das auffälligste Kennzeichen eines Gedichts ist der **Vers**. Ein Vers ist eine **Zeile** in einem Gedicht. Während die Zeilen nicht-lyrischer Texte normalerweise dort enden, wo auf der Seite eben kein Platz mehr ist, ist es bei einem Gedicht nicht egal, welches Wort das letzte in einer Zeile ist.
Nicht alle, aber viele Gedichte sind in **Strophen** unterteilt. Wo eine Strophe aufhört und eine neue beginnt, erkennt man an einer **Leerzeile** zwischen den Strophen. Hier Beispiele aus Heinrich Heines *Belsazar*:

Die Mitternacht zog näher schon;	Vers 1	} 1. Strophe
In stummer Ruh lag Babylon.	Vers 2	
Nur oben in des Königs Schloß,	Vers 3	} 2. Strophe
Da flackerts, da lärmt des Königs Troß.	Vers 4	

Bei vielen älteren Gedichten sind die Strophen meist gleich lang. Bei neueren Gedichten kann die Länge der Strophen und auch der Verse unterschiedlich sein.

Der Reim

Nicht immer, aber oft erkennt man Gedichte an ihren Reimen. Diese stehen meistens am **Ende** der **Verse**. Ein Reim ist ein **Gleichklang**, das heißt, alles ab dem letzten betonten Vokal klingt gleich. Die Schreibweise ist dabei unwichtig.

St**ein** – B**ein**
verbr**ingen** – erzw**ingen**
L**ist** – fr**isst**

Es gibt verschiedene Formen des Endreims. Der Paarreim, der Kreuzreim und der umarmende Reim sind die drei häufigsten.

Paarreim: Beim Paarreim reimt sich der erste auf den zweiten, der dritte auf den vierten Vers und so weiter. Du kannst dieses Reimschema verkürzt auch mit der Buchtsabenfolge **aabb** angeben, wobei gleiche Buchstaben jeweils für Reimwörter stehen. Lies dies Beispiel von Joseph von Eichendorff.

Es ist schon spät, es wird schon **kalt**	a
was reit´st du einsam durch den **Wald**?	a
Der Wald ist lang, du bist all**ein**	b
du schöne Braut, ich führ dich **heim**!	b

Joseph von Eichendorff (1788–1857)

Sicher hast du gemerkt, dass Eichendorff ein bisschen geschummelt hat, denn der letzte Reim ist ein sogenannter **unreiner Reim**, das heißt, die Wörter „allein" und „heim" klingen ab dem letzen betonten Vokal **nur fast gleich**.

Kreuzreim: Ein ebenfalls sehr häufiges Reimschema ist der Kreuzreim. Hier reimt sich der erste auf den dritten, der zweite auf den vierten Vers und so weiter. Man schreib darum: **abab**. Hier ein Beispiel aus einem Gedicht von Theodor Storm.

Schon ins Land der Pyram**iden**	a
Flohn die Störche übers **Meer**;	b
Schwalbenflug ist längst gesch**ieden**,	a
Auch die Lerche singt nicht m**ehr**.	b

Theodor Storm (1817–1888)

Umarmender Reim: Etwas seltener, aber nicht weniger kunstvoll ist der umarmende Reim. Hier stehen zwei sich aufeinander reimende Verse in der Mitte, die von zwei weiteren sich aufeinander reimenden Versen „umarmt" werden. Man schreibt: **abba**. Das folgende Beispiel stammt von Georg Trakl.

Der Acker leuchtet weiß und k**alt**.	a
Der Himmel ist einsam und unge**heuer**.	b
Dohlen kreisen über dem **Weiher**	b
Und Jäger steigen nieder vom W**ald**.	a

Georg Trakl (1887–1914)

Das Metrum

Oft haben Gedichte ein festes **Versmaß** oder **Metrum**. Die Begriffe Versmaß beziehungsweise Metrum bezeichnen die **Abfolge betonter** und **unbetonter Silben** innerhalb eines Verses. Normalerweise hört man, welche Silben in Wörtern betont werden und welche nicht. Falls dir das schwerfallen sollte, kannst du dich an der **Stammsilbe** orientieren. Sie ist nämlich **betont**, Vor- und Nachsilben hingegen nicht. Im Deutschen ist die erste Silbe eines Wortes – von Vorsilben einmal abgesehen – normalerweise die betonte Silbe.

Kiste	Ver**steck**	Ge**heim**ver**steck**
↓ Stammsilbe	↓ Vorsilbe ↓ Stammsilbe	↓ Vorsilbe ↓ Stammsilbe ↓ Vorsilbe ↓ Stammsilbe

Die zwei Versmaße, die am häufigsten vorkommen, sind der **Jambus** und der **Trochäus**. Es handelt sich dabei um **alternierende Metren**, das heißt, betonte und unbetonte Silben wechseln sich ab.

Jambus: Der Jambus beginnt mit einer unbetonten Silbe. Matthias Claudius' Gedicht *Abendlied* folgt dem Prinzip des jambischen Metrums. Betonte und unbetonte Silben kann man darstellen, indem man für jede Silbe ein x schreibt und die betonten Silben markiert.

Der Mond ist aufgegangen
x x́ x x́ x x́ x

Trochäus: Der Trochäus beginnt mit einer betonten Silbe. Goethe hat in seinem Gedicht *Der Zauberlehrling* einen Trochäus verwendet.

Hat der alte Hexenmeister
x́ x x́ x x́ x x́ x

Die Kadenz

Sie bezeichnet die Art des Versausgangs oder Versendes: Ist die letzte Silbe eines Verses betont, spricht man von einer **stumpfen** oder **männlichen** Kadenz. Ist die letzte Silbe des Verses unbetont, spricht man von einer **klingenden** oder **weiblichen Kadenz**.

Seine Wort und Wer**ke**
x́ x x́ x x́ x unbetont = klingende oder weibliche Kadenz

merkt ich und den **Brauch**
x́ x x́ x x́ betont = stumpfe oder männliche Kadenz

Inhalt

Du musst bei einem Gedicht nicht nur auf die Form, also auf den äußeren Aufbau, sondern auch auf den Inhalt achten. Dafür solltest du dir einige wichtige Begriffe besonders gut einprägen.

Das lyrische Ich

Den Sprecher in einem Gedicht nennt man das lyrische Ich. So wie man bei einer Geschichte den Erzähler vom Autor unterscheidet, muss man, wenn man über Gedichte spricht, auch das **lyrische Ich** vom **Autor unterscheiden**.

Die bildliche Sprache

Typisch für viele Gedichte ist die bildliche Sprache, das heißt, oft werden die Dinge nicht beim Namen genannt, sondern in Bilder eingekleidet. Warum ein Dichter das macht, kann unterschiedliche Gründe haben. Verwendet man ein Bild, indem man eine Wiese nicht Wiese, sondern zum Beispiel „grünes Meer" nennt, kann sich der Leser das, was der Dichter vor Augen hat, viel besser vorstellen. Ein „grünes Meer" gibt einem Leser aber auch ein Rätsel auf und macht den Text somit gleich viel interessanter. Nicht zuletzt ist ein „grünes Meer" sprachlich auch einfach schön.

Drei Formen der bildhaften Sprache, die häufig vorkommen, sind der **Vergleich**, die **Metapher** und die **Personifikation**.

Vergleich: Beim Vergleich wird etwas mit etwas anderem verglichen. Du erkennst den Vergleich an den Wörtern *wie* und *als*. Hier zwei Beispiele; das erste stammt aus einem Gedicht von Joseph von Eichendorff, das zweite Beispiel ist von Christian Morgenstern.

Es war, **als** hätt' der Himmel
Die Erde still geküßt …

Nebel hängt **wie** Rauch ums Haus …

Metapher: Von einer Metapher spricht man, wenn ein Gegenstand oder ein Gefühl mithilfe eines sprachlichen Bildes beschrieben wird, das eigentlich aus einem ganz **anderen Bereich** stammt. Wenn man zum Beispiel eine Wolke beschreiben möchte, aber stattdessen nicht von einer Wolke, sondern von Watte oder von einem Schaf am Himmel spricht, handelt es sich um eine Metapher. Watte oder Schafe haben eigentlich nichts mit Wolken zu tun, aber jeder weiß sofort, was gemeint ist. Die Metapher unterscheidet sich vom Vergleich darin, dass nicht mit vergleichenden Wörtern wie *als* oder *wie* gearbeitet wird. Lies dieses Beispiel von Gottfried Keller, in dem gleich mehrere Metaphern vorkommen.

Augen, meine lieben **Fensterlein**,
Gebt mir schon so lange holden Schein,
Lasset freundlich **Bild um Bild** herein:
Einmal werdet ihr **verdunkelt** sein!
Gottfried Keller (1815–1890)

Die Augen werden als *Fensterlein* bezeichnet, mit *Bild um Bild* ist die Wahrnehmung gemeint und das Bild der Verdunklung steht für den Tod.

Personifikation: Die Personifikation ist eine besondere Form der Metapher. Mit ihrer Hilfe werden z. B. Tieren, Pflanzen, Gegenständen oder Naturerscheinungen menschliche Züge verliehen. Sie kommt auch in der Alltagssprache oft vor (z. B. *die Sonne lacht; der Winter steht vor der Tür*). Hier ein Beispiel von Joseph von Eichendorff.

Wünschelrute
Schläft ein **Lied** in allen **Dingen**,
Die da **träumen** fort und fort,
Und die **Welt** hebt an zu **singen**,
Triffst du nur das Zauberwort.
Joseph von Eichendorff (1788–1857)

Form und Inhalt

Du hast erfahren, wie man ein Gedicht einerseits formal, andererseits inhaltlich beschreiben kann. Um aber ein Gedicht richtig zu verstehen, musst du beides miteinander verbinden. Du musst also überlegen, wie sich die **Form** und der **Inhalt** des Gedichts **aufeinander beziehen**. Bei dem folgenden Gedicht von Christian Morgenstern ist das fast auf den ersten Blick zu sehen. Es heißt *Die Trichter*:

Die Trichter

Zwei Trichter wandeln durch die Nacht.
Durch ihres Rumpfs verengten Schacht
fließt weißes Mondlicht
still und heiter
auf ihren
Waldweg
u.s.
w.

Christian Morgenstern (1871–1914)

Wenn du nun überlegst, was der Inhalt, also das, worum es in dem Gedicht geht, mit der Form des Gedichts zu tun hat, kommst du recht schnell zu einem interessanten Ergebnis: Das Gedicht handelt von zwei Trichtern auf ihrem Weg durch den nächtlichen Wald und die Verse sind in ihrer Länge und Anordnung genau so gewählt, dass das Gedicht in seiner Form an einen Trichter erinnert.

Zusammenfassung

- Gedichte sind häufig in Strophen unterteilt. Die Zeilen einer Strophe nennt man Verse.
- Viele Gedichte reimen sich. Es gibt den Paarreim (aabb), den Kreuzreim (abab) und den umarmenden Reim (abba).
- Ein Gedicht hat ein Versmaß beziehungsweise ein Metrum. Der Jambus beginnt mit einer unbetonten, der Trochäus mit einer betonten Silbe. Betonte und unbetonte Silben wechseln sich ab.
- Den Sprecher in einem Gedicht nennt man lyrisches Ich.
- In Gedichten wird oft mit sprachlichen Bildern gearbeitet. Die häufigsten sprachlichen Bilder sind der Vergleich, die Metapher und die Personifikation.

Erzähltexte

Erzähltexte nennt man auch epische Texte. Alle Erzähltexte handeln von einem erfundenen, einem teilweise erfundenen oder einem wahren Geschehen, das den Lesern von einem Erzähler vermittelt wird. Der Erzähler ist nicht der Autor der Erzählung, sondern eine vom Autor erfundene Figur. Er kann an dem Geschehen teilnehmen oder als Beobachter distanziert darüber erzählen.

Merkmale einer Erzählung

- Man unterscheidet innerhalb einer Erzählung einzelne **Erzählschritte**. Ein neuer Erzählschritt beginnt, wenn zum Beispiel der Ort der Handlung wechselt, in die Vergangenheit oder in die Zukunft gesprungen wird oder eine neue Figur auftaucht, die das Geschehen beeinflusst.
- Erzähltexte haben normalerweise eine **Einleitung**, einen **Hauptteil** und einen **Schluss**. In der Einleitung werden die wichtigsten Figuren, der Ort und die Zeit der Handlung vorgestellt. Im Hauptteil folgen die einzelnen Erzählschritte aufeinander. Im Hauptteil findet die eigentliche Handlung statt. Am Schluss wird häufig aufgelöst, was noch offen ist.
- Die Personen einer Erzählung nennt man **Figuren**. In den meisten Erzählungen gibt es eine Hauptfigur, über die wir die meisten Informationen erhalten.
- Der Erzähler ist eine Figur, die in jedem Erzähltext vorkommt. Man unterscheidet zwischen dem **Ich-Erzähler** und dem **Er-/Sie-Erzähler**.
- Man unterscheidet zwischen **innerer** und **äußerer Handlung**. Die innere Handlung bezeichnet das, was eine Figur denkt oder fühlt, die äußere Handlung ist das, was alle Beteiligten wahrnehmen können.
  Innere Handlung: *Julia dachte an ihren Großvater und fühlte sich gar nicht wohl bei dem Gedanken, dass so viele Dinge ungeklärt geblieben sind.*
  Äußere Handlung: *Sie wischte sich die Tränen aus den Augen und begann mit dem Sortieren alter Fotos.*

Formen des Erzählens

Es gibt **unterschiedliche Formen** von Erzähltexten. Sie unterscheiden sich zum Beispiel durch ihre Länge. Es gibt Texte, die nur wenige Zeilen lang sind, andere füllen mehrere hundert Seiten. Epische Texte kann man auch danach unterscheiden, was der Autor erreichen möchte. Manche Texte unterhalten, manche belehren und andere regen zum Nachdenken an. Im Folgenden werden einige wichtige epische Formen beschrieben.

Anekdote

Die Anekdote ist eine der kürzesten Formen von Erzähltexten. Sie erzählt meistens von einem bemerkenswerten Ereignis. In ihr wird eine Person oder eine

Personengruppe mit ihren typischen Eigenschaften dargestellt. Die Anekdote hat eine **Pointe**. Dadurch wird sie normalerweise zu einer lustigen Geschichte.

Fabel
In einer Fabel treffen meist Tiere aufeinander, die sich wie Menschen verhalten. Zunächst wird eine Konfliktsituation dargestellt. Darauf folgt ein Streitgespräch. Am Ende der Fabel steht eine **Moral** oder eine **Lehre**. Die Tiere stehen stellvertretend für die Menschen und ihre Verhaltensweisen. Die Fabel soll belehren und zum Nachdenken anregen.

Märchen
Märchen sind Texte, deren Autoren häufig nicht bekannt sind. Sie wurden von Generation zu Generation weitererzählt und irgendwann von jemandem aufgeschrieben. In ihnen geht es häufig um **Zauberei** und **Magie**, um **Gut** und **Böse** und um **Belohnung** und **Bestrafung**. Märchen dienen einerseits zur Unterhaltung, andererseits zur Erziehung der Kinder.

Sagen
Sagen wurden ursprünglich, genau wie Märchen, nicht aufgeschrieben, sondern mündlich weitererzählt. Auch in der Sage passieren oft übernatürliche Dinge. Ihre Handlung findet, anders als im Märchen, oft an einem **bestimmten Ort** und zu einer bestimmten **Zeit** statt. Häufig steht ein **Held** im Mittelpunkt der Sage.

Roman
Der Roman zählt zu den sogenannten epischen **Langformen**, d.h. seine Handlung erstreckt sich häufig über mehrere hundert Seiten. In einem Roman sind die Figuren, insbesondere die Hauptfiguren häufig sehr viel genauer dargestellt als in den epischen Kurzformen (z.B. Fabel, Anekdote). Neben einer **Haupthandlung** gibt es hier auch genug Raum für **Nebenhandlungen**.

Zusammenfassung

- Erzähltexte werden auch epische Texte genannt.
- Man unterscheidet in einer Erzählung unterschiedliche Erzählschritte.
- Die Personen in einer Erzählung nennt man Figuren.
- Eine Erzählung hat immer einen Erzähler. Man unterscheidet zwischen Ich-Erzähler und Er-/Sie-Erzähler.
- Es gibt unterschiedliche Formen von Erzähltexten.

Sachtexte

Unter einem Sachtext versteht man einen Text, der vor allem die Funktion erfüllt, die Leser zu informieren. Natürlich gibt es auch Sachtexte, die so geschrieben sind, dass die Leser Freude am Lesen haben. Im Vordergrund steht aber nicht der Unterhaltungswert, wichtiger sind die Fakten, die durch den Text vermittelt werden sollen.

Es gibt **unterschiedliche Formen** von Sachtexten. Neben Texten, die in Fachbüchern oder Fachzeitschriften auftauchen, in denen es jeweils um ein bestimmtes Thema geht (z.B. um die Geschichte des 20. Jahrhunderts oder um die artgerechte Haltung von Zwergkaninchen), gibt es eine Reihe anderer Texte, deren vorrangiges Ziel es ist, zu informieren. Einige davon sind hier kurz beschrieben.

Zeitungsbericht

In einem Zeitungsbericht werden Ereignisse (z.B. die Eröffnung des Oktoberfests) oder Sachverhalte (etwa die Vorschriften für die Verkehrssicherheit eines Fahrrads) dargestellt. Der Verfasser gibt **Informationen**, **ohne** selbst zu **werten**. In einem Bericht werden vor allem die W-Fragen beantwortet.
Dies könnte ein Textauszug aus einem Zeitungsbericht sein:
Am 22. September 2012 beginnt wie jedes Jahr auf der Theresienwiese in München das Oktoberfest. Veranstalter erwarten gegenüber dem Vorjahr einen Besucheranstieg, die Polizei ist auf erhöhtes Verkehrsaufkommen eingestellt.

Reportage

In einer Reportage berichtet ein Autor häufig über Dinge, die er vor Ort selbst recherchiert, d.h. in Erfahrung gebracht hat. Der Verfasser einer Reportage könnte zum Beispiel über das chinesische Neujahrsfest oder den Christopher Street Day berichten. Auch wenn es bei dieser Form des Journalismus auch um das Vermitteln von Fakten geht, sind **Kommentare** und **Wertungen** fester Bestandteil vieler Reportagen.
Dies könnte ein Textauszug aus einer Reportage sein:
Neujahr ist in China vor allem ein Familienfest. Viele Menschen freuen sich, aus den Städten, in denen sie arbeiten, für die Zeit des Neujahrs aufs Land zu ihren Familien zurückzukehren. Bei den Feierlichkeiten auf der Straße fallen dem europäischen Beobachter nicht nur die Dekoration in allerlei beeindruckenden Rottönen auf, sondern auch die berühmt-berüchtigten Chinaknaller.

Kommentar

Bei einem Kommentar steht die Haltung des Autors zu einem bestimmten Thema noch mehr im Vordergrund als bei einer Reportage. Es geht zwar immer noch um Informationen und Fakten, der **Verfasser bezieht** aber ganz klar **Stellung**.

So könnte ein Textauszug aus einem Kommentar klingen:

Wer hier nicht mit einem besonderen Outfit beeindruckt, hat in der Welt der Reichen und Schönen nichts verloren. Die Oscarverleihung ist neben dem Sehen und Gesehenwerden von Prominenz in erster Linie der Laufsteg zahlreicher Designer. Die Filmkunst gerät dabei völlig aus dem Blick.

Zusammenfassung

- Im Vordergrund von Sachtexten stehen Fakten und Informationen zu einem bestimmten Thema.
- Der Zeitungsartikel ist wertneutral. Hier wird nur berichtet. Die Meinung des Verfassers spielt keine Rolle.
- Die Reportage und der Kommentar sind nicht wertneutral, das heißt, der Verfasser lässt seine Meinung einfließen.

Literarische Texte lesen

Ein literarischer Text hat ein anderes Ziel als ein Sachtext. Während die Leser eines Sachtextes Informationen zu einem bestimmten Thema erhalten, sollen bei einem literarischen Text die Leser in irgendeiner Form berührt werden. Sicher hast du selbst schon festgestellt, dass dich ein Buch traurig oder fröhlich stimmt, dass es dich aufregt oder du Mitgefühl für eine der Figuren hast.
Bei einem literarischen Text ist dies gewollt. Die Leser sollen in einer bestimmten Art und Weise auf das reagieren, was sie lesen.
Neben dem Inhalt, den man natürlich auch bei einem literarischen Text verstehen muss, ist es also sehr wichtig, zu überlegen, welche Gefühle der Text bei einem selbst auslöst und woran das liegt.

Wenn du einen literarischen Text besser verstehen möchtest, halte dich am besten an die folgenden acht Arbeitsschritte.

1. Überlege, was du erwartest, wenn du die **Überschrift** liest.
2. Lies den Text durch und notiere dir, **wie** der **Text** auf dich **wirkt**. Ist er lustig? Stimmt er dich traurig oder nachdenklich?
3. Überlege jetzt, wie man den **Text gliedern** könnte und um was es in den einzelnen Abschnitten geht.
4. Halte fest, welche **Figuren** eine Rolle spielen und wie sie zueinander stehen.
5. Bei Geschichten: Gibt es einen **Ich-Erzähler** oder einen **Er-/Sie-Erzähler**? Bei Gedichten: Spricht das **lyrische Ich** über sich selbst oder über jemand anderen?
6. Welche sprachlichen, formalen und inhaltlichen **Besonderheiten** fallen auf? Sind die Sätze zum Beispiel besonders kurz oder tauchen sogar Fehler auf? Was am Inhalt ist sonderbar?
7. Will der Text belehren oder unterhalten, will er provozieren oder kritisieren? Stelle fest, welche **Funktion** der Text hat.
8. Überlege, **warum** der **Text** in einer bestimmten Weise auf dich **wirkt**. Beziehe dabei den Inhalt, die Figuren, den Erzähler/das lyrische Ich, die Sprache und die Funktion des Textes mit in deine Überlegungen ein.

Mach dir zu jedem der acht Arbeitsschritte Notizen. Du kannst dich an dem folgenden Muster orientieren, bei dem es um ein Gedicht von Christian Morgenstern geht.

Gespräch einer Hausschnecke mit sich selbst

Soll i aus meim Hause raus?
Soll i aus meim Hause nit raus?
Einen Schritt raus?
Lieber nit raus?
Hausenitraus -
Hauseraus
Hauseritraus
Hausenaus
Rauserauserauserause …

(Die Hausschnecke verfängt sich in ihren eignen Gedanken oder vielmehr diese gehen mit ihr dermaßen durch, dass sie die weitere Entscheidung der Frage lächelnd verschieben muss.)
Christian Morgenstern (1871–1914)

Notizen zu den Arbeitsschritten

1. Ich erwarte ein lustiges Tiergedicht.
2. Das Gedicht ist lustig, es verwirrt mich aber auch, denn es erscheint mir sinnlos.
3. Teil 1) Entscheidungsmöglichkeiten (Vers 1–4)
   Teil 2) erste Verwirrung (Vers 5–8)
   Teil 3) völlige Verwirrung (Vers 9)
   Teil 4) Erklärung des lyrischen Ichs (Text in Klammern)
4. In dem Gedicht ist von zwei Personen die Rede: der Hausschnecke und dem lyrischen Ich.
   Die Hausschnecke ist völlig mit sich selbst beschäftigt.
   Das lyrische Ich beobachtet die Hausschnecke und kommentiert ihre Gedanken.
5. Lyrisches Ich spricht über Hausschnecke.

6. Sprachliche Besonderheiten: Fehler, Wortgrenzen werden nicht eingehalten (z. B. „Rauserauserauserause …“).
   Formale Besonderheiten: keine Verse am Ende des Gedichts.
   Inhaltliche Besonderheiten: Warum sind Schneckengedanken so wichtig? Warum lächelt die Schnecke?

7. Text soll unterhalten (lustig).
   Text soll zum Nachdenken anregen (seltsames Thema).

8. Das Gedicht ist lustig, da die Dummheit der Hausschnecke durch die vielen Fehler anschaulich dargestellt ist.
   Die Verwirrung kann ebenfalls gut nachvollzogen werden, da die Schnecke nicht einmal mehr weiß, wo die Wörter anfangen und aufhören.
   Das lyrische Ich erklärt den Lesern, dass die Hausschnecke nicht in der Lage ist, diese einfache Entscheidung zu fällen. Gleichzeitig erwähnt es aber auch, dass die Hausschnecke lächelt. Dies könnte einerseits bedeuten, dass die Hausschnecke über sich selbst lächelt, da sie ihre eigene Dummheit erkennt. Sie ist also gar nicht so dumm, wie man zunächst glaubt. Andererseits könnte sie ihr Scheitern mit Humor nehmen. Damit wäre sie ein Vorbild im Umgang mit Misserfolgen.
   Der Text ist also nicht nur lustig, sondern er macht auch nachdenklich.

Zusammenfassung

Wenn du einen literarischen Text besser verstehen möchtest, beantworte vor allem die folgenden Fragen:

- **Eine Überschrift weckt bestimmte Erwartungen. Welche sind es?**
- **Ein literarischer Text hat eine bestimmte Wirkung auf seine Leser. Welche?**
- **Wie kommt diese Wirkung zustande? Was trägt sprachlich, was formal und was inhaltlich dazu bei?**
- **Welche Schlussfolgerungen kann man in Bezug auf die Wirkung aus den Ergebnissen der Untersuchung ziehen?**

Sachtexte lesen

Wenn du dich über ein bestimmtes Thema informieren willst, musst du einen Sachtext lesen. Einen Sachtext kannst du an verschiedenen Merkmalen erkennen: Er informiert über ein bestimmtes Thema (z. B. *Vulkane, Haltung von Zierfischen*...). Es kommen häufig Fachwörter darin vor. Mitunter liefern Tabellen, Diagramme oder Abbildungen zusätzliche Informationen.

Damit du dir einen Überblick über die **Informationen** verschaffen kannst, die in einem Sachtext enthalten sind, ist es wichtig, dass du beim Lesen **systematisch** vorgehst.

- Lies den Text durch und kläre, über welches **Thema** der Text Auskunft gibt.
- Umkreise mit Bleistift alle Wörter, die du nicht verstehst.
- Kläre die Wörter mithilfe eines Lexikons oder recherchiere im Internet.
- Schreibe die Erklärung an den **Rand** des Textes.
- Lies den Text noch einmal gründlich durch und **unterstreiche** dabei die **Textstellen**, die Antwort auf die **W-Fragen** geben. Achte darauf, dass du nicht zu viel unterstreichst, da du sonst schnell den Überblick verlierst.
- Unterstreiche mit einem Textmarker oder einem Buntstift **Schlüsselbegriffe**. Schlüsselbegriffe sind Wörter, ohne die der Text nicht verständlich wäre.
- Unterteile den Text in **Sinnabschnitte** und notiere am Rand für jeden Sinnabschnitt eine **Zwischenüberschrift**. Oft liefern Absätze im Text einen Hinweis auf den Beginn eines neuen Sinnabschnittes. Du darfst dich aber nicht darauf verlassen. Du solltest außerdem darauf achten, an welchen Stellen der Text zum Beispiel auf eine andere W-Frage antwortet, wo er zusätzliche Informationen liefert usw.
- Überlege dir, **warum** der Text **geschrieben** wurde. Soll der Text nur informieren oder verfolgt der Autor ein Ziel? So könnte zum Beispiel ein Sachtext über Dinosaurier darüber informieren, wann und wie die Dinosaurier lebten, ein Text über das Waldsterben könnte die Leser zusätzlich dazu aufrufen, auf ihr eigenes Verhalten in Bezug auf Umweltschutz zu achten.

Diagramme

Diagramme liefern oft zusätzliche Infomationen zu einem Thema. Man unterscheidet im Wesentlichen **vier Typen** von Diagrammen: das **Säulendiagramm**, das **Balkendiagramm**, das **Kreis**- oder **Tortendiagramm** und das **Flussdiagramm**. Die ersten drei Diagramme eignen sich besonders, um Informationen darzustellen, die etwas mit Zahlen zu tun haben, das Flussdiagramm wird häufig verwendet, um einen Prozess, einen Arbeitsablauf oder Vorgang zu veranschaulichen.

Flussdiagram

Um zum Beispiel darzustellen, wie man eine Schülersprecherwahl vorbereitet, eignet sich das Flussdiagram.

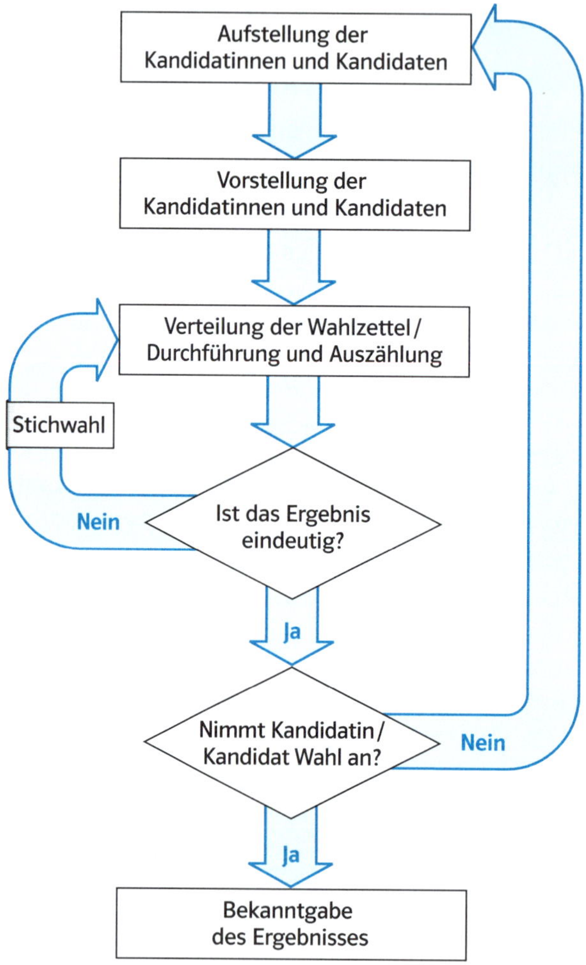

Bei einem Flussdiagramm kann man genau erkennen, welche Schritte aufeinanderfolgen und wie mit dem jeweiligen Ergebnis umzugehen ist. Man kann dem Diagramm beispielsweise entnehmen, dass nach der Vorstellung der Kandidatinnen und Kandidaten die Wahlzettel verteilt werden und die Wahl durchgeführt wird. Man erfährt, was zu tun ist, wenn das Wahlergebnis eindeutig ist, aber auch, wenn dies nicht der Fall ist.

Säulendiagramm

Um das Ergebnis einer Schülersprecherwahl darzustellen, eignet sich das **Säulendiagramm**.

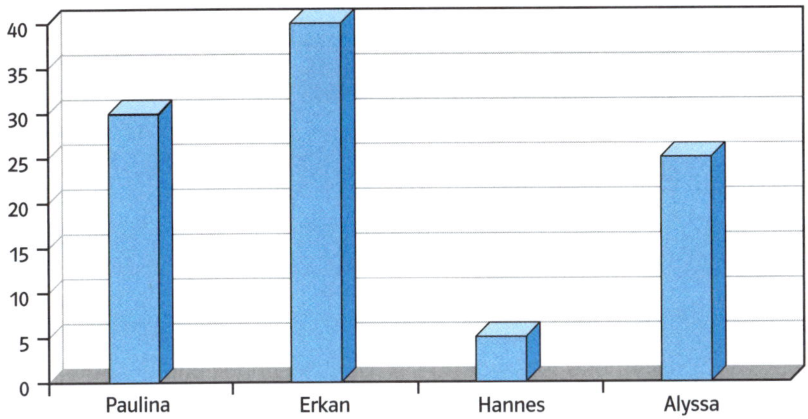

Bei diesem Diagramm kannst du auf der waagrechten Achse ablesen, welche Säule zu welchem Kind gehört, auf der senkrechten Achse kannst du sehen, wie viel Prozent der Stimmen wer bekommen hat. Das Säulendiagramm zeigt also, dass Hannes fünf Prozent der Stimmen, Alyssa 25 Prozent, Paulina 30 Prozent und Erkan 40 Prozent der Stimmen bekommen hat.

Balkendiagramm

Auch das **Balkendiagramm** eignet sich zur Darstellung des Wahlausgangs.

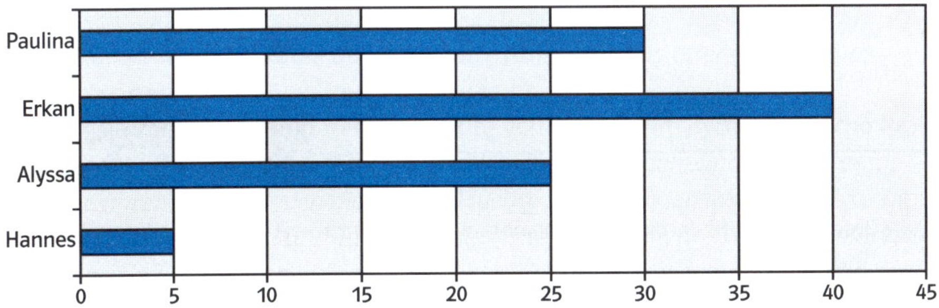

Hier kann man der waagrechten Achse entnehmen, wie viel Prozent der Stimmen auf wen entfallen, die senkrechte Achse zeigt, zu wem der jeweilige Balken gehört.

Kreis- oder Tortendiagramm

Ebenso könnte man die Schülersprecherwahl mithilfe eines **Kreis- oder Tortendiagramms** darstellen.

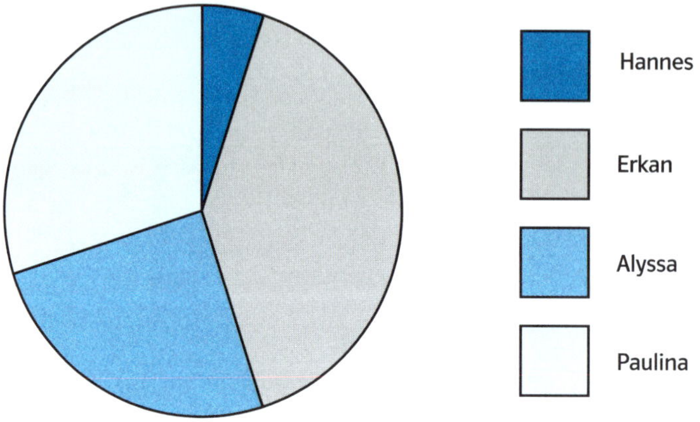

Auch hier kann man auf den ersten Blick erkennen, wie die Stimmen auf die Kandidaten verteilt wurden. Den unterschiedlichen Namen sind unterschiedliche Farben im Diagramm zugeordnet. Je größer der Anteil am Kreis ist, desto größer ist auch der Anteil der Stimmen.

Zusammenfassung

- Der Sachtext erzählt keine Geschichte, sondern informiert zu einem bestimmten Thema.
- Die Sprache ist sachlich.
- Einen Sachtext erkennt man häufig auch an den verwendeten Fachwörtern.
- In einem Sachtext werden Fakten häufig durch Abbildungen und Diagramme dargestellt.
- Wenn man mit einem Sachtext arbeitet, sollte man nur die wichtigsten Aussagen und die Schlüsselbegriffe hervorheben.

Informationen beschaffen

In der Schule wird von dir oft erwartet, dass du dich über ein bestimmtes Thema nicht nur in deinen Schulbüchern informierst. Natürlich hast du aber nicht zu jedem Thema Bücher zuhause, in denen du nachlesen könntest. Darum ist es wichtig, zu wissen, wie du an Informationen gelangst. Informationen erhältst du zum Beispiel aus Lexika, aus Fachbüchern und Fachzeitschriften. Diese findest du in Bibliotheken. In den letzten Jahren ist aber auch das Internet zu einer wichtigen Quelle geworden. Die Suche nach Informationen nennt man Recherche.

Die Arbeit mit einem Nachschlagewerk

Wenn du einen Vortrag zu einem bestimmten Thema halten sollst, reicht ein kleines Lexikon, wie es in vielen privaten Bücherregalen steht, oft nicht aus. Die Begriffserklärungen sind kurz und bieten längst nicht die Informationen, die du für einen Vortrag benötigst.
Umfassendere Informationen enthalten die großen **mehrbändigen Lexika**, die du in einer **Bibliothek** findest. Die **Artikel** – so nennt man die Einträge zu dem Begriff, den man nachschlagen möchte – sind alphabethisch geordnet. Auf dem Einband eines jeden Bandes steht, welche Wörter mit welchen Anfangsbuchstaben darin zu finden sind. Steht auf einem der Bände zum Beispiel Br – Dif, findest du darin die Wörter *Brauch*, *Dackel* und *Differenz*. Den Begriff *Boden* müsstest du im vorhergehenden Band, den Begriff *digital* in dem nachfolgenden Band nachschlagen.

Die Arbeit mit Sachbüchern

In einem Sachbuch findest du ein **Inhaltsverzeichnis**, mit dessen Hilfe du dir einen ersten Eindruck darüber verschaffen kannst, ob das Buch Informationen für dich enthält. Findest du ein Thema, das wichtig für dich sein könnte, lies es auf den angegebenen Seiten nach.
Viele Sachbücher verfügen über ein **Sachwortregister**. Du findest es auf den letzten Seiten. Es hilft dir herauszufinden, ob die Informationen, die du brauchst, tatsächlich in diesem Buch zu finden sind. Wenn du zum Beispiel einen Vortrag über *Papageno* aus Mozarts *Zauberflöte* halten sollst, suchst du *Papageno* im Sachwortregister. Dort sind die Seiten angegeben, auf denen du nachlesen musst.

Die Suche nach Büchern in Bibliotheken

Mittlerweile verfügen fast alle Bibliotheken über die Möglichkeit, Bücher mithilfe eines **Computers** – oft sogar mithilfe des **Online-Katalogs** von zuhause aus – zu finden. Wenn du die **Suchmaske** vor dir hast, hast du meistens mehrere Möglichkeiten. Vielleicht kennst du den **Titel** des Buches. Dann kannst du diesen eingeben. Vielleicht kennst du nur den **Autor** des Buches. Wenn du seinen Namen eingibst, werden dir auf dem Bildschirm alle Bücher, die von diesem

Autor geschrieben wurden und in der Bibliothek vorhanden sind, angezeigt. Du musst dir nun das richtige heraussuchen. Vielleicht kennst du aber auch nur das Thema, zu dem du Informationen brauchst, und weißt gar nicht, wie die Bücher oder Autoren heißen, die sich damit beschäftigen. In diesem Fall musst du mit **Schlagwörtern** arbeiten. Hier ist ein bisschen Kreativität gefordert. Wenn du zum Beispiel einen Vortrag über Mozarts Oper *Die Zauberflöte* halten sollst, könntest du mehrere Schlagwörter ausprobieren: Zauberflöte, Opern, Mozart, klassische Musik, Komponisten.
Wenn dir im Computerprogramm ein Buch angezeigt wird, das für deine Zwecke interessant ist, kannst du es in der Bibliothek suchen.

Die Suche im Internet

Bei der Internetrecherche gehst du ähnlich vor wie bei der Schlagwortsuche. Du gibst in die Suchmaske einer **Suchmaschine** einen oder auch mehrere **Suchbegriffe** ein. Achte darauf, wer die Informationen bereitgestellt hat. Nicht alles, was im Internet zu finden ist, ist sachlich auch richtig. Der Artikel einer bekannten Zeitung ist sicher hilfreicher als beispielsweise Connys-Super-Zauberflöten-Fan-Homepage.
Für die Internetrecherche gilt: Ziehe unterschiedliche Seiten, die sich mit dem Thema befassen, heran und vergleiche die Informationen.

Zusammenfassung

- Lexika sind alphabetisch geordnete Nachschlagewerke, in denen du erste Informationen zu einem Thema erhältst.
- In einem Sachbuch kannst du mithilfe des Inhaltverzeichnisses und des Registers gezielt nach ausführlichen Informationen suchen.
- Eine Bibliothek ist eine gute Anlaufstelle, um sich über ein bestimmtes Thema zu informieren. Bücher zu einem Thema findet man im Bibliothekskatalog.
- Informationen liefert dir auch das Internet. Du solltest aber nur auf vertrauenswürdige Seiten zurückgreifen.

Die Buchvorstellung

Mitunter musst du im Deutschunterricht ein Buch vorstellen. Es darf dein Lieblingsbuch sein oder auch eines, das du gerade erst gelesen hast. Wichtig ist, dass du für dein Buch wirbst und deine Mitschüler neugierig werden. Dazu gehört mehr, als es nur gelesen und für gut befunden zu haben. Du musst deinen Vortrag auch interessant gestalten, damit deine Hörer auf das Buch aufmerksam werden und es vielleicht sogar selbst lesen wollen.

- **Beginne** deinen Vortrag mit **allgemeinen Informationen** zu dem Buch, das du vorstellst. Nenne **Titel** und **Autor**. Zum Buch oder zum Autor hast du vielleicht noch ein paar interessante Informationen. Hat das Buch einen Preis erhalten? Gibt es noch andere Bücher vom selben Autor u.s.w.
- Gehe dann auf den **Inhalt** des Buches ein. Gib kurz wieder, um was es geht und welche Figuren eine wichtige Rolle spielen. Aber: Auf keinen Fall solltest du zu viel vom Inhalt verraten, da du sonst deinen Mitschülern den Spaß am Lesen verdirbst. Falls du nicht genau weißt, was du verraten sollst und was nicht, orientiere dich am Klappentext.
- Wähle eine geeignete Stelle für eine **Leseprobe** aus. Natürlich sollten die Hauptperson und auch das übergeordnete Thema der Geschichte darin vorkommen. **Erkläre** deinen Mitschülern kurz, aus welchem **Zusammenhang** der Auszug stammt, und schildere ihnen, wie es zu der Situation gekommen ist, von der deine Leseprobe handelt. Übe das Vorlesen zuhause, damit deinen Mitschülern das Zuhören auch Spaß macht.
- **Nimm** anschließend selbst **Stellung** zu dem Buch und begründe, warum du es gut findest und warum es sich lohnt, das Buch zu lesen. Dabei reicht es nicht, zu erwähnen, dass das Buch lustig oder spannend oder gut geschrieben ist. Du musst erläutern, warum du das so siehst. Zum Beispiel: *Ich finde das Buch sehr spannend, da die Hauptperson sehr neugierig und risikobereit ist, sodass sie sich selbst immer wieder in gefährliche Situationen bringt.* Vielleicht hat dir das Buch aber an einigen Stellen auch gar nicht gefallen. Auch das musst du begründen.

- Vermutlich bist du vor deinem Vortrag aufgeregt. Achte darauf, dass du **langsam**, **laut** und **deutlich** sprichst. Schalte sicherheitshalber lieber einen Gang zurück. Keine Panik vor Stocken, Versprechern oder flatternder Stimme. Aufregung ist ganz normal, wenn man nicht ständig vor größerem Publikum steht und spricht. Wenn du den Faden verlieren solltest, beginne noch einmal da, wo du ins Stocken geraten bist.
- Versuche, von deinem Stichwortzettel immer wieder **aufzuschauen** und deine Zuhörer anzusehen. Tipp: Mehr als Stichworte solltest du dir wirklich nicht notieren, denn wenn du dir ganze Sätze notierst, ist die Gefahr groß, dass du deinen gesamten Vortrag einfach nur abliest.
- Wenn du magst, kannst du das Buch nach deinem Vortrag durch die Klasse geben, damit sich jedes Kind das Titelbild anschauen kann; vielleicht möchten einige das Buch auch einfach mal durchblättern.

Zusammenfassung

- Am Anfang einer Buchvorstellung erhalten die Zuhörer allgemeine Informationen (Titel, Autor).
- Es folgen Informationen zum Inhalt und zu den wichtigsten Figuren des Buches. Zu viel darf nicht verraten werden.
- Zu einer Buchvorstellung gehört auch eine Bewertung des Buches. Das Urteil muss begründet werden.
- Sprich während des Vortrags langsam, laut und deutlich.
- Schaue deine Zuhörer immer wieder an.
- Schreibe nur Stichworte für deinen Vortrag auf.

7. / 8. Klasse

Grammatik

Lern-Video

Genus Verbi und Modus des Verbs

Mit dem Genus Verbi wird die Handlungsform des Verbs angegeben. Dabei wird zwischen dem Aktiv und dem Passiv unterschieden.
Der Modus (Plural: Modi) ist die Aussageweise. Es gibt drei unterschiedliche Modi: den Indikativ, den Imperativ und den Konjunktiv.

Aktiv und Passiv (Genus Verbi)

Aktive Verbformen weisen darauf hin, dass ein handelndes Subjekt, ein Urheber, im Mittelpunkt steht. Dieser Handlungsträger muss keine Person, sondern kann auch ein Gegenstand oder anderes sein. Man nennt das Aktiv auch **Tätigkeitsform**.
Bei **passiven Verbformen** steht dagegen das Geschehen selbst im Mittelpunkt.

Aktiv	Passiv
Ich mache aus Kartoffeln selbst Chips.	**Chips werden** aus Kartoffeln **gemacht**.
Die Feuerwehr löscht den Brand.	Der **Brand wird gelöscht**.

Es gibt beim Passiv zwei Formen mit unterschiedlicher Bedeutung, das **Vorgangspassiv** und das **Zustandspassiv**.

Das Vorgangspassiv

Das Vorgangspassiv gibt Vorgänge und Handlungen wieder. Es wird gebildet mit den Personalformen des Hilfsverbs *werden* und dem Partizip II des Vollverbs.
Die Passivformen des Verbs können in allen Zeiten gebildet werden. Dabei wird das Hilfsverb *werden* konjugiert.

Bildung des Vorgangspassivs in den Zeiten		
	Aktiv	**Passiv**
Präsens	Ich **esse** den Hamburger.	Der Hamburger **wird gegessen**.
Präteritum	Ich **aß** den Hamburger.	Der Hamburger **wurde gegessen**.
Perfekt	Ich **habe** den Hamburger **gegessen**.	Der Hamburger **ist gegessen worden**.
Plusquamperfekt	Ich **hatte** den Hamburger **gegessen**.	Der Hamburger **war gegessen worden**.

Bildung des Vorgangspassivs in den Zeiten		
	Aktiv	**Passiv**
Futur I	Ich **werde** den Hamburger **essen**.	Der Hamburger **wird gegessen werden**.
Futur II	Ich **werde** den Hamburger **gegessen haben**.	Der Hamburger **wird gegessen worden sein**.

Das Zustandspassiv
Mit dem Zustandspassiv wird das Ergebnis eines Geschehens, also ein erreichter Zustand, beschrieben.
Die Formen des **Zustandspassiv** werden mit den Personalformen des Hilfsverbs *sein* und dem Partizip II des jeweiligen Verbs gebildet. Auch diese Formen können für alle Zeiten gebildet werden.

Bildung des Zustandpassivs in den Zeiten	
Präsens	Der Kuchen **ist gebacken**.
Präteritum	Der Kuchen **war gebacken**.
Perfekt	Der Kuchen **ist gebacken gewesen**.
Plusquamperfekt	Der Kuchen **war gebacken gewesen**.
Futur I	Der Kuchen **wird gebacken sein**.
Futur II	Der Kuchen **wird gebacken gewesen sein**.

Achtung: Nicht von allen Verben lässt sich eine sinnvolle Passivform bilden. Zu den Verben, zu denen es keine Passivform gibt, gehören die **intransitiven** Verben, also alle Verben, die kein Akkusativobjekt nach sich ziehen. Dazu zählen die **reflexiven** Verben und viele Verben, die das **Perfekt** mit dem **Hilfsverb** *sein* bilden.

Aktiv	Passivform nicht möglich
Patrick **wundert sich** über das Wetter.	~~Das Wetter wird von Patrick gewundert.~~
Maja **ist** im Regen zu Silke **gelaufen**.	~~Silke wurde von Maja gelaufen.~~

Um einen Aktivsatz richtig in einen Passivsatz **umzuformen**, muss man drei Dinge beachten:
1. Das **Akkusativobjekt** des Aktivsatzes wird im Passivsatz zum **Subjekt**.
2. Das **Prädikat** muss in eine **Passivform** umgewandelt werden.
3. Das **Subjekt** des Aktivsatzes wird zu einer **präpositionalen Ergänzung**. Bei Lebewesen und Naturphänomenen verwendet man die Präposition *von* und bei Vorgängen und Gegenständen die Präpositionen *mit* oder *durch*.

Umwandlung von Aktiv- in Passivsätze	
Aktivsatz	**Passivsatz**
Ich *(Subjekt)* **esse** *(Prädikat)* **den Hamburger** *(Akkusativobjekt).*	**Der Hamburger** *(Subjekt)* **wird** *(Passivform des Verbs)* **von mir** *(präpositionale Ergänzung)* **gegessen** *(Passivform des Verbs).*
Solarenegie *(Subjekt)* **erzeugt** *(Prädikat)* **Strom** *(Akkusativobjekt).*	**Strom** *(Subjekt)* **wird** *(Passivform des Verbs)* **durch Solarenegie** *(präpositionale Ergänzung)* **erzeugt** *(Passivform des Verbs).*

Tipp

Anwendung des Passivs
Das Passiv ist besonders geeignet, wenn man den Urheber einer Handlung oder einer Tat nicht kennt oder nicht nennen möchte.

Lern-Video

Der Modus (Aussageweise)

Der Modus (Plural: Modi) ist die Aussageweise. Es gibt drei unterschiedliche Modi: den Indikativ, den Imperativ und den Konjunktiv.

Der Indikativ

Mit dem **Indikativ** wird etwas als tatsächlich und wirklich dargestellt. In der mündlichen und schriftlichen Sprache ist der Indikativ der gebräuchlichste Modus. Er wird auch als **Wirklichkeitsform** bezeichnet:

Die Lehrerin **nimmt** sich Zeit für jeden Schüler und **erklärt** alles ganz genau.
Die Elfenkönigin **schwor** dem Hexenmeister, der ihr Volk aus Sagaland **vertrieben hatte**, ewige Rache.

Der Imperativ

Der Imperativ ist die **Befehlsform**. Der Imperativ wird verwendet, um eine Aufforderung oder Bitte an eine oder mehrere Personen zu richten.
Ein Imperativ kann nur im **Präsens** stehen. Imperative können nur in der **2. Person Singular**, in der **2. Person Plural** und in einer **Höflichkeitsform** gebildet werden.
Der Imperativ im **Singular** wird gebildet, indem an den Wortstamm ein **-e** angehängt wird. Heute ist dieses *-e* jedoch nahezu verschwunden:

Mach(e) deine Hausaufgaben!
Beeilt euch!
Gehen Sie doch bitte etwas schneller!

Achtung: Bei Verben, die auf **-eln** oder **-ern** enden, wie z. B. *sammeln* oder *feiern*, wird der Imperativ aber auf jeden Fall mit **-e** gebildet, also: *sammele!, feiere!*

Viele Verben, die im Präsensstamm ein **-e** besitzen, ändern diesen Vokal im Imperativ zu einem **-i** bzw. **-ie**, z. B. *lesen, lies! sprechen, sprich!*

Das Verb *sein* hat im Imperativ unregelmäßige Formen:

Sei wachsam!
Seid doch einmal aufmerksam!
Seien Sie nicht so zimperlich.

Die Bildung des Imperativs

Formen	Bildung	Beispiele
Singular	Wortstamm + e (bei Verben mit Ablaut i/ie)	**Lauf (e)! Gib! Lies!**
Plural	wird ebenso gebildet wie die 2. Person Plural im Präsens Aktiv	**Ihr geht – geht! Ihr lauft – lauft!**
Höflichkeitsform	3. Person Plural des Konjunktivs im Präsens + einem der Verbform nachgestellten *Sie*	**Beeilen Sie sich! Geben Sie mir bitte das Buch!**

Konjunktivformen

Der Konjunktiv ist der Modus, in dem **Wünsche**, **Möglichkeiten**, **höfliche Bitten** und **Irreales**, also beispielsweise Überlegungen und Sachverhalte, die nicht oder noch nicht zutreffen, geäußert werden. Vor allem wird der Konjunktiv für die **indirekte Rede** benötigt. Der Konjunktiv wird auch als **Möglichkeitsform** bezeichnet. Man unterscheidet zwischen dem Konjunktiv I und dem Konjunktiv II.

Konjunktiv I

Mit dem Konjunktiv I werden **Aufforderungen** und **Wünsche** ausgedrückt. Er wird auch bei **Empfehlungen** oder **(Gebrauchs)anleitungen** verwendet, vor allem aber für die Wiedergabe der direkten in der **indirekten Rede**.

Er **ruhe** in Frieden. (Wunsch)
Man **nehme** drei Eier und verquirle sie. (Anleitung)
Er sagte, es **sei** wichtig, an die eigenen Ideen zu glauben. (Indirekte Rede)

Am gebräuchlichsten ist der Konjunktiv I bei der **indirekten Rede**, wenn also die Äußerung eines anderen wiedergegeben wird. Dazu wird in einem einleitenden Hauptsatz gesagt, um wessen Äußerung es sich handelt. Die Äußerung selbst wird in einem Nebensatz wiedergegeben. Das kann auf zwei verschiedene Arten geschehen:

- Der **Nebensatz** wird mit der Konjunktion **dass** eingeleitet und steht entweder im Indikativ oder im **Konjunktiv I**:
  Der Lehrer schwärmte, **dass** er noch nie eine so motivierte Klasse gehabt **habe/hat**.
- Der Nebensatz bleibt uneingeleitet und steht auf jeden Fall im **Konjunktiv I**:
  Der Lehrer schwärmte, er **habe** noch nie eine so motivierte Klasse gehabt.

Der Konjunktiv I wird im **Präsens** mit dem Präsensstamm des Verbs und den Personalendungen **-e, -est, -e, -en, -et, -en** gebildet.

Die Bildung des Konjunktivs I im Präsens				
	Indikativ Präsens		Konjunktiv I Präsens	
ich	mein-e	hör-e	mein-**e**	hör-**e**
du	mein-st	hör-st	mein-**est**	hör-**est**
er/sie/es	mein-t	hör-t	mein-**e**	hör-**e**
wir	mein-en	hör-en	mein-**en**	hör-**en**
ihr	mein-t	hör-t	mein-**et**	hör-**et**
sie	mein-en	hör-en	mein-**en**	hör-**en**

Die Beispieltabelle zeigt, dass in einigen Fällen die Formen des Konjunktivs I Präsens nicht vom Indikativ Präsens zu unterscheiden sind. In diesen Fällen werden sie durch Formen des Konjunktivs II ersetzt.

Konjunktiv II

Der Konjunktiv II wird eingesetzt, wenn **Wünsche** oder **Vermutungen** geäußert werden oder etwas beschrieben wird, das in der Realität (noch) nicht eingetreten ist. Auch **höfliche Bitten** werden im Konjunktiv II geäußert:

Ich **wäre** jetzt so gerne am Meer und **läge** am Strand!
Wenn du aufgepasst **hättest**, **müsstest** du jetzt nicht den ganzen Stoff nacharbeiten.
Stell dir vor, wir **hätten** Flügel und **könnten** fliegen!
Felix **stünde** so gerne beim nächsten Spiel seiner Mannschaft im Tor.
Würden Sie mir bitte den Zucker reichen?

Der Konjunktiv II Präsens wird mit dem Präteritumstamm des Verbs und den Personalendungen **-e, -est, -e, -en, -et, -en** gebildet.
Achtung: Bei **unregelmäßigen** Verben ändert sich der Stammvokal, er wird **umgelautet**.

Die Bildung des Konjunktivs II im Präsens				
	Indikativ Präteritum		**Konjunktiv II Präsens**	
ich	sagte	kam	sagt-**e**	käm-**e**
du	sagtest	kamst	sagt-**est**	käm-**est**
er/sie/es	sagte	kam	sagt-**e**	käm-**e**
wir	sagten	kamen	sagt-**en**	käm-**en**
ihr	sagtet	kamt	sagt-**et**	käm-**et**
sie	sagten	kamen	sagt-**en**	käm-**en**

Einige Formen des Konjunktivs II unterscheiden sich nicht von den Formen des Indikativs im Präteritum. In diesen Fällen kommt eine Ersatzform mit *würde* zum Einsatz, die sich aus *würde* in der jeweiligen Personalform und dem Infinitiv des Verbs zusammensetzt. Auf diese Weise lassen sich auch **veraltete Formen** des Konjunktivs umschreiben.

Ersatzform mit *würde*			
	Konjunktiv I	Konjunktiv II	Ersatzform mit *würde*
ich	meine	sagte	würde meinen/sagen
du	meinest	sagtest	würdest meinen/sagen
er/sie/es	meine	sagte	würde meinen/sagen
wir	meinen	sagten	würden meinen/sagen
ihr	meinet	sagtet	würdet meinen/sagen
sie	meinen	sagten	würden meinen/sagen

Zusammenfassung

- Mir dem **Genus Verbi** wird die Handlungsform des Verbs angegeben. Man unterscheidet zwischen Aktiv und Passiv. Das Passiv besitzt zwei Formen, das **Vorgangspassiv**, mit dem Vorgänge und Handlungen ausgedrückt werden (*Das Zimmer wird aufgeräumt.*) und das **Zustandspassiv**, mit dem das Ergebnis eines Geschehens wiedergegeben wird (*Das Zimmer ist aufgeräumt.*).
- Es gibt drei verschiedene Modi, in denen ein Verb stehen kann: den Indikativ (*Sie steht.*), den Konjunktiv (*Sie stehe. Sie stünde.*) und den Imperativ (*Steh!*).

Nebensätze

Nebensätze sind Sätze, die nicht alleine stehen können, sondern von einem anderen Satz abhängen. Nebensätze können mit Hauptsätzen verbunden werden. Eine solche Verbindung nennt man Satzgefüge (Hypotaxe).

Es gibt sehr viele Arten von Nebensätzen. Man kann die Nebensätze danach bestimmen, welches **Satzglied** sie ersetzen. Dann bezeichnet man sie auch als **Gliedsätze**.
Gliedsätze sind zum Beispiel **Subjektsätze** und **Objektsätze**, die **Adverbialsätze** und als Gliedteilsätze die **Attributsätze**.
Nebensätze lassen sich aber auch danach bestimmen, wie sie mit dem Hauptsatz verknüpft sind. Man unterscheidet dabei die **Konjunktionalsätze**, die **Relativsätze**, die **Infinitiv-** und die **Partizipialsätze**.
Der Nebensatz wird in den meisten Fällen durch ein Komma vom Hauptsatz getrennt.

Subjekt- und Objektsatz

Lern-Video

Der Subjektsatz
Der Subjektsatz ist ein Nebensatz, der die Stelle eines **Subjektes** einnimmt. Wie auch das Satzglied *Subjekt* wird der Subjektsatz mit der Frage **wer** oder **was?** ermittelt.

Subjektsatz	Dass du Spanisch gelernt hast, wird sich in den nächsten Sommerferien positiv auswirken.
Frage nach dem Subjekt	Wer oder was wird sich positiv auswirken?
Antwort	**Dass du Spanisch gelernt hast**, wird sich in den nächsten Sommerferien positiv auswirken.

Der Objektsatz
Der Objektsatz ist ein Nebensatz, der die Stelle eines **Objekts** einnimmt. Der Objektsatz kann, genau wie das Objekt als Satzglied, im Genitiv, Dativ oder Akkusativ stehen. Die **häufigste Form** ist der Objektsatz im Akkusativ.

Objektsatz im Akkusativ	Frage
Ich muss herausfinden, *ob der Bus noch fährt.*	*Wen oder was* muss ich herausfinden?
Objektsatz im Genitiv	**Frage**
Ich erinnere mich, *dass du einmal einen Preis gewonnen hast.*	*Wessen* erinnere ich mich?

Der Konjunktionalsatz

Konjunktionalsätze werden all diejenigen Sätze genannt, die durch **unterordnende Konjunktionen** mit dem Hauptsatz verbunden sind. Beispiele für unterordnende Konjunktionen sind *während, nachdem, dass, als, weil, damit, wenn, sodass, …*

Ich hörte Radio, **während** ich die Hausaufgaben machte.
Weil es regnete, blieben wir zuhause.
Wenn du nicht arbeitest, kannst du nichts erreichen.

Der Relativsatz

Ein Relativsatz bezieht sich auf ein Nomen oder Pronomen im übergeordneten Satz und bestimmt dieses näher. Der Bezugssatz kann ein Haupt- oder ein Nebensatz sein. Der Relativsatz nimmt die Funktion eines **Attributs** zu seinem Bezugswort ein und steht immer **rechts** von diesem.
Relativsätze werden durch ein Relativpronomen oder ein Relativadverb eingeleitet, z. B. *der, die, das, welcher, welche, welches, wo, wie, wohin, woher, wodurch, wer, was.*
Auch ein Relativpronomen, das durch eine Präposition ergänzt wird, kann einen Relativsatz einleiten.

	Bezugswort	Relativpronomen
Das Zelt, **das** Paul sich wünschte, war blau und hatte ein Vordach.	Das Zelt	das
Er wollte mit seinen Freunden dort zelten, **wo** sie schon einmal gewesen waren.	dort	wo
Ich habe morgen eine Verabredung, **auf die** ich mich schon lange freue.	eine Verabredung	**+ Präposition:** auf die

Das Relativpronomen richtet sich in **Genus** und **Numerus** nach dem Bezugswort:
Der Baum, der die schönsten Früchte trägt, gehört zu unserem Garten.
Die Äpfel, die besonders gut schmecken, bringe ich morgen mit.
Das Kleid, welches dir gefällt, wäre mir zu teuer.

Der **Kasus** des Relativpronomens richtet sich nach dem Satzglied, dessen Funktion es im Relativsatz erfüllt.

Relativsatz	Der Zug, **den** ich gestern genommen habe, war total überfüllt.
Frage	**Wen** oder **was** habe ich genommen?
Antwort	den Zug (Akkusativobjekt)
Relativpronomen	den

Der Attributsatz

Der Attributsatz erfüllt **dieselbe Funktion** wie das aus einem Wort bestehende Satzglied **Attribut** und tritt im Teilsatz an dessen Stelle. Auch der Attributsatz gibt nähere Informationen zu seinem Bezugswort im Hauptsatz. Er kann mit den Fragepronomen *welcher? welches? welche?* erfragt werden.

Attributsatz	Die Insel, **die überflutet wurde**, war von der Außenwelt abgeschnitten.
Frage	*Welche* Insel?
Antwort	die überflutet wurde
ersetztes Attribut	die **überflutete** Insel

Der Partizipialsatz

Der Partizipialsatz übernimmt als Teilsatz die **Funktion eines Partizipialattributs**. Partizipialattribute werden mit einem erweiterten Partizip I oder Partizip II gebildet.

Partizipialsatz	Der Schüler, **nervös an den Fingernägeln kauend,** löst eine schwere Aufgabe.
Partizipialattribut mit Partizip I	nervös an den Fingernägeln kauend
Partizipialsatz	Seine **über alles geliebte** CD war plötzlich verschwunden.
Partizipialattribut mit Partizip II	über alles geliebte

Der Partizipialsatz bezieht sich auf das Subjekt des Hauptsatzes, das Relativpronomen steht also im **Nominativ**:

Der Schüler, **der nervös an den Fingernägeln kaut**, löst eine schwere Aufgabe.
Seine CD, **die er über alles liebte**, war plötzlich verschwunden.

Der Infinitivsatz

Infinitivsätze bestehen aus einem Infinitiv mit *zu* und einem weiteren Wort oder einer Wortgruppe, die aus einem Objekt oder einer adverbialen Bestimmung bestehen kann. Der Infinitivsatz kann mit *um, ohne, anstatt, statt, als* eingeleitet werden.

Infinitivsatz	Frage	Wortgruppe
Fabian freute sich, neue Möbel **zu** bekommen.	Über *wen* oder *was* freut sich Fabian?	neue Möbel zu bekommen = Objektsatz
Ein schöner Raum ist wichtig, **um** sich wohl **zu** fühlen.	*Wozu* ist ein schöner Raum wichtig?	um sich wohl zu fühlen = Adverbialsatz

Infinitivsätze können in einen Hauptsatz eingeschoben werden:

Der Plan, **das Klassenzimmer zu streichen**, wurde eine Woche später umgesetzt.

Infinitivsätze können von einem Nomen oder einem hinweisenden Wort wie *daran, darauf* abhängen:

Sie hatten **den Plan**, alle gemeinsam **zu streichen**. Hoffentlich denken sie **daran**, Pinsel **mitzubringen**.

Der Inhaltssatz

Der Inhaltssatz ist ein Nebensatz, der sich nur an solche Hauptsätze anschließen lässt, in denen ein Ausdruck der Wahrnehmung (*sehen, spüren, …*), der Gefühlsäußerung (*freuen, bedauern, …*), des Denkens oder Wollens steht.
Inhaltssätze können entweder **ohne** Konjunktion oder **mit** folgenden Konjunktionen an den ersten Teilsatz angeschlossen werden: *dass, wenn, als, wie*. Am häufigsten wird der Inhaltssatz jedoch mit *dass* eingeleitet:

Es freut mich, ihn wiederzusehen.
Ich würde mich freuen, wenn du das schaffen würdest.
Ich habe es gespürt, als er gelogen hat.
Es tut uns leid, wie die Dinge zum Schluss liefen.
Ich hoffe, dass das nicht öfter vorkommt.

Tipp

Wie erkenne ich einen Nebensatz?
Nebensätze erkennst du daran, dass das Prädikat an letzter Stelle steht. Es ist besonders für die Zeichensetzung wichtig, dass du Nebensätze von Hauptsätzen unterscheiden kannst.

Lern-Video

Die Adverbialsätze

Die Adverbialsätze ersetzen **adverbiale Bestimmungen** im Satz. Genau wie diese bestimmen sie die Umstände eines Geschehens im Hauptsatz näher.
Adverbialsätze werden durch **Konjunktionen** eingeleitet (Ausnahme: Lokalsatz). So, wie es unterschiedliche adverbiale Bestimmungen gibt, gibt es auch unterschiedliche Arten von Adverbialsätzen. Die Konjunktion am Anfang weist darauf hin, um welche Satzart es sich handelt, bzw. welche inhaltliche Beziehung zwischen den beiden Teilsätzen besteht.

Der Temporalsatz

Der Temporalsatz erteilt Auskunft über **Zeitpunkt** oder **Dauer** eines Geschehens. **Konjunktionen**, die den Temporalsatz einleiten, sind *als, bevor, während, nachdem, seit, seitdem, bis, ehe, …* **Erfragt** wird der Temporalsatz mit *Wann? Seit wann? Bis wann? Wie lange?*

Während der Sturm draußen tobte, hörte man ein entsetzliches Knacken.
Ich durfte erst nach draußen gehen, **nachdem der Wind nachgelassen hatte**.
Bis wir den umgestürzten Baum beseitigt haben, können noch Monate vergehen.

Der Lokalsatz

Der Lokalsatz erteilt Auskunft über den **Ort eines Geschehens** im Hauptsatz. Der Lokalsatz wird **im Unterschied** zu allen anderen Adverbialsätzen **nicht** mit einer Konjunktion eingeleitet, sondern meist durch die Adverbien *wo, wohin, woher.*
Er zählt daher streng genommen zu den Relativsätzen. **Erfragt** wird der Lokalsatz mit *Wo? Wohin? Woher?*

Jugendliche wollen dort Urlaub machen, **wo es etwas zu erleben gibt**.
Der Drachen fliegt, **wohin der Wind ihn weht**.

Der Kausalsatz

Der Kausalsatz erteilt Auskunft über **Grund und Ursache** eines Geschehens. **Konjunktionen**, die den Kausalsatz einleiten sind *weil, da, sodass, wenn, obwohl, …* **Erfragt** wird der Kausalsatz mit *Warum? Wieso? Weshalb?*

Pascal schreibt gute Noten, **weil er fleißig übt.**

Da die Lehrerin krank geworden war, musste die Klassenarbeit ausfallen.

Der Modalsatz

Der Modalsatz erteilt Auskunft über die **Art und Weise** eines Geschehens im Hauptsatz. **Konjunktionen**, die den Modalsatz einleiten, sind *indem, dadurch dass, wobei, insoweit, insofern*. **Erfragt** wird der Modalsatz mit *Wie? Wodurch? Unter welchen Umständen?*

Sie konnte die Lehrerin überzeugen, **indem sie klare Argumente für ihre Meinung vorbrachte**.

Dadurch dass er jeden Tag trainierte, verbesserte er seine Leistung innerhalb kurzer Zeit.

Der Konditionalsatz

Der Konditionalsatz erteilt Auskunft über **Bedingungen** und **Voraussetzungen** eines Geschehens im Hauptsatz. **Konjunktionen**, die den Konditionalsatz einleiten, sind *wenn, falls, sofern*. **Erfragt** wird der Konditionalsatz mit *Unter welcher Bedingung? Unter welcher Voraussetzung?*

Du darfst mit deinen Freunden zelten gehen, **wenn es nicht regnet**.

Sofern es keine weiteren Fragen gibt, können wir mit einem neuen Thema beginnen.

Der Finalsatz

Der Finalsatz erteilt Auskunft über **Absicht, Ziel und Zweck** einer Handlung im Hauptsatz. **Konjunktionen**, die den Finalsatz einleiten, sind *damit, dass, um zu + Infinitiv.* **Erfragt** wird der Finalsatz mit *Mit welcher Absicht? Wozu? Zu welchem Zweck?*

Du musst viel trainieren, **damit du schneller wirst. Um dieses Problem zu klären**, setzen wir uns jetzt zusammen.

Der Konsekutivsatz

Der Konsekutivsatz erteilt Auskunft über die **Wirkung** oder die **Folge** eines Geschehens im Hauptsatz. **Konjunktionen**, die den Konsekutivsatz einleiten, sind *sodass, als dass, dass*. **Erfragt** wird der Konsekutivsatz mit *Mit welcher Folge? Mit welcher Wirkung?*

Es regnete den ganzen Tag, **sodass wir das Zelten verschieben mussten**.

Sie hatte sich so sehr ein Mountainbike gewünscht, **dass sie sich über das Zelt nicht recht freuen konnte**.

Der Konzessivsatz

Der Konzessivsatz formuliert einen **Gegengrund** zu einer Tatsache oder einem Geschehen im Hauptsatz. **Konjunktionen**, die den Konzessivsatz einleiten, sind *obwohl, obgleich, wennauch, wenngleich*. **Erfragt** wird der Konzessivsatz mit *Trotz welcher Hindernisse? Trotz wessen?*

Obwohl sie es sich so gewünscht hatte, bekam sie kein Mountainbike zum Geburtstag.

Es regnete den ganzen Nachmittag, **wenngleich es morgens nach gutem Wetter ausgesehen hatte**.

Übersicht über die Adverbialsätze

Satzart	Einleitende Konjunktion/ Adverbien	Frageprobe
Kausalsatz	weil, da, sodass, wenn, obwohl	Warum? Wieso? Weshalb?
Temporalsatz	als, bevor, während, nachdem, seit, seitdem, bis, ehe	Wann? Seit wann? Bis wann? Wie lange?
Modalsatz	indem, dadurch, wobei, insoweit, insofern	Wie? Wodurch? Unter welchen Umständen?
Lokalsatz	wo, wohin, woher	Wo? Wohin? Woher?
Konditionalsatz	wenn, falls, sofern	Unter welchen Bedingungen?
Finalsatz	damit, dass	Mit welcher Absicht? Wozu? Zu welchem Zweck?
Konsekutivsatz	sodass, als dass, dass	Mit welcher Folge? Mit welcher Wirkung?
Konzessivsatz	obwohl, obgleich, wennauch, wenngleich	Trotz welcher Hindernisse? Trotz wessen?

Das Satzgefüge

Das Satzgefüge ist die Verbindung aus einem oder mehreren Hauptsätzen mit einem oder mehreren Nebensätzen. Die lateinische Bezeichnung hierfür lautet **Hypotaxe**.

1. Der Nebensatz kann an unterschiedlichen Stellen des Satzgefüges stehen. Er kann vor oder hinter dem Hauptsatz stehen oder von diesem umschlossen werden.

   Hauptsatz + nachgestellter Nebensatz
   Sie trainiert täglich, *weil sie nächstes Jahr den Stadt-Marathon laufen möchte*.

   Vorangestellter Nebensatz + Hauptsatz
   Weil sie nächstes Jahr den Stadt-Marathon laufen möchte, trainiert sie täglich.

   Hauptsatz + eingeschobener Nebensatz + Hauptsatz
   Sie trainiert, *weil sie nächstes Jahr den Stadt-Marathon laufen möchte*, täglich zwei Stunden.

2. Einem Hauptsatz können auch mehrere Nebensätze folgen. In diesem Fall gibt es zwei Möglichkeiten. Entweder hängen alle Nebensätze von demselben Hauptsatz ab, dann sind sie untereinander **gleichrangig**, oder die Nebensätze hängen selbst von einem Nebensatz ab, dann sind sie **untergeordnet**.

   Hauptsatz + gleichrangige Nebensätze
   Sie wird sicher eine gute Zeit laufen, *wenn sie regelmäßig trainiert, weil sie zusätzlich auch noch schwimmen geht.*

   Hauptsatz + untergeordnete Nebensätze
   Sie trainiert jeden Tag, *weil sie sich auf den Lauf vorbereiten will* (= NS 1. Ranges), *der nächstes Jahr im Mai stattfinden wird* (= NS 2. Ranges).

Um festzustellen, ob es sich um **gleichrangige** oder **untergeordnete** Nebensätze handelt, empfiehlt es sich, erst einmal in Gedanken den ersten Nebensatz wegzulassen. Ergibt sich trotzdem ein sinnvoller Satz, handelt es sich um gleichrangige Nebensätze, wenn nicht, hängen die Nebensätze voneinander ab.
Schau dir die folgenden Beispiele an:

Sie wird sicher eine gute Zeit laufen, ~~wenn sie regelmäßig trainiert~~, weil sie zusätzlich auch noch schwimmen geht.
Der Satz ergibt noch **Sinn → gleichrangige** Nebensätze.
Sie trainiert jeden Tag, ~~weil sie sich auf den Lauf vorbereiten will~~, der nächstes Jahr im Mai stattfinden wird.
Der Satz ergibt keinen **Sinn → untergeordnete** Nebensätze.

Die Zeitenfolge im Satzgefüge

Im Satzgefüge muss die **Zeitenfolge** beachtet werden, da die Handlung des Nebensatzes immer in einem bestimmten Verhältnis zur Handlung des Hauptsatzes steht.

1. **Gleichzeitigkeit**
   Bei Gleichzeitigkeit finden die Handlungen in Haupt- und Nebensatz gleichzeitig statt. In diesem Fall stehen beide Teilsätze in derselben Zeit.

   Hauptsatz Präsens – Nebensatz Präsens
   Ich *gehe* nach Hause, weil mir langweilig *ist*.
   Hauptsatz Perfekt – Nebensatz Perfekt
   Ich *bin* nach draußen *gegangen*, weil die Sonne *geschienen* hat.

2. **Vorzeitigkeit**
   Bei Vorzeitigkeit geht die Handlung des Nebensatzes der Handlung des Hauptsatzes voraus.

   Hauptsatz Präsens – Nebensatz Perfekt
   Sie *geht* zu der Geburtstagsparty, weil sie eine Einladung *bekommen hat*.
   Hauptsatz Präteritum – Nebensatz Plusquamperfekt
   Sie *kaufte* das Geschenk, nachdem sie Paula nach ihrem Wunsch *gefragt hatte*.

3. **Nachzeitigkeit**
Bei Nachzeitigkeit folgt die Handlung des Nebensatzes der Handlung des Hauptsatzes.

Hauptsatz Perfekt – Nebensatz Präsens
Sie *hat* sich *gewünscht*, dass alle zu ihrer Geburtstagsparty *kommen*.
Hauptsatz Plusquamperfekt – Nebensatz Präteritum
Ihre Mutter *hatte* alle Kuchen *gebacken*, als die Gäste *eintrafen*.

In der gesprochenen Sprache wird die korrekte Zeitenfolge in den Teilsätzen oft nicht eingehalten. Die Sprecher nutzen zur Verdeutlichung der zeitlichen Beziehungen häufig **Zeitadverbien**.
Alle sind guter Laune, weil *morgen* ein Wandertag stattfindet.
Wenn du mir deine E-Mail-Adresse gibst, schicke ich dir *später* die Hausaufgaben.

Zusammenfassung

- Satzglieder und Satzgliedteile lassen sich häufig zu Nebensätzen umformen. Man unterscheidet zwischen Subjektsätzen, Objektsätzen, Adverbialsätzen, Relativsätzen, Attributsätzen, Partizipialsätzen, Infinitivsätzen und Inhaltssätzen.
- Satzgebilde aus mindestens einem Hauptsatz und mindestens einem Nebensatz nennt man Satzgefüge.

7. / 8. Klasse

Rechtschreibung und Zeichensetzung

Fremdwörter

Vor allem die Schreibung von Wörtern, die den neuen Sprachen entlehnt sind, folgt meist nicht den Regeln der deutschen Rechtschreibung. Oft hilft dann nur, sich die Wörter genau einzuprägen. Lies auch die folgenden Hinweise.

Lateinische und griechische Fremdwörter

Die **lateinischen Fremdwörter** bereiten die wenigsten Schwierigkeiten, denn in den meisten Fällen gilt hier das **Lautprinzip**, das heißt, die Schreibung und die Aussprache der Wörter stimmen überein. Lateinische Fremdwörter enden oft auf **-ion, -or, -ieren** oder **-iv**. Auch Vorsilben wie beispielsweise **des-, kon-, pro-** weisen auf den zumindest teilweisen lateinischen Ursprung eines Wortes hin. Das Wörterbuch gibt an, aus welcher Sprache das Fremdwort stammt.

Achtung: Die bekannten Regeln zur Kennzeichnung der langen und kurzen Vokale gelten **nicht** für Fremdwörter.

Präfixe (Vorsilben)	Suffixe (Endungen)
Desinfektion **Des**orientierung **kon**form **kon**fus **Pro**duktion **Pro**spekt	Aggress**ion** Progress**ion** Tut**or** Dokt**or** instru**ieren** exist**ieren** Detekt**iv** Stat**iv**

Fremdwörter, die aus dem **Griechischen** stammen, werden häufig mit **th**, **ph**, **rh** und **y** am Wortanfang oder in der Mitte oder mit **-ik** am Ende geschrieben. Auch bei den griechischen Fremdwörtern gelten die Regeln für lange und kurze Vokale nicht.

Wortanfang	Wortmitte	Wortende
Thema **Th**eater **Ph**ilosophie **Rh**euma **Rh**etorik	syn**th**etisch äs**th**etisch As**ph**alt Anal**y**se Pol**y**ester	Opt**ik** Polit**ik** Phys**ik** Bion**ik** Mechan**ik**

Neusprachliche Fremdwörter

Im Gegensatz zu den Fremdwörtern aus dem Altgriechischen oder dem Lateinischen gibt es im Deutschen einige Fremdwörter, die aus den **lebendigen Sprachen**, also den Sprachen, die nach wie vor gesprochen werden, stammen. Hierzu zählen neben dem Englischen in erster Linie das Französische und das Italienische.

Englische Fremdwörter enthalten häufig die Buchstabenkombinationen **-ae, -ee, -ing, -oo** oder **-y**. Aus dem **Französischen** kommen häufig Wörter mit **-age, -eur/ -euse** oder **-eau**.

Wörter mit **-cch, -gh** oder **-zz** sind oft **italienischer Herkunft**. Auch hier gelten die Regeln der deutschen Rechtschreibung nicht.

englische Fremdwörter	französische Fremdwörter	italienische Fremdwörter
P**ea**nuts	Ra**ge**	Zu**cch**ini
Sw**ea**tshirt	Gara**ge**	Pino**cch**io
T**ea**m	Coura**ge**	**Gh**etto
M**ee**ting	Kartona**ge**	Spa**gh**etti
P**ee**ling	Banda**ge**	Pia**zz**a
F**ee**ling	Mont**eur**	me**zz**oforte
Spinn**ing**	Spedit**eur**	Ra**zz**ia
Cater**ing**	Animat**eur**	
Nordic Walk**ing**	Fritt**euse**	
Cart**oo**n	Tabl**eau**	
Shamp**oo**	Plat**eau**	
T**oo**ls	Niv**eau**	
Bab**y**		
Pon**y**		

Zusammenfassung

- Bei lateinischen und griechischen Fremdwörtern gilt meistens das Lautprinzip, das heißt, die Wörter werden so geschrieben, wie sie gesprochen werden.
- Bei Fremdwörtern, die aus lebendigen Sprachen stammen, zum Beispiel aus dem Italienischen, dem Französischen oder dem Englischen, gilt meistens die Schreibung der Ursprungssprache.

Zusammenschreibung

Im Deutschen gibt es viele Wortverbindungen. Sie können aus Wörtern derselben oder auch verschiedener Wortarten bestehen. Einige dieser Kombinationen werden mit Bindestrich geschrieben, viele müssen aber zusammengeschrieben werden.

Verb und Verb

Zwei Verben **dürfen** zusammengeschrieben werden, wenn die Verbindung vom wortwörtlichen Sinn abweicht und eine **übertragene Bedeutung** annimmt. Dies betrifft vor allem Verbindungen, deren zweiter Bestandteil *bleiben* oder *lassen* ist. Richtig ist hier allerdings auch die Getrenntschreibung. Beide Schreibweisen sind außerdem bei *kennenlernen – kennen lernen* möglich.
Achtung: Liegt keine übertragene Bedeutung vor, dürfen diese Verbindungen nicht zusammengeschrieben werden.

Übertragene Bedeutung	Keine übertragene Bedeutung
Ingo hat Jan einfach im Regen **stehenlassen**. **auch:** Ingo hat Jan einfach im Regen **stehen lassen**.	Lara wird wie immer ihre Tasse auf dem Tisch **stehen lassen**.
Doris wird dieses Jahr **sitzenbleiben**. **auch:** Doris wird dieses Jahr **sitzen bleiben**.	Pia muss mit ihrem kranken Fuß auf dem Stuhl **sitzen bleiben**.

Nomen und Verb

Verbindungen aus Nomen und Verb schreibt man nur dann zusammen, wenn das Nomen in dieser Verbindung seine Selbstständigkeit verloren hat oder gar verblasst ist. Verblasst ist ein Nomen, wenn sich die Verbindung nicht umkehren lässt (z. B. *ich lerne eislaufen – ~~ich laufe Eis~~*, aber: *Ich lerne Auto fahren – Ich fahre Auto)*:

> Lukas möchte am Spaß der Clique **teilhaben** und mit seinen Freunden **eislaufen** gehen. Das wird ihm noch **leidtun**, denn sein neuer Kapuzenpulli wird der Kälte in der Eishalle kaum **standhalten**.

Ist die Wortgruppe **nominalisiert**, schreibt man die Verbindung aus Nomen und Verb zusammen:

> Laura liest ein Buch, in dem verschiedene Techniken des **Bildermalens** beschrieben sind. Das **Kohlezeichnen** interessiert sie außerordentlich.

Lern-Video

Adjektiv und Verb

Verbindungen aus Adjektiv und Verb **dürfen** zusammengeschrieben werden, wenn sich das Adjektiv auf das **Resultat der Handlung** bezieht. Hier ist aber auch die Getrenntschreibung zulässig:

schwachwerden – schwach werden; leckschlagen – leck schlagen; flachdrücken – flach drücken; kaputt machen – kaputtmachen

Verbindungen aus Adjektiv und Verb werden **zusammengeschrieben**, wenn sich daraus ein Wort mit **neuer, eigenständiger Bedeutung** ergibt.
Achtung: Liegt keine übertragene Bedeutung vor, werden Verbindungen von Verb und Adjektiv **nicht** zusammengeschrieben.

Neue Wortbedeutung	Keine neue Wortbedeutung
Stefan und Carla sitzen im Café. Sie möchten heute **blaumachen** und melden sich krank.	Ida und Tom wollen die Wände in ihrem Zimmer **blau machen**.
Der Richter wird den Angeklagten sicher **freisprechen**.	Heiko übt vor dem Spiegel, damit er vor Publikum **frei sprechen** kann.
Am Tatort muss die Spurensicherung alle Beweisstücke **sicherstellen**.	Die teure Vase darf nicht herunterfallen. Man muss sie **sicher stellen**.

Adverb/Präposition und Verb

Verbindungen aus Adverb und Verb oder Präposition und Verb werden zusammengeschrieben, wenn die Betonung auf dem **Verb** liegt.

einen Text **übersetzen**	~~Sie setzte einen Text über.~~
eine Person **hintergehen**	~~Er ging sie hinter.~~

Untrennbare Zusammensetzungen anderer Wortarten

Um die Bedeutung eines Wortes zu verstärken oder abzuschwächen, werden manchmal Zusammensetzungen aus mehreren Adjektiven gebildet. Diese schreibt man zusammen. Dasselbe gilt für die Wortverbindung zweier Adjektive, die gleichrangig sind:

hellgelb, supernett, halbstark, nasskalt

Verbindungen mit Nomen als erstem Bestandteil werden zusammengeschrieben, wenn eine Wortgruppe verkürzt wurde (z. B. *sonnenverwöhnte Urlauber* statt *von der Sonne verwöhnte Urlauber)*:

herzzerreißend, regennass, himmelblau, messerscharf, blitzsauber, sonnenbeschienen

Zusammensetzungen aus Präposition und Nomen schreibt man zusammen, wenn die Zusammensetzung zum Adverb oder zur Präposition geworden ist. Häufig ist aber auch hier die Getrenntschreibung möglich.

Zusammen oder	Getrennt
zugrunde (liegen)	zu Grunde (liegen)
infrage (stellen)	in Frage (stellen)

Schreibung bei nicht selbstständigem ersten Wortbestandteil

Hat der erste Bestandteil einer Zusammensetzung im Laufe der Zeit seine eigenständige Bedeutung verloren oder lässt er sich nicht eindeutig einer Wortart zuordnen, wird zusammengeschrieben:

übereinstimmen, einhergehen, abhandenkommen, feilbieten, heimkehren, wettmachen

Zusammenschreibung bei Partizipien

In vielen Fällen schreibt man Verbindungen mit einem Partizip als zweitem Bestandteil wie Wortverbindungen mit dem Verb, das dem Partizip zugrunde liegt. Daneben gilt auch **immer** die Zusammenschreibung:

Bens **fleischfressende** Pflanze bot einen **furchterregenden** Anblick.
Oder: Bens **Fleisch fressende** Pflanze bot einen **Furcht erregenden** Anblick.

Zahlen

Zahlen bis eine Million und Ordinalzahlen schreibt man zusammen. In allen anderen Fällen gilt die Getrenntschreibung.

Zusammen	Getrennt
drei, achteinhalb, zwölf, achttausendsechshundertzweiunddreißig	zwei Millionen siebenhunderttausend; sieben Komma drei
der achtzehnte, der zweimillionste	

Ableitungen von geschriebenen Zahlen und ihre Zusammensetzungen schreibt man ebenfalls zusammen:

achtfach, Zehnerreihe, Viererbob

Schreibung mit Bindestrich

- Der Bindestrich wird als Ergänzungsstrich für fehlende Wortteile verwendet.
- Der Bindestrich dient dazu, unübersichtliche Zusammensetzungen übersichtlicher darzustellen.
- Der Bindestrich dient der Hervorhebung eines Bestandteils einer Zusammensetzung.
- Ein Bindestrich **kann** gesetzt werden, wenn drei gleiche Buchstaben aufeinandertreffen.

Ergänzungsstrich	Auf- und Abstieg, Hin- und Rückfahrt
bessere Übersichtlichkeit	Ego-Trip, Getränkeautomaten-Servicemechaniker
Hervorhebung	Ich-Stärke, Du-Botschaft, Ich-Erzähler
Konsonantenhäufung	fett-triefend, Papp-Plakat

- Ein Bindestrich ist Pflicht, wenn eine Gruppe gleichrangiger Adjektive unübersichtlich würde.
  Ausnahme: Dies gilt nicht bei nicht gleichrangigen Adjektiven.

gleichrangige Adjektive	nicht gleichrangige Adjektive
deutsch-amerikanische Freundschaft	superklug, dunkelblau, bitterkalt, feuerrot

- Aneinandergereihte Wortgruppen werden mithilfe des Bindestrichs geschrieben:
  Herz-Lungen-Maschine, Wolfgang-Amadeus-Mozart-Straße, Unter-vier-Augen-Gespräch
- Infinitive, die zu Nomen werden und aus mehreren Bestandteilen bestehen, schreibt man mit Bindestrich:
  zum Mäuse-Melken, ständiges Auf-und-ab-Gehen, leises Vor-sich-hin-Murmeln
- In Zusammensetzungen mit Abkürzungen wird ein Bindestrich gesetzt:
  LKW-Fahrer, LED-Lampe, O_2-Sättigung

Zusammenfassung

- **Zusammengeschrieben werden Verbindungen aus Nomen und Verb, wenn das Nomen in dieser Verbindung nicht eigenständig ist (*teil*haben).**
- **Verbindungen aus zwei Verben oder einem Adjektiv und einem Verb werden nur dann zusammengeschrieben, wenn sich aus der Verbindung eine neue Bedeutung ergibt (*sitzenbleiben, großziehen*).**
- **Verbindungen aus Adverb, Verb oder Präposition und Verb sind nicht trennbar, wenn die Betonung auf dem Verb liegt (durch*brechen*, um*fahren*).**
- **Zur Verstärkung eines Adjektivs wird manchmal ein weiteres hinzugefügt. Diese Verbindungen sind untrennbar (*supernett, hellblau*).**
- **Verbindungen mit Nomen an erster Stelle schreibt man zusammen, wenn es sich um eine Verkürzung einer Wortgruppe handelt (*regennass*).**
- **Zusammengeschrieben werden Verbindungen aus Wörtern, bei denen ein Bestandteil keine eigenständige Bedeutung mehr hat (*feil*bieten).**

Getrenntschreibung

Ob eine Wortverbindung getrennt geschrieben werden muss, richtet sich vor allem nach den Wortarten, die miteinander kombiniert werden. Präge dir die Regeln auf den folgenden Seiten ein.

Verb und Verb

Verbindungen aus zwei Verben werden meistens getrennt geschrieben:
schwimmen gehen, schreiben lernen

Nomen und Verb

Verbindung aus Nomen und Verb schreibt man normalerweise getrennt:
Schlange stehen, Auto fahren, Theater machen, Kaffee kochen, Angst haben

Adjektiv und Verb

Lern-Video

Verbindungen aus steigerbarem Adjektiv und Verb werden in den meisten Fällen getrennt geschrieben:
schnell gehen, deutlich reden, beliebt sein

- Ohne Ausnahme gilt dies, wenn das Adjektiv als erster Bestandteil gesteigert oder erweitert ist. Dabei spielt es keine Rolle, ob der zweite Bestandteil ein Verb, ein Partizip oder ein weiteres Adjektiv ist:
  dunkler werden, ganz früh aufgestanden
- Die Verbindung eines Adjektivs auf *-ig, -isch* oder *-lich* mit einem Verb wird immer getrennt geschrieben:
  vorsicht**ig** fahren, fantast**isch** schmecken, heim**lich** tun

Adverb/Präposition und Verb

Verbindungen aus Adverb und Verb werden getrennt geschrieben, wenn beides betont wird:
auswendig lernen, beiseite nehmen, zunichte machen

Eine Verbindung aus Präposition und Verb wird zwar zusammengeschrieben, z. B. *aufstehen*, kann aber je nach Satzstellung getrennt werden: *Er stand auf.*
Achtung: In untrennbaren Zusammensetzungen mit einem Verb wird immer zusammengeschrieben.

Trennbare Verbindung	Untrennbare Verbindung
mitkommen (sie kam mit)	unterstreichen (sie unterstrich)
aufräumen (wir räumen auf)	überholen (er hat überholt)

Getrenntschreibung bei Partizipien

Partizipien, die an erster Stelle einer Wortverbindung stehen, werden getrennt geschrieben.
Ausnahme: Ist die Wortverbindung nominalisiert, wird zusammengeschrieben.

Nicht nominalisierte Wortverbindungen	Nominalisierte Wortverbindungen
getrennt schreiben	die Getrenntschreibung
geweckt werden	das Gewecktwerden

Worttrennung am Zeilenende

Trennen lassen sich nur Wörter, die aus mehreren Silben bestehen. Diese trennt man nach Sprechsilben. Einzelne Vokale am Wortanfang oder Wortende werden **nicht** abgetrennt:

La-ge, Kar-ren, Arm-band, lich-ter-loh,
Si-cher-heits-trai-ning, Fuß-ball-end-spiel, Brau-e-rei
aber: Ekel, Öse, Igel

Steht ein einzelner Konsonant im Inneren des Wortes, wird er in die neue Zeile geschrieben. Folgen mehrere Konsonanten aufeinander, kommt der letzte Konsonant der Konsonantenreihe in die neue Zeile:

Wie-se, Ka-bel, La-ge, trä-ge, Fra-ge,
blei-ben, Plas-tik, Fül-lun-gen, Kat-zen, pus-ten

Die Trennungsregeln gelten nicht für die Konsonantenverbindungen *ph, rh, sh* und *th* in Fremdwörtern, die als ein Sprechlaut wiedergegeben werden. Gleiches gilt für die deutschen Konsonantenverbindungen *ch, sch* und *ck*:

Chlo-ro-**ph**yll, Myr-**rh**e, Apo-**th**eke, Bä-**ch**e, sti-**ck**ig, mat-**sch**ig

Zusammenfassung

- Getrennt geschrieben werden in den meisten Fällen Verbindungen aus Verb und Verb (*laufen lernen*), aus Nomen und Verb (*Tee kochen*) und aus steigerbarem Adjektiv und Verb (*schnell reden*).
- Verbindungen aus Adverb oder Präposition und Verb werden zusammengeschrieben, wenn beide Bestandteile betont sind (*beiseite nehmen*).
- Verbindungen, in denen ein Partizip an erster Stelle steht, werden getrennt geschrieben (*geküsst werden*).

Das Komma

Mithilfe des Kommas kannst du vor allem kompliziertere Sätze so gliedern, dass deine Leser sie gleich auf den ersten Blick verstehen.

Das Komma in Satzgefügen

Lern-Video

Das Satzgefüge (Hypotaxe) ist die Verbindung aus einem oder mehreren Hauptsätzen mit einem oder mehreren Nebensätzen. Haupt- und Nebensätze werden grundsätzlich durch Komma voneinander getrennt:

> Hanna legt heute ihre Führerscheinprüfung ab, da sie beruflich auf ein Auto angewiesen sein wird. Wenn alles gut geht, muss ihr Bruder Ralf sie nicht länger zur Arbeit fahren. Obwohl Ralf gerne Auto fährt, hat er schon häufig gesagt, dass es Zeit wird, dass Hanna endlich Fahrstunden nimmt und selbst fährt.

Eingeschobene Nebensätze werden mit paarigen Kommas vom Hauptsatz abgetrennt:

> Lisa kann, **obwohl sie erst gestern die ganze Wohnung aufgeräumt hat,** ihre braunen Schuhe nicht finden. Die roten Schuhe, **die sie gestern getragen hat,** sind für heute nicht warm genug.

Das Komma bei Einschüben und nachgestellten Zusätzen

Einschübe werden mit Kommas vom übrigen Satz abgetrennt. Dabei kann die Schreiberin oder der Schreiber häufig selbst entscheiden, was als Einschub gilt:

> Deine Großmutter war, **bis auf wenige Ausnahmen,** immer hilfsbereit.
> Das Auto kam, **zum Glück,** noch rechtzeitig zum Stehen.

Appositionen, also Einschübe, die das gleiche Genus, den gleichen Numerus und den gleichen Kasus wie das Bezugswort haben, werden mit paarigen Kommas vom übrigen Satz abgetrennt:

> Emil, **ein kleiner schwarzer Kater,** liegt unter der Heizung im Wohnzimmer.
> Emil ist sehr schreckhaft, aber vor dem Postboten, **einem Mann mit Schnauzbart,** hat Emil keine Angst.

Nachgestellte Zusätze werden mit einem Komma vom übrigen Satz abgetrennt:

> Ein Saxophon wünsche ich mit schon lange, **und zwar seit ich mich für Musik begeistere**.
> Ich weiß, dass ich beim Üben Rücksicht auf andere nehmen muss, **vor allem abends**.

Das Komma bei Infinitivkonstruktionen

Infinitivsätze dürfen, müssen aber nicht grundsätzlich durch ein Komma abgetrennt werden:

Pit entschloss sich (,) **zu gehen**. Er hatte keine Lust (,) **den Bus schon wieder zu verpassen**.

In vielen Fällen **muss** aber ein Komma gesetzt werden. Dies gilt für Infinitivkonstruktionen, die mit *um, statt, ohne, als, außer* oder *an(statt)* erweitert sind:

Tim wollte lieber ins Kino gehen**, anstatt mit seinen Eltern Tante Jutta zu besuchen**. Er lief also zur Bushaltestelle**, um gleich loszufahren**.

Dies gilt auch, wenn ein auf die Infinitivgruppe verweisendes Wort im vorangehenden Hauptsatz steht, oder eine vorangehende Infinitivgruppe im Hauptsatz durch ein hinweisendes Wort wiederaufgenommen wird:

Agnes wartet **darauf, endlich befördert zu werden**. Die Abteilungsleitung **zu übernehmen, davon träumt sie schon lange**.

Das Komma in Partizipialsätzen

Partizipialsätze **dürfen**, müssen aber nicht durch ein Komma vom übrigen Satz abgetrennt werden, es sei denn, ein hinweisendes Wort im Satz verweist auf den Partizipialsatz oder der Partizipialsatz steht am Ende:

Blut und Wasser schwitzend (,) saß Jon in der Prüfung. So**, vor Angst und Aufregung zitternd,** schrieb er Satz für Satz nieder. Nach zwei Stunden durfte er gehen**, vor Erleichterung durchatmend**.

Tipp **Komma ja oder nein?**

Wenn du bei diesem Thema unsicher bist, ist es immer besser, das Komma zu setzen, denn erlaubt ist es bei Partizipialsätzen immer. Gleiches gilt auch für Infinitivkonstruktionen.

Das Komma bei Vergleichen und Einschränkungen

Kein Komma wird gesetzt, wenn nur einzelne Wörter oder Wortgruppen miteinander verglichen, nicht aber Haupt- und Nebensätze voneinander getrennt werden. Das Komma **kann** gesetzt werden, wenn ein nachgestellter Zusatz mit einer vergleichenden Konjunktion eingeleitet wird:

Rita und Anton tobten **wie die Irren** durch das Wohnzimmer.
Die Hilfe kam **wie gerufen**.
Wir treffen uns dann am Montag (,) wie gesagt.
Der Inhalt des Koffers (,) wie Hosen, Pullover und Schuhe (,) lag verstreut auf dem Boden.

Ein Komma wird gesetzt, wenn gleichrangige Wörter oder Wortgruppen einander entgegengesetzt sind:

Wir sollten uns heute Abend**,** aber nicht zu früh**,** am Busbahnhof treffen.
Die Anforderungen sind einerseits schwer**,** anderseits nicht unfair.
Du solltest nicht kochen**,** sondern nur den Tisch decken.

Datum, Adresse und Literaturangaben

Mehrteilige **Datumsangaben** werden mit einem Komma vom übrigen Satz abgetrennt. Ob der Datumsangabe, sofern sie in den Satz eingeschoben ist, auch ein Komma folgt, bleibt der Schreiberin oder dem Schreiber überlassen:

Der Termin ist festgesetzt auf Donnerstag**,** den 12. November.
Am 12.04.**,** um 20.00 Uhr **(,)** beginnt die Feier.

Mehrteilige **Wohnungsangaben** werden ebenfalls durch Kommas gegliedert:

Meine Tante ist von Hamburg**,** Eppendorfer Allee 23 **(,)** nach Rom**,** Via della Torre **(,)** umgezogen.

Mehrteilige **Literaturangaben** werden ebenfalls durch Kommas gegliedert:

Das Zitat habe ich der Süddeutschen Zeitung**,** Ausgabe vom 13.8.2009**,** Seite 34 **(,)** entnommen.

Das Komma bei Anreden, Ausrufen und Hervorhebungen

Anreden werden durch ein Komma vom übrigen Satz getrennt. Steht die Anrede im Satzinneren, schließt man sie mit paarigen Kommas ein:

Inga, schließe bitte das Fenster.
Frau Hansen, was kann ich für Sie tun?
Sie**, liebe Leserinnen und Leser,** sollten jetzt besonders aufmerksam sein.

Ausrufe (Interjektionen) und **hervorgehobene Äußerungen** werden mit einem Komma vom Satz abgetrennt. Wenn eine Hervorhebung von der Schreiberin oder vom Schreiber nicht gewollt ist, entfällt das Komma:

Ach, das ist aber traurig.
Oh, da bin ich aber überrascht.
Nein, das hätte ich nicht gedacht.
Sie hatte**,** zum Glück**,** den Regenschirm dabei.
Sie hatte zum Glück den Regenschirm dabei.

Satzteile, die im weiteren Verlauf des Satzes wieder aufgenommen werden, trennt man mit einem Komma vom übrigen Satz ab. Stehen sie im Satzinneren, setzt man sie in paarige Kommas:

Urlaub**,** den könnte ich jetzt gut vertragen.
Onkel Paul**,** der auf dem Foto**,** lebt mittlerweile in Australien.
Hier**,** auf dieser Schule**,** habe ich Abitur gemacht.
Er**,** der Gründer des Wohltätigkeitsvereins**,** ist hier auf dieser Fotografie abgebildet.

Kommasetzung bei Konjunktionen

Bei Konjunktionen, das sind Wörter, die Sätze, Wortgruppen oder einzelne Wörter miteinander verbinden, unterscheidet man zwischen **nebenordnenden** und **unterordnenden** Konjunktionen. Diese Unterscheidung ist wichtig, da sie Einfluss darauf hat, ob man besser ein Komma setzt oder nicht.

Wortgruppen, die mit **nebenordnenden Konjunktionen** miteinander verbunden sind, werden normalerweise nicht durch ein Komma voneinander abgetrennt. Wortgruppen, die mit **unterordnenden** oder **entgegensetzenden Konjunktionen** verbunden sind, werden häufig mit einem Komma voneinander getrennt.

Schau dir die Beispiele auf der folgenden Seite an.

	Beispiele	Beispielsätze
Nebenordnende Konjunktionen	und, oder, sowohl ... als auch, weder ... noch, sowie, beziehungsweise	Tina spielt **sowohl** Gitarre **als auch** Flöte. Kinder **sowie** alle Jugendlichen bis sechzehn Jahre erhalten auf alle Angebote einen Rabatt.
Unterordnende Konjunktionen	aber, als, obwohl, falls, jedoch, denn, weil	Kinder und Jugendliche**, jedoch** nicht Jugendliche über sechzehn Jahre, erhalten auf alle Angebote Rabatt. Warme Kleidung**, aber** keine Mützen und Handschuhe, sollte mitgebracht werden.

Zusammenfassung

- Haut- und Nebensätze werden durch Kommas voneinander getrennt.
- Das Komma trennt Einschübe und nachgestellte Zusätze vom Rest des Satzes.
- Wird eine Infinitivgruppe durch ein hinweisendes Wort angekündigt oder wieder aufgegriffen, muss ein Komma stehen.
- Bei erweiterten Infinitivkonstruktionen muss ein Komma gesetzt werden, andernfalls darf ein Komma gesetzt werden.
- Bei Partizipialkonstruktionen muss ein Komma gesetzt werden, wenn ein Wort im Satz auf sie verweist, andernfalls darf ein Komma gesetzt werden.
- Ein Komma wird gesetzt, wenn Wortgruppen einander entgegengesetzt werden.
- Bei mehrteiligen Datums-, Adress- und Literaturangaben werden Kommas gesetzt.
- Anreden, Ausrufe und Hervorhebungen werden durch Kommas vom übrigen Satz getrennt.

7. / 8. Klasse

Aufsatz, Textsorten, Methoden und Präsentation

Inhaltsangabe

Die Inhaltsangabe gehört wie der Bericht oder die Beschreibung zu den informierenden Textsorten. Mit einer Inhaltsangabe informierst du deine Leser über den Inhalt eines Textes. Es ist völlig egal, ob es sich dabei um einen Sachtext oder um einen literarischen Text handelt. In der Regel wirst du aber den Inhalt eines literarischen Textes zusammenfassen müssen.

Bei einer Inhaltsangabe solltest du folgendermaßen verfahren:

- Zunächst musst du den Text genau durchlesen.
- **Markiere** die Personen, die Orte und die Zeit der Handlung.
- **Notiere** die wichtigsten Handlungsschritte **stichwortartig**.
- Gib in der **Einleitung** Informationen zum **Autor**, zum **Titel** und gegebenenfalls zum **Erscheinungsjahr** des Textes und erläutere in 1-2 Sätzen, um **was** es in dem Text geht. Achte dabei darauf, dass du wirklich nur das Wesentliche wiedergibst. Einzelheiten zum Handlungsablauf gehören nicht in die Einleitung. Beispiel: *In dem Märchen „Der Froschkönig" der Gebrüder Grimm geht es um das Schicksal eines verwunschenen Prinzen. Er muss sein Dasein in der Gestalt eines Frosches fristen, der durch den Kuss einer Prinzessin erlöst wird.*
- Im **Hauptteil** gibst du die **wesentlichen Handlungsschritte** wieder. Wesentlich ist alles, was zum lückenlosen Verständnis des Inhalts notwendig ist. Das bedeutet, dass du auch die Gedanken der Figuren wiedergeben musst, wenn sie wichtig für die Handlung sind. In einer Inhaltsangabe über das Märchen der Froschkönig müsstest du zum Beispiel nicht nur erwähnen, dass die Prinzessin den Frosch an die Wand wirft, sondern auch, dass sie es tut, weil sie sich vor ihm ekelt. Äußere und innere Handlung stehen hier in einer unmittelbaren Beziehung zueinander, die für das Verständnis des Märchens wichtig ist. Achte bei der Wiedergabe der Handlungsschritte auf die **richtige Reihenfolge**.
- **Verzichte** auf die Wiedergabe der **Einzelheiten**.
- Verfasse deine Inhaltangabe im **Präsens**.

- Verwende statt der direkten Rede die **indirekte Rede**. Die indirekte Rede wird mithilfe des Konjunktivs I gebildet. Ersatzweise kannst du direkte Rede auch indirekt durch einen *dass*-Satz wiedergeben:
  Ich *möchte* aber noch nicht nachhause", jammerte Lara. (direkte Rede)
  Lara jammerte, sie *wolle* noch nicht nachhause. (Konjunktiv I)
  Lara jammerte, *dass* sie noch nicht nachhause *wolle*. (dass-Satz + indirekte Rede)
- Verwende eine **sachliche** Sprache.
- **Bewerte** und **kommentiere** die Handlung **nicht**.
- **Überprüfe** deine Inhaltangabe mit Hilfe der folgenden **Checkliste**.
  Wurden Autor, Titel, Erscheinungsjahr und Thema in der Einleitung genannt?
  Wurden die wesentlichen Handlungsschritte knapp und vollständig wiedergegeben?
  Hast du alles erwähnt, was für das Verständnis des Textes notwendig ist?
  Ist die Sprache sachlich und wertfrei?
  Wurde das Präsens konsequent durchgehalten?

Zusammenfassung

- Die Inhaltsangabe gehört zu den informierenden Textsorten.
- In einer Inhaltsangabe müssen Autor, Titel und eventuell Erscheinungsjahr des Textes genannt werden.
- Die wichtigsten Handlungsschritte müssen dargestellt werden.
- Auf die Wiedergabe von Einzelheiten wird verzichtet.
- Die Sprache ist sachlich.
- Wörtliche Rede wird durch indirekte Rede wiedergegeben.

Die Schilderung

Wenn du etwas schilderst, zum Beispiel einen Ort oder eine Situation, sollst du die Gefühle deiner Leser ansprechen. Bei einer Schilderung geht es nämlich nicht (wie etwa bei der Gegenstandsbeschreibung) um die Vermittlung von Informationen, sondern um die Veranschaulichung eines subjektiven Erlebens und den damit verbundenen Emotionen. Der Sinneswahrnehmung kommt dabei eine wesentliche Rolle zu.

Vielleicht wird dir ein Foto oder das Gemälde einer Landschaft vorgelegt und du sollst diese Landschaft und deren Wirkung auf dich schildern. Vielleicht sollst du dir aber auch vorstellen, auf einem Bahnsteig zu stehen, und diese Situation schildern. Ganz egal, welche Vorgaben dir gemacht werden, bestimmte Dinge musst du bei einer Schilderung beachten.

- Sieh dir das **Bild**, das du schildern sollst, genau an oder stelle dir die **Situation**, die du schildern sollst, genau vor. Nimm dir ausreichend Zeit, um das Bild oder die Situation auf dich wirken zu lassen.
- Mache dir Notizen zur allgemeinen Wirkung. Ist die **Stimmung** fröhlich oder düster? Strahlt das Bild oder die Situation Ruhe oder Hektik aus?
- Wenn du dir eine Situation vorstellen sollst, mache dir Notizen zu den **Sinneseindrücken**: Was sieht man? Was hört man? Was fühlt man?
- Halte stichwortartig fest, was dir zu besonders **stimmungstragenden Elementen** des Bildes oder der Situation einfällt. Trägt zum Beispiel der Wind, der offensichtlich durch das herbstliche Feld weht, wesentlich zur friedlichen Stimmung bei? Ist es das Rattern und Quietschen des einfahrenden Zuges, das für hektische Aufbruchsstimmung sorgt?
- Schreibe in der **Einleitung**, was du schilderst. Ist es eine Landschaftsdarstellung des Malers van Gogh? Handelt es sich um eine Aufnahme des Sonnenuntergangs in den Rocky Mountains, oder schilderst du deine Eindrücke vom Stuttgarter Hauptbahnhof im Berufsverkehr? Ein erster Eindruck gehört auch in die Einleitung: *Vor mir liegt ein Gemälde des niederländischen Malers van Gogh. Es zeigt eine dörfliche Herbstlandschaft. Die Situation auf dem Gemälde strahlt Ruhe und Frieden aus.*

- Gib im **Hauptteil** deine Eindrücke in einer sinnvollen Reihenfolge wieder. Schildere zunächst deinen ersten Eindruck und gehe dabei auf das ein, was sofort auffällt, schildere dann die Details.
- Verwende **ausdrucksstarke Adjektive** und **Verben**.
  Statt: *Die Menschen gehen schnell über den vollen Bahnsteig die Treppe hinunter durch die Unterführung.*
  Besser: *Die Menschenmasse schiebt sich hektisch über den brechend vollen Bahnsteig die Treppe hinunter, wo sie schließlich von der Unterführung geschluckt wird.*
- Stimmungen und Gefühle lassen sich auch mithilfe sprachlicher Bilder wiedergeben. Verwende also **Vergleiche** und **Metaphern**.
  Statt: *Der Zug fährt am Abend geräuschvoll in den Bahnhof ein und setzt sich nach kurzem Aufenthalt wieder in Bewegung.*
  Besser: *Der Zug, dessen Scheinwerfer aus der Ferne wie die Augen eines gigantischen Raubtiers wirken, tötet mit seinem Rattern und Quietschen jedes noch so eindringliche Geräusch auf dem Bahnsteig. Kurze Zeit nur spuckt er Menschen aus, verschlingt andere und setzt sich sogleich schwerfällig wieder in Bewegung.*
- Schreibe im **Präsens**

Überprüfe deine Schilderung. Orientiere dich an dieser **Checkliste**.
- Ist klar geworden, was geschildert wird?
- Hast du mit einem ersten Eindruck begonnen?
- Hast du in einer sinnvollen Reihenfolge geschildert, sodass die Leser zu jeder Zeit nachvollziehen können, was du vermitteln willst?
- Sind die verwendeten Wörter ausdrucksstark genug, um die Stimmung und die Gefühle zu veranschaulichen? Wurden sprachliche Bilder verwendet?
- Wurde das Präsens konsequent durchgehalten?

Zusammenfassung

- Eine Schilderung ist eine subjektive Beschreibung zum Beispiel einer Situation, einer Landschaft oder eines Raumes.
- In einer Schilderung werden die Gefühle der Leser angesprochen.
- Ausdrucksstarke Adjektive und Verben vermitteln Stimmung und Gefühle.
- Sprachliche Bilder dienen der Veranschaulichung.
- Eine Schilderung wird im Präsens verfasst.

Die Charakterisierung einer literarischen Figur

Bei der Charakterisierung einer literarischen Figur sollst du eine Figur anhand ihres Auftretens im literarischen Text beschreiben. Dabei geht es nicht nur um das äußere Erscheinungsbild, sondern auch um wesentliche Charakterzüge und typische Verhaltensweisen. Häufig sind Informationen über die Figur aber gar nicht so offensichtlich, sondern zwischen den Zeilen im Text versteckt. Darum setzt eine gelungene Charakterisierung nicht nur eine sichere Textkenntnis voraussetzt, sondern auch die Fähigkeit, das Verhalten literarischer Figuren in Situationen zu deuten.

Eine Aufgabe könnte folgendermaßen lauten: *Charakterisiere die Figur der Köchin des Gasthauses zur Waage aus der Erzählung „Kleider machen Leute" von Gottfried Keller.*

- Lies den Text sorgfältig durch und unterstreiche alle Textstellen, die direkt oder indirekt etwas über die Figur aussagen. **Direkte Informationen** sind zum Beispiel Aussagen über den Beruf, das Alter oder das Erscheinungsbild der Figur, die dir direkt durch den Erzähler oder andere Figuren vermittelt werden. **Indirekte Informationen** sind solche, die nicht direkt im Text zu finden sind, die aber aus dem Text erschlossen werden können. Wenn eine Figur ständig zu einer anderen Figur hochschauen muss, verrät das etwas über den Größenunterschied zwischen beiden Figuren. Wenn eine Figur ständig rot wird, lässt sich daraus möglicherweise ableiten, dass sie schüchtern ist, wenn dies nur während einer Auseinandersetzung passiert, könnte das bedeuten, dass sie schnell wütend wird.
- **Ordne** die **Informationen**, die du aus dem Text gewonnen hast. Du kannst dafür eine Tabelle anlegen, wenn du z. B. am Computer arbeitest. Es reicht oft aber auch, wenn du die Informationen übersichtlich auf einem Notizzettel festhältst. Notiere in jedem Fall auch die Textstellen, mit denen du deine Behauptungen belegen kannst (Seite/Zeile). Orientiere dich an dem folgenden Beispiel.

	Aussehen	**Soziale Stellung/ soziales Umfeld**	**Charakter-eigenschaften**	**Verhaltens-weisen**
Direkte Informationen	groß, dunkelhaarig (Seite/Zeile)	Managerin, verheiratet (Seite/Zeile)	engagiert (Seite/Zeile)	mischt sich überall ein (Seite/Zeile)
Indirekte Informationen	attraktiv (Seite/Zeile)	unbeliebt (Seite/Zeile)	cholerisch (Seite/Zeile)	möchte alles kontrollieren (Seite/Zeile)

- Erwähne in der **Einleitung**, welche Figur du charakterisierst. Stelle knapp dar, um was es in dem Text geht und welche anderen Figuren eine Rolle spielen.
- Beginne deinen **Hauptteil** mit einer grundsätzlichen Aussage zur Figur. Zum Beispiel: *Siglinde Bauer erscheint zu Beginn des Textes als eine sympathische und engagiere Frau, es wird aber zunehmend deutlich, dass sie vom Ehrgeiz zerfressen ist und für ihren Erfolg über Leichen geht.*
- Stelle die Figur im Folgenden detaillierter dar. Beginne mit der äußeren Erscheinung und den sozialen Fakten. Gehe dann auf Charakterzüge, Verhaltensweisen und Einstellungen ein. Belege deine Behauptungen mit Zitaten.
- Runde deine Charakterisierung am **Schluss** ab: *Dies zeigt, dass es sich bei Siglinde Bauer um eine sehr zwiespältige Persönlichkeit handelt, die einerseits zu moralischem Denken fähig ist, anderseits so sehr nach Macht und Reichtum strebt, dass sie zunehmend unmoralisch handelt.*
- Verfasse deine Charakterisierung im **Präsens**.

Überprüfe und überarbeite deine Charakterisierung noch einmal. Halte dich dabei an die folgende **Checkliste**.

- Hast du in der Einleitung die nötigen Informationen zu Figuren und Handlung gegeben?
- Hast du den Hauptteil mit einer allgemeinen Aussage begonnen?
- Hast du die Figur detailiert charakterisiert und die Charakterisierung sinnvoll strukturiert?
- Endet deine Charakterisierung mit einer abschließenden Aussage?
- Hast du im Präsens formuliert?

Zusammenfassung

- **Direkte oder indirekte Informationen aus dem Text stellen die Grundlage der Charakterisierung dar.**
- **In der Einleitung wird knapp dargestellt, um was es in dem Text geht und welche Figur charakterisiert wird.**
- **Im Hauptteil wird die Figur in einer sinnvollen Reihenfolge charakterisiert. Aussagen über die Figur müssen mit Textstellen belegt werden.**
- **Am Ende der Charakterisierung steht eine zusammenfassende Aussage oder eine Schlussfolgerung über die Figur.**
- **Eine Charakterisierung schreibst du im Präsens.**

Die lineare Erörterung

Die lineare Erörterung ist ein argumentativer Text, in dem du zu einer Streitfrage Stellung nehmen sollst. Du kannst einen bejahenden Standpunkt (pro) oder einen verneinend Standpunkt (kontra) einnehmen. Wichtig ist immer, dass du deine Ansicht begründest.

Bei einer Erörterung ist die Verlockung, im Sinne der eigenen Meinung zu argumentieren, sicher groß. In vielen Fällen ist dies auch sinnvoll. Überlege aber vor allem in einer Klassenarbeit einen Moment, ob es dir vielleicht nicht doch leichter fällt, für den Standpunkt zu argumentieren, den du persönlich nicht vertrittst. Schließlich wird bei einer Erörterung bewertet, wie **gut** und **überzeugend** deine **Argumentation** ist.

Vorüberlegungen

Eine denkbare Aufgabenstellung wäre die folgende: *Sollten in der Schul-Cafeteria ausschließlich fair gehandelte Produkte verkauft werden?*
Entscheide, ob du für oder gegen den Verkauf ausschließlich fair gehandelter Produkte in der Schul-Cafeteria argumentieren möchtest. Mithilfe einer Tabelle oder einer Mindmap kannst du stichwortartig aufschreiben, was dir für und gegen den Verkauf einfällt. Hier ein Beispiel:

+ (pro/für)	**– (kontra/gegen)**
Die Schule muss mit gutem Beispiel vorangehen.	Absatzeinbußen für Schul-Cafeteria aufgrund höherer Preise.
Ruf der Schule wird besser.	Speisen und Getränke würden teurer./ Benachteiligung von Kindern aus sozial schwachen Familien.
Sowohl Bauern armer Länder als auch einheimische Bauern werden unterstützt.	Geringere Auswahl und/oder mehr Aufwand.

Einleitung

In der Einleitung musst du deine Leser zum Thema hinführen und sie mit der Streitfrage vertraut machen. Dabei kannst du **eigene Erfahrungen** darlegen. Zum Beispiel: *Immer häufiger wird in Sitzungen der Schülervertretung die Frage diskutiert, ob in der Schul-Cafeteria ausschließlich fair gehandelte Produkte verkauft werden sollten.*

Du kannst aber auch auf einen **Zeitungsartikel** verweisen:
Zum Beispiel: *Das Hummelhausener Tageblatt meldete vor einigen Tagen, dass fair gehandelten Produkten ein wachsender Anteil am Markt zukomme und auch im Sortiment von Supermärkten und vor allem Discountern fair gehandelten Produkten ein immer größerer Stellenwert eingeräumt würde.*

Nimm dann Stellung zu der Frage. Deine Stellungnahme nennt man **These**.

These	
pro	**kontra**
Ich denke, dass unsere Schule darauf reagieren und nur noch fair gehandelte Nahrungsmittel verkaufen sollte.	Die SV sollte sich gegen den Verkauf von ausschließlich fair gehandelten Lebensmitteln entscheiden.

Hauptteil

Im Hauptteil musst du deine These nun mit Argumenten untermauern. Du **baust** deine **Argumentation steigernd auf** und beginnst mit deinem schwächsten Argument. Veranschauliche deine Argumente mit Beispielen.

Argumentation	
pro	**kontra**
Zunächst würde eine Cafeteria, die ausschließlich fair gehandelte Produkte verkauft, der Schule nach außen hin ein besseres Bild verschaffen. Viele Familien würde zum Beispiel ihr Kind eher an einer Schule anmelden, von der bekannt ist, dass sie soziale Verantwortung übernimmt. …	Zunächst spricht dagegen, dass die Cafeteria mit Umsatzeinbußen zu rechnen hätte, eine Schul-Cafeteria aber ohnehin knapp kalkuliert ist. In unserer Cafeteria arbeiten zum Beispiel viele Eltern ehrenamtlich. Nur so kann die Cafeteria betrieben werden. …

Du beendest den Hauptteil deiner Erörterung mit deinem stärksten Argument.

Argumentation	
pro	**kontra**
Am stärksten jedoch ist das Argument, dass sowohl Bauern ärmerer Länder als auch einheimische Bauern unterstützt würden. Die Unabhängigkeit von den großen Konzernen, zum Beispiel, sichert das Überleben auch kleinerer Betriebe.	Am stärksten jedoch ist das Argument der Gerechtigkeit. Kinder, deren Eltern wenig verdienen, könnten sich ein warmes Mittagessen in der Schule gar nicht mehr leisten. Hat ein Kind beispielsweise einen Schultag von acht oder zehn Schulstunden oder nimmt es ein AG-Angebot am Nachmittag wahr, müsste es an diesem Tag auf ein Mittagessen verzichten.

Schluss

Runde deine lineare Erörterung mit einem Schlusssatz ab. Betone noch einmal deinen **Standpunkt** und beziehe dich idealerweise auch auf die **These**, die du in deiner Einleitung formuliert hast.

Schluss	
pro	**kontra**
Aus diesem Grund bin ich für den Verkauf von ausschließlich fair gehandelten Produkten. Die Schule muss auf allgemeine Trends reagieren.	Aus diesem Grund bin ich gegen den Verkauf ausschließlich fair gehandelter Produkte, denn eine solche Entscheidung hätte trotz der zunehmenden Bedeutung fair gehandelter Produkte zu viele negative Konsequenzen.

Sprachliche Gestaltung

- Die Sprache einer linearen Erörterung ist **sachlich**.
- Achte auf die **logische Verknüpfung** von These und Argumenten, indem du mit passenden **Konjunktionen** Gründe, Folgen, Einschränkungen usw. kennzeichnest (*weil, da, sodass…).*
- Kennzeichne die **Rangfolge** der Argumente (*zunächst, weiterhin, zuletzt…* oder auch: *als Erstes, darüberhinaus, als wichtigstes Argument…*).

Überprüfe und überarbeite deine Erörterung mithilfe der folgenden **Checkliste**.

- Hast du deine Leser in das Thema eingeführt?
- Hast du die Argumente in steigernder Reihenfolge angeordnet und wird die Reihenfolge durch die Formulierungen deutlich?
- Hast du die Argumente mit Beispielen veranschaulicht?
- Ist deine Sprache sachlich?
- Hast du passende Konjunktionen verwendet?
- Hast du am Schluss noch einmal einen Bezug zur These hergestellt?

Eine besondere Form der linearen Erörterung ist der **Leserbrief**. Im Grunde wird er - abgesehen von seiner Briefform - genau so verfasst wie die herkömmliche lineare Erörterung. Einen Leserbrief schreibt man, wenn man z. B. zu einem Zeitungsartikel Stellung nehmen möchte.

Zusammenfassung

- Die lineare Erörterung ist ein argumentativer Text.
- Bei der linearen Erörterung beantwortet man die Streitfrage mit ja oder nein und argumentiert im Sinne der gewählten Position.
- In der Einleitung werden die Leser zum Thema hingeführt.
- Im Hauptteil werden die Argumente in aufsteigender Reihenfolge angeordnet und mit Beispielen veranschaulicht.
- Abschließend wird der eingenommene Standpunkt noch einmal betont und idealerweise auf die These der Einleitung verwiesen.

Das Protokoll

Bei vielen Gesprächen, Sitzungen oder Versammlungen (z. B. Klassendiskussion zum Sommerfest, SV-Sitzung) ist es wichtig, dass Gesprächsbeiträge und Gesprächsergebnisse in einem Protokoll festgehalten werden. Das Protokoll informiert andere beispielsweise über den Verlauf einer Sitzung, an der sie nicht teilgenommen haben, oder es erleichtert den Wiedereinstieg in eine Diskussion, die zu einem späteren Zeitpunkt fortgesetzt wird. Das Protokoll gehört zu den informierenden Textsorten. Es ist eine besondere Form des Berichts.

Ein Verlaufsprotokoll erstellen

Man unterscheidet zwischen Verlaufs- und Ergebnisprotokoll. In einem **Verlaufsprotokoll** kann man die einzelnen Gesprächsbeiträge nachlesen; es wird also ein Verlauf dargestellt. In einem **Ergebnisprotokoll** stehen nur die relevanten Ergebnisse der Diskussion. Die folgende Darstellung der einzelnen Schritte bezieht sich auf die Form des Verlaufsprotokolls.

Die Mitschrift

Ein Protokoll basiert immer auf der **Mitschrift** während einer Diskussion. Kaum jemand ist in der Lage, sich an alle Diskussionsbeiträge in der richtigen Reihenfolge zu erinnern.

- Mach dir während des Gesprächs **Notizen**. Sie können **stichwortartig** sein.
- Sicher ist es auch sinnvoll, mit **Abkürzungen** zu arbeiten. Bemängelt z. B. die Klassensprecherin der 8c den schlechten Zustand der Tischtennisplatten auf dem Schulhof, könntest du dies folgendermaßen notieren: *KS 8c: Tischtennisplatten in schlechtem Zustand.*

Aufbau eines Protokolls

Im **Protokollkopf** steht, um welche Art der Veranstaltung es sich handelt, wann und wo sie stattgefunden, wer daran teilgenommen und protokolliert hat und um welche Themen es ging. Halte gegebenenfalls auch fest, wer die Veranstaltung geleitet hat.

Dem Protokollkopf folgt die **Wiedergabe des Gesprächs**. Dabei musst du auf einiges achten:

- Die Liste der abzuhandelnden Themen nennt man **Tagesordnung**, ein einzelnes Thema **Tagesordnungspunkt** (abgekürzt: **TOP**). Stelle die Themen und den Gesprächsverlauf in der **richtigen Reihenfolge** dar.
- Achte auf eine **sachliche Sprache** und bringe **keine Wertung** in dein Protokoll mit ein.

- Verwende die **indirekte Rede**, wenn du Redebeiträge wiedergibst, und schreibe im **Präsens**. Zum Beispiel: *Die Klassensprecherin der 8c bemerkt, die Tischtennisplatten* befänden *sich in einem sehr schlechten Zustand. Die Klassensprecherin der 8a entgegnet, man* solle *der Pflege des Schulgartens mehr Beachtung schenken. Immerhin* sei *der Schulgarten für viele ein Ort zum Ausruhen.*
- Am **Ende** eines Protokolls steht das **Datum**, an dem das Protokoll verfasst wurde. **Unterschreibe** dein Protokoll und lege es auch dem Diskussionsleiter oder Vorsitzenden einer Sitzung zur Unterschrift vor.

Hier siehst du, wie du ein Protokoll gestalten kannst.

Protokoll über die Klassensprechervollversammlung am 12. April 2012

Ort:	Aula des Ludwig Börne Gymnasiums Hamburg
Zeit:	11.40–13.15 Uhr
Anwesende:	Klassensprecher und Stellvertreter der Klassen 5–10
Diskussionsleitung:	Max Maler (Schulsprecher)
Protokoll:	Anna Faule
Thema:	Verschönerung des Schulhofs
Tagesordnung:	Renovierung der Tischtennisplatten Pflege des Schulgartens

Zu Tagesordnungspunkt (TOP) 1:

...

Zu TOP 2

...

Hamburg, den 14. April 2012

Max Muster	*Anna Faule*
Max Muster (Schulsprecher)	Anna Faule (Protokollführerin)

Beschreiben

Wenn du etwas beschreibst, erwarten deine Leser von dir Objektivität. Mit Ausnahme der Schilderung – hier werden persönliche Eindrücke wiedergegeben – ist eine Beschreibung wertneutral. Du musst daher in einem sachlichen Stil formulieren. Achte auch darauf, dass deine Leser die Beschreibung nachvollziehen und sich z. B. eine Person, die du beschreibst, gut vorstellen können.

Die Personenbeschreibung

Mitunter möchtest du deinen Freunden einen Menschen beschreiben, den du besonders interessant findest, vielleicht musst du auch einmal eine vermisste Person beschreiben. In jedem Fall solltest du die Person so **anschaulich beschreiben,** dass deine Leser sich ein genaues Bild von ihr machen können, ohne sie selbst vor Augen zu haben. Das gilt auch, wenn du etwa in einer Klassenarbeit eine Person auf der Grundlage eines Fotos beschreiben musst.

- Beschreibe in der **Einleitung** zunächst die **Gesamterscheinung** der Person. Erwähne das Geschlecht, das Alter, die Größe und Statur (*schlank, kräftig …*). Wenn du zum Alter und zur Größe keine genauen Angaben machen kannst, darfst du schätzen (*ca., etwa, …).*
- Im **Hauptteil** deiner Beschreibung gehst du ausführlich auf das Aussehen der Person ein. Erwähne vor allem **auffällige** und **unverwechselbare** Merkmale, z. B. eine Narbe, ein Muttermal, eine besondere Körperhaltung oder auch eine besondere Art zu sprechen. **Beschreibe** die Person **von oben nach unten**. Du kannst dich an der folgenden Aufzählung orientieren:
  - Haare (Farbe, Frisur)
  - Gesicht (Farbe, Größe und Form der Augen, Größe und Form der Nase, des Mundes, der Ohren)
  - Körperbau, Körperhaltung, Gang (*schleppend, hinkend …*)
  - Kleidung, Schmuck
  - Auffälligkeiten im Verhalten (z. B. Sprache, besondere Gesten)

Springe zwischen den verschiedenen Bereichen nicht hin und her, sondern beschreibe **jeden Bereich**, etwa die Haare oder den Körperbau, **im Zusammenhang**.

- Am **Schluss** deines Aufsatzes kannst du kurz den **Gesamteindruck** der Person beschreiben. Es reicht ein Satz, z. B. *Die Person hat eine selbstbewusste Ausstrahlung und macht einen souveränen Eindruck.* Vermeide auch hier Wertungen.

- Achte auf eine **treffende Wortwahl**. Es reicht nicht, über eine Person zu sagen, sie sei dünn. Wähle aus dem jeweiligen Wortfeld einen Begriff aus, der genau auf die Person zutrifft (z. B. *hager, zierlich*).
- Verfasse deine Beschreibung im **Präsens**.

Überprüfe und überarbeite deinen Text mithilfe der folgenden **Checkliste**.
- Hast du in der Einleitung die Gesamterscheinung der Person beschrieben (Geschlecht, Alter, Größe, Statur).
- Hast du die Person im Hauptteil in einer sinnvollen Reihenfolge beschrieben (von oben nach unten).
- Bist du auf auffällige Merkmale eingegangen?
- Hast du für deine Beschreibung treffende und präzise Wörter gewählt?
- Hast du durchgehend im Präsens formuliert?

Zusammenfassung

- Eine Beschreibung enthält keine Wertung und ist möglichst objektiv.
- Die Sprache ist klar und sachlich.
- Die einzelnen Merkmale einer Person müssen in einer sinnvollen Reihenfolge beschrieben werden (von oben nach unten).
- Einzelne Bereiche wie etwas das Gesicht oder die Kleidung müssen im Zusammenhang beschrieben werden.
- Das Tempus der Beschreibung ist das Präsens.

Lyrische Texte

Lyrik ist die Literaturgattung, mit der die meisten Menschen schon sehr früh in Kontakt kommen, denn die Strophen eines Kinderliedes unterscheiden sich eigentlich nur durch ihre Melodie von den Strophen eines Gedichts. Dennoch muss du über einige Kenntnisse verfügen, um lyrische Texte sinnvoll lesen und Form und Inhalt eines Gedichts aufeinander beziehen zu können.

Vieles, was du wissen musst, um ein Gedicht zu interpretieren, hast du bereits in der fünften und sechsten Klasse gelernt. Du weißt zum Beispiel, was ein Reimschema oder ein Metrum ist. Es gibt darüber hinaus aber noch weitere Gesichtspunkte, die für die Beschreibung eines Gedichts bedeutsam sind. Auf den folgenden Seiten kannst du dein Wissen erweitern und mehr über die verschiedenen Formen von Gedichten erfahren und weitere wichtige Stilmittel kennenlernen.

Lyrische Formen

Die Ballade

Wie nah die Lyrik der Musik ist, zeigt sich am Beispiel der Ballade. Die Ballade bezeichnet einerseits ein französisches Tanzlied (*ballare* ist auch das französische Wort für *tanzen*), andererseits eine Form des Erzählgedichts. Im 19. Jahrhundert wurden viele Balladen vertont, sodass sie sowohl dem Bereich der Musik als auch dem Bereich der Literatur zugeordnet werden konnten.
Die literarische Ballade ist ein **Erzählgedicht**, das heißt, sie ist häufig ähnlich aufgebaut wie eine Erzählung. Sie hat eine Handlung, die eingeleitet wird, sich auf einen Höhepunkt hinbewegt und am Ende aufgelöst wird. In einigen Balladen kommt sogar die wörtliche oder die indirekte Rede vor. Meistens ist auch das Metrum durchgängig, sodass auch hier die Verwandtschaft zur Musik deutlich wird.
Zu den bekanntesten Balladen, von denen auch einige vertont worden sind, gehören Goethes *Zauberlehrling*, der *Erlkönig* und der *Totentanz*, Schillers *Bürgschaft*, Heinrich Heines *Belsazar*, Conrad Ferdinand Meyers *Die Füße im Feuer*, Theodor Fontanes *Die Brück am Tay*.

Das Sonett

Ursprünglich stammt das Sonett aus Italien. Es handelt sich dabei um eine Gedichtform mit einem sehr strengen Aufbau. Ein Sonett besteht aus zwei vierversigen Strophen, den **Quartetten**, und zwei dreiversigen Strophen, den **Terzetten**. Häufig geht mit der formalen Unterteilung auch eine inhaltliche einher, das heißt, ein formaler Einschnitt ist zugleich ein inhaltlicher.
In Andreas Gryphius' Gedicht *Es ist alles eitel* ist die Beziehung zwischen Form und Inhalt in vielfacher Hinsicht erkennbar: Während es in den beiden Quartetten um das Entstehen und Vergehen geht, geht es in den beiden Terzetten fast ausschließlich um die Flüchtigkeit des Daseins. Lediglich der letzte Vers liefert einen Hinweis auf das Ewige, das aber der Betrachtung des Menschen nicht zugänglich ist. Neben der horizontalen Teilung des Gedichts ist vor allem in den beiden Quartetten auch eine vertikale Teilung sichtbar. Während es nämlich in der ersten Hälfte der meisten Versen um das Entstehen geht, geht es in der zweiten Hälfte um das Vergehen. Die spezielle Versform nennt man **Alexandriner**.
Es handelt sich dabei um einen 6-hebigen Jambus mit einer Zäsur in der Mitte. Diese drückt sich hier in den meisten Fällen durch ein Komma und damit auch durch eine Sprechpause aus. Der Alexandriner eignet sich besonders, um **gegenteilige (antithetische)** Inhalte zu transportieren.

Es ist alles eitel

Du siehst, wohin du siehst, nur Eitelkeit auf Erden.
Was dieser heute baut, reist jener morgen ein;
Wo itzund Städte stehn, wird eine Wiese sein
Auf der ein Schäferskind wird spielen mit den Herden.

Was itzund prächtig blüht, soll bald zertreten werden.
Was itzt so pocht und trotzt ist morgen Asch und Bein;
Nichts ist, das ewig sei, kein Erz, kein Marmorstein.
Itzt lacht das Glück uns an, bald donnern die Beschwerden.

Der hohen Taten Ruhm muß wie ein Traum vergehn.
Soll denn das Spiel der Zeit, der leichte Mensch, bestehn?
Ach! was ist alles dies, was wir für köstlich achten,

Als schlechte Nichtigkeit, als Schatten, Staub und Wind;
Als eine Wiesenblum, die man nicht wiederfind't.
Noch will, was ewig ist, kein einig Mensch betrachten!

Andreas Gryphius (1616–1664)

Haiku

Der Begriff *Haiku* bezeichnet eine Gedichtform japanischen Ursprungs. Sie gilt als die kürzeste Gedichtform der Welt. In der deutschen Sprache haben sich weitgehend dreizeilige Haikus durchgesetzt. Das Besondere daran ist, dass die **Anzahl** der **Silben** pro Zeile **festgelegt** ist. Die erste Zeile besteht aus 5 Silben, die zweite Zeile besteht aus 7 Silben und die dritte Zeile besteht wieder aus 5 Silben. Thematisch orientiert sich das Haiku an Momentaufnahmen. In ihm werden Eindrücke einer Situation geschildert:

Die Sonne geht auf.
Noch frisch ohne Grau die Welt.
So soll sie bleiben.

Schüttelreim

Der Schüttelreim ist eine Gedichtform, bei der, wie der Name schon sagt, die **Endreime durcheinander geschüttelt** wurden. Die beiden letzten Wörter zweier Verse reimen sich. Außerdem haben das letzte Wort des ersten Verses und das vorletzte Wort des zweiten Verses, aber auch das vorletzte Wort des ersten Verses und das letzte Wort des zweiten Verses den gleichen Anfangsbuchstaben. Bei einem Schüttelreim handelt es sich meistens, aber nicht immer um einen witzigen Zweizeiler. Erich Mühsam hat viele solcher Schüttelreime geschrieben, hier einige Beispiele.

Mit einem starken **Sch**weden **r**ingen,
ist nicht so leicht wie **R**eden **sch**wingen.

Ich bürste in dem **R**osen**h**ain
den Rock mir und die **H**osen **r**ein.

An der Liebe **N**ieder**l**agen
läßt der Dichter **L**ieder **n**agen.

Wenn mein Hund zu **b**ellen **d**roht,
geb ich ihm Sar**d**ellen**b**rot.

Man soll sich nicht in **H**äuschen **l**aben,
wo die Bewohner **L**äuschen **h**aben.

Erich Mühsam (1878–1934)

Das Metrum

Neben dem Jambus und Trochäus, die du schon kennst, gehören auch der Daktylus und der Anapäst zu den wichtigsten Metren.

Daktylus

Beim Daktylus folgen auf eine betonte Silbe zwei unbetonte Silben. Der Vers beginnt häufig mit einer unbetonten Silbe. Diese Silbe am Versanfang nennt man Auftakt. Den Daktylus kann man schematisch folgendermaßen darstellen:

x x́ x x x́ x x x́ x x x́

Goethes Ballade *Totentanz* ist beispielsweise in Daktylen verfasst. Hier passt dieses Metrum auch besonders gut, denn in der Ballade geht es um tanzende Gespenster, und der Daktylus ist einem Dreivierteltakt, dem Walzertakt, sehr ähnlich. Lies die ersten Strophen aus Goethes Ballade.

Der Türmer, der schaut zu mitten der Nacht
Hinab auf die Gräber in Lage;
Der Mond, der hat alles ins Helle gebracht:
Der Kirchhof, er liegt wie am Tage.
Da regt sich ein Grab und ein anderes dann:
Sie kommen hervor, ein Weib da, ein Mann,
in weißen und schleppenden Hemden.

Das reckt nun, es will sich ergötzen sogleich,
Die Knöchel zur Runde, zum Kranze,
So arm und so jung und so alt und so reich;
Doch hindern die Schleppen am Tanze.
Und weil nun die Scham hier nun nicht weiter gebeut,
Sie schütteln sich alle: da liegen zerstreut
Die Hemdlein über den Hügeln.

…

Johann Wolfgang von Goethe (1749–1832)

Anapäst

Beim Anapäst folgt auf zwei unbetonte Silben eine betonte Silbe. Der Anapäst kommt seltener vor als der Daktylus. Hier ein Vers aus einem Gedicht von Friedrich Hölderlin (1770–1843):

Wie mein Glück, ist mein Lied.
x x x́ x x x́

Stilmittel

Neben sprachlichen Bildern (Vergleiche, Metaphern, Personifikationen) und den Reimen, gibt es weitere Stilmittel, die vor allem die **klangliche Wirkung** eines Gedichts beeinflussen.

Anapher

Bei einer Anapher wird mindestens ein **Wort** am Versanfang **wiederholt**. Häufig steigert dieses Stilmittel die Eindringlichkeit des Gesagten. Lies die erste Strophe aus Theodor Storms Gedicht *Die Nachtigall.*

Das macht, es hat die Nachtigall
Die ganze Nacht gesungen;
Da sind von ihrem süßen Schall,
Da sind in Hall und Widerhall
Die Rosen aufgesprungen.
Theodor Storm (1817–1888)

Alliteration

Von einer Alliteration spricht man, wenn sich der **Anfangsbuchstabe** der Wörter **wiederholt** (**w**ogende **W**ellen, **g**rüne **G**räser, **w**ildes **W**asser). Der Klang und somit auch der Fluss eines Gedichts werden durch Verwendung einer Alliteration häufig einheitlicher, wie etwa in diesem Vers von Josef von Eichendorff:
*Schweigt der Menschen **l**aute **L**ust.*

Akkumulation

Die Akkumulation ist eine **Anhäufung** von **Begriffen**, die inhaltlich zusammengehören. Die Verwendung der Akkumulation lenkt die Aufmerksamkeit der Leser oder Hörer auf das entsprechende Wortfeld und hebt es damit aus dem Kontext hervor. *Über Bergen, Fluß und Talen*… In diesem Beispiel aus einem Gedicht Eichendorffs gehören die Begriffe inhaltlich zusammen, da es sich in jedem Fall um ein Landschaftselement handelt.

Onomatopoesie

Onomatopoesie ist ein anderes Wort für **Lautmalerei**. Lautmalerisch sind Wörter dann, wenn sie klingen, wie das, was sie bedeuten, z. B. *knacken, muhen, miauen*.

Klimax

Wird eine Aussage in ihrer **Intensität gesteigert**, spricht man von einer Klimax. Die Klimax in dem Zitat Caesars „Ich kam, sah und siegte" ist sicherlich die bekannteste. Caesar hat mit dem Einsatz dieses Stilmittels nicht nur einen Spannungsbogen erzeugt, sondern durch die Steigerung seine Fähigkeiten und Verdienste betonen wollen.

Neologismus

Bei einem Neologismus handelt es sich um eine **Wortneuschöpfung**. Hier werden entweder Wörter völlig neu erfunden oder alte Wörter erhalten eine neue Bedeutung. Lewis Caroll hat in seinem Gedicht *Der Jabberwocky* sein Können auf dem Gebiet der Wortneuschöpfungen unter Beweis gestellt. Christian Enzensberger hat das Gedicht, das fast vollständig aus unbekannten Wörtern besteht, übersetzt. Lies diesen Auszug aus der Übersetzung:

Verdaustig war's, und glaße Wieben
rotterten gorkicht im Gemank.
Gar elump war der Pluckerwank,
und die gabben Schweisel frieben.

Zusammenfassung

- Wenn du ein Gedicht untersuchst, musst du genau erklären können, auf welche Weise eine bestimmte Wirkung erzielt wird und warum Form und Inhalt zueinander passen.
- Achte auf das Metrum (z. B. Daktylus, Anapäst).
- Achte auf Stilmittel. (z. B. Alliterationen, Akkumulationen, Onomatopoesie, Klimax und Neologismen.

Dramatische Texte

Das Drama ist neben lyrischen Texten und Erzähltexten die dritte Grundform der Literatur. Man unterscheidet bei dramatischen Texten zwischen Komödien und Tragödien. Dramen werden geschrieben, um sie auf einer Bühne aufzuführen. Darum sind sie in Dialogform verfasst und enthalten viele Hinweise zur szenischen Umsetzung wie z. B. Regie- oder Bühnenanweisungen.

Das geschlossene (tektonische) Drama

Für das geschlossene Drama gilt die **Einheit** von **Zeit**, **Ort** und **Handlung**. Das bedeutet, dass erstens die Handlung linear ist, also einzelne Handlungen aufeinander folgen. Es gibt keine Zeitsprünge, alles geschieht der Reihe nach. Zweitens kommt es zu keinem Ortswechsel. Das Geschehen muss dabei nicht auf einen Schauplatz beschränkt sein, aber alle Schauplätze befinden sich in Reichweite der Akteure. Drittens hängen die einzelnen Szenen nicht nur zeitlich, sondern auch kausal miteinander zusammen: Die Figuren reagieren immer direkt auf das, was vorher passiert ist. Sie handeln also nicht unabhängig voneinander.

Die **Sprache** im geschlossenen Drama unterscheidet sich von der Alltagssprache. Sie ist **stilisiert**. Das geschlossene Drama ist in **Blankversen** verfasst. Der Blankvers ist ein reimloser **Jambus** mit **fünf Hebungen**, also fünf betonten Silben. So fragt Wilhelm Tell in der ersten Szene des gleichnamigen Dramas von Friedrich Schiller nicht „Wer schreit da um Hilfe?", sondern:

Wer ist der Mann, der hier um Hülfe fleht?
x x́ x x́ x x́ x x́ x x́

Um sich sinnvoll über ein Drama unterhalten zu können, ist es wichtig, dass du einige wichtige Grundbegriffe kennst. Sie werden auf den folgenden Seiten erläutert. (Die Beispiele stammen alle aus Friedrich Schillers Drama *Wilhelm Tell*. In diesem Stück geht es um die Befreiung der Schweizer durch Wilhelm Tell aus der Herrschaft des Landvogts Gessler. Schiller lebte von 1759–1805, sein Drama wurde 1805 uraufgeführt.)

Die Struktur eines Dramas

Insbesondere in einem geschlossenen Drama kehren bestimmte Begriffe, mit deren Hilfe man den Dramenaufbau beschreiben kann, immer wieder.

Der Akt

Ein Drama ist in mehrere Akte unterteilt. Das **klassische Drama** hat in der Regel **drei** oder **fünf Akte**. In manchen Dramen ist stattdessen von Aufzügen die Rede. Gemeint war damit ursprünglich, dass zu Beginn eines jeden Aktes der Vorhang aufgezogen wird. Da Akte oder Aufzüge häufig mit einem Ortswechsel einhergehen, brauchte man den geschlossenen Vorhang, um zwischen den Aufzügen die notwendigen Umbauten auf der Bühne vorzunehmen.

Szene

Ein Akt ist in **mehrere Szenen** unterteilt. Szenen werden oft auch **Auftritte** genannt. Eine Szene oder ein Auftritt ist – wie der Name schon vermuten lässt – durch das Auf- oder auch Abtreten einer Figur oder durch einen Wechsel des Schauplatzes gekennzeichnet.

Exposition

Die Exposition kann sich über mehrere Szenen des ersten Aktes erstrecken, mitunter ist sie auch die erste Szene des Stücks. In der Exposition werden wichtige **Figuren** und **Schauplätze** des Dramas vorgestellt und die Zuschauer in zentrale **Themen** und den **Konflikt** des Stücks eingeführt.

Klimax (Höhepunkt)

Der dramatische Höhepunkt ist der Moment, auf den die **Handlung zuläuft** und in dem sich der **Konflikt zuspitzt**. Im Drama *Wilhelm Tell* ist es der Moment, in dem Gessler Tell dazu zwingt, einen Apfel vom Kopf seines Sohnes zu schießen.

Peripetie (Wendepunkt)

Klimax und Peripetie hängen eng miteinander zusammen. Nach der Zuspitzung des Konflikts zum Höhepunkt hin, kommt es zu einer **Wendung**: Tell etwa, nachdem er zugegeben hat, dass er zuerst auf Gessler habe schießen wollen, wird verhaftet, obwohl Gessler versprochen hatte, ihn frei zu lassen. Der zunächst hoffnungsvolle Verlauf nimmt hier eine tragische Wendung.

Retardierendes Moment

Nach dem Höhepunkt (meist im 4. Akt) wird die **Handlung** häufig **verzögert**. Dies steigert die Spannung. Man nennt diese Verzögerung auch retardierendes Moment.

Der typische Aufbau eines geschlossenen Dramas lässt sich als Pyramide darstellen. Schau dir das folgende Modell an.

Kompositionsmodell des Dramas der geschlossenen Form

(nach Freytag, 1863)

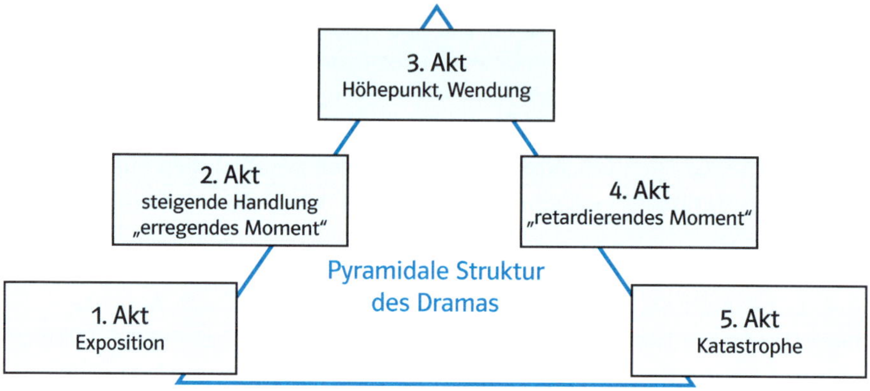

Anders sieht es beim offenen Drama aus. Vor allem modernere Dramen richten sich nicht mehr nach dieser Struktur. Die Szenen sind hier häufig nur lose miteinander verbunden, ein Austausch der Szenen untereinander wäre zum Beispiel an vielen Stellen denkbar.

Figuren und Figurenkonstellation

Nicht nur der Aufbau eines geschlossenen Dramas ist weitgehend festgelegt, sondern auch bestimmte Typen von Figuren agieren auf immer ähnliche Weise auf der Bühne miteinander. So gibt es Figuren, die wesentlich dafür verantwortlich sind, dass die Handlung vorangetrieben wird.

Protagonist und Antagonist

Der **Protagonist** ist die **Hauptfigur** und der Haupthandlungsträger eines Stücks. Im Falle des Dramas *Wilhelm Tell* ist es Wilhelm Tell.
Den **Gegenspieler** des Protagonisten nennt man **Antagonisten**. Er vertritt eine gegenteilige Meinung oder durchkreuzt die Pläne des Protagonisten. Im *Wilhelm Tell* ist es der Landvogt Gessler.

Figurenkonstellation

Figurenkonstellation nennt man das **Verhältnis** der **Figuren** untereinander. Die Figurenkonstellation taucht nicht ausdrücklich in einem Stück auf. Die Zuschauer oder Leser müssen sich die Figurenkonstellation selbst erschließen.

Sprechen auf der Bühne

Während bei epischen Texten der Erzähler unterschiedliche Perspektiven einnehmen kann und häufig auch Gedanken und Gefühle der Handelnden kennt, bietet das Drama hier nur eingeschränkte Möglichkeiten. Alles, was die Leser oder Zuschauer über die Figuren erfahren, erfahren sie durch das, was auf der Bühne gesagt oder getan wird.

Dialog

Größtenteils wird die Handlung eines Dramas von Dialogen getragen. Als Dialog bezeichnet man das **Gespräch zweier** oder **mehrerer Figuren.** In den Dialogen wird deutlich, um was es in dem Drama geht und wie die Figuren zueinander stehen.

Monolog

Im Gegensatz zum Dialog hat die redende Figur im Monolog keine Gesprächspartner. Der Monolog ist also ein **Selbstgespräch**.

In der Regel dient der **Monolog** dazu, dem Publikum die **Gedanken**, die **Gefühle**, den **inneren Konflikt** und die daraus resultierende Entscheidung für oder gegen eine bestimmte Handlung zu vermitteln. Der folgende Auszug aus einem Monolog Tells macht sein Vorhaben, Gessler zu töten, deutlich. Neben dem eigentlichen Vorhaben erfahren Publikum und Leser hier auch die Gründe für das rigorose Verhalten des eigentlich ausgesprochen friedliebenden Tells.

Tell tritt auf mit der Armbrust
Durch diese hohle Gasse muss er kommen,
Es führt kein andrer Weg nach Küssnacht – Hier
Vollend ich's – Die Gelegenheit ist günstig.
Dort der Holunderstrauch verbirgt mich ihm,
Von dort herab kann ihn mein Pfeil erlangen,
Des Weges Enge wehret den Verfolgern.
Mach deine Rechnung mit dem Himmel Vogt,
Fort musst du, deine Uhr ist abgelaufen.
Ich lebte still und harmlos – Das Geschoss
War auf des Waldes Tiere nur gerichtet,
Meine Gedanken waren rein von Mord –
Du hast aus meinem Frieden mich heraus
Geschreckt, in gärend Drachengift hast du
Die Milch der frommen Denkart mir verwandelt,
Zum Ungeheuren hast du mich gewöhnt –
Wer sich des Kindes Haupt zum Ziele setzte,

Der kann auch treffen in das Herz des Feinds.
Die armen Kindlein, die unschuldigen,
Das treue Weib muss ich vor deiner Wut
Beschützen, Landvogt – Da, als ich den Bogenstrang
Anzog – als mir die Hand erzitterte –
Als du mit grausam teufelischer Lust
Mich zwangst, aufs Haupt des Kindes anzulegen –
Als ich ohnmächtig flehend rang vor dir,
Damals gelobt ich mir in meinem Innern
Mit furchtbarm Eidschwur, den nur Gott gehört,
Dass meines nächsten Schusses erstes Ziel
Dein Herz sein sollte – Was ich mir gelobt
In jenes Augenblickes Höllenqualen,
Ist eine heil'ge Schuld, ich will sie zahlen.

Die Umsetzung auf der Bühne

Jeder Dramenautor macht sich darüber Gedanken, wie das Drama auf einer Bühne umgesetzt werden soll. Um die gewünschte Wirkung zu erreichen, gibt der Autor denjenigen, die das Stück aufführen, **zusätzliche Informationen**. Im Übrigen überlegt sich der Autor, wie man Szenen, die nur schwer darstellbar sind, aber unbedingt in das Stück gehören, so anlegen kann, dass Regisseure und Schauspieler, Bühnen- und Kostümbildner sie auch umsetzen können.

Regieanweisungen

Regieanweisungen geben den Schauspielern und Regisseuren **Informationen**, **wie** eine **Szene gespielt** werden soll. Wird das Drama gelesen, so helfen die Regieanweisungen den Lesern, sich die Szene besser vorzustellen. Die folgende Regieanweisung (*kursiv gedruckt*) gibt den Darstellern Anweisungen, wie sie auf die Rede Gesslers zu reagieren haben.

GESSLER Nun Tell! Weil du den Apfel triffst vom Baume
Auf hundert Schritte, so wirst du deine Kunst
Vor mir bewähren müssen – Nimm die Armbrust –
Du hast sie gleich zur Hand – und mach dich fertig,
Einen Apfel von des Knaben Kopf zu schiessen –
Doch will ich raten, ziele gut, dass du
Den Apfel treffest auf den ersten Schuss,
Denn fehlst du ihn, so ist dein Kopf verloren.
Alle geben Zeichen des Schreckens.

Mit welchen Mitteln oder Reaktionen die Schauspieler den Schrecken zum Ausdruck bringen könnten, legt der Autor nicht fest, darüber entscheiden der Regisseur und die Schauspieler selbst.

Bühnenanweisungen

Bühnenanweisungen geben Informationen zum **Schauplatz**, zu den **Figuren**, zum Einsatz von **Requisiten** oder zur **Atmosphäre** der Szene. Wird das Drama gelesen, so helfen die Bühnenanweisungen den Lesern, sich die Szene besser vorzustellen. Die folgende Bühnenanweisung leitet Tells Monolog ein:

Die hohle Gasse bei Küssnacht. Man steigt von hinten zwischen Felsen herunter und die Wanderer werden, ehe sie auf der Szene erscheinen, schon von der Höhe gesehen. Felsen umschließen die ganze Szene, auf einem der vordersten ist ein Vorsprung mit Gesträuch bewachsen.

Requisit

Requisiten nennt man die **Gegenstände auf** der **Bühne**. Sie dienen zur Charakterisierung der Figuren, des Schauplatzes oder der Atmosphäre. Schaut zum Beispiel eine Figur häufig in einen Spiegel, könnte dies ein Hinweis auf ihre Eitelkeit geben. Requisiten können aber auch notwendig für die Handlung sein, wie zum Beispiel eine Pistole, aus der geschossen oder mit der gedroht wird.

Mauerschau

Die Mauerschau, auch **Teichoskopie** genannt, ist ein Kunstgriff, der dazu dient, dem Publikum **Szenen** oder **Orte** vor Augen zu führen, die **auf** der **Bühne nicht darzustellen** sind. Zum Beispiel ist es kaum möglich, eine Szene auf der Bühne darzustellen, in der sich mehrere tausend Personen versammeln. Man löst das Problem, indem man eine Figur von einem erhöhten Standpunkt, zum Beispiel einer Mauer, aus berichten lässt, was passiert.

Botenbericht

Einem ähnlichen Zweck wie die Mauerschau dient der Botenbericht. Im Unterschied zur Mauerschau werden hier aber in der **Vergangenheit liegende Ereignisse** durch einen Boten berichtet. Lies auf der folgenden Seite ein Beispiel aus Schillers *Wilhelm Tell*.

Im folgenden Botenbericht stellt Tell dar, wie er sich aus der Gewalt Gesslers befreien konnte.

TELL Ich lag im Schiff, mit Stricken fest gebunden,
[...]
Da hört ich's, wie der Diener einer sich
Zum Landvogt wendet' und die Worte sprach:
»Ihr sehet Eure Not und unsre, Herr,
Und dass wir all' am Rand des Todes schweben –
Die Steuerleute aber wissen sich
Für grosser Furcht nicht Rat und sind des Fahrens
Nicht wohlberichtet – Nun aber ist der Tell
Ein starker Mann und weiss ein Schiff zu steuern,
Wie, wenn wir sein jetzt brauchten in der Not?«
Da sprach der Vogt zu mir: »Tell, wenn du dir's
Getrautest, uns zu helfen aus dem Sturm,
So möcht ich dich der Bande wohl entled'gen.«

Zusammenfassung

- Ein geschlossenes Drama ist in Akte und Szenen unterteilt.
- Der erste Akt enthält die Exposition: Es werden wichtige Figuren und Schauplätze vorgestellt, der Zuschauer wird in wichtige Themen und den Konflikt eingeführt.
- Im zweiten Akt steigert sich die Handlung. Der Konflikt verschärft sich.
- Im dritten Akt kommt es zum Höhepunkt. Peripetie nennt man dabei den Wendepunkt der Handlung.
- Im vierten Akt verzögern retardierende Momente die Auflösung des Konflikts und sorgen noch einmal für Spannung.
- Im fünften Akt kommt es zur Lösung des Konflikts. Löst sich der Konflikt nicht zu Gunsten des Helden auf, nennt man dies Katastrophe.
- Beziehe in die Analyse des Dramas neben der Analyse der Figuren und deren Verhältnis zueinander auch Regie- und Bühnenanweisungen ein.

Formen der Erzählung und die Rolle des Erzählers

Einige Formen der Erzählung hast du in der 5. und 6. Klasse schon kennengelernt, zum Beispiel den Roman, das Märchen oder die Fabel. Weitere Formen der Erzählung, die du im Unterricht oft untersuchen musst, sind die Kurzgeschichte, die Novelle und die Parabel. Woran du diese Textsorten erkennen kannst, erfährst du auf den folgenden Seiten.
Gleichgültig, welche Textsorte du analysiern sollst, wichtig ist immer, dass du auch auf die Figur des Erzählers eingehst. Er lenkt unseren Leserblick und ist oft der Schlüssel zu einem besseren Textverständnis.

Formen der Erzählung

Kurzgeschichte
Die Kurzgeschichte gehört, wie der Name schon verrät, zu den epischen Kurzformen. Es handelt sich dabei um eine relativ junge Erzähltextsorte, die mit der zunehmenden Verbreitung von Zeitschriften vor allem in Amerika mehr und mehr an Einfluss gewann, denn für viele Autoren war es damals einfacher, in Zeitschriften zu publizieren. Viele Kurzgeschichten in deutscher Sprache wurden in der Nachkriegszeit verfasst. Typisch für die Kurzgeschichte sind die folgenden Merkmale.

- Bei einer Kurzgeschichte ist die **Aussage** häufig **nicht** auf den ersten Blick **erkennbar**. Oft musst du zwischen den Zeilen lesen und den Sinn auf diese Weise erschließen.
- Bei einer Kurzgeschichte wird auf eine **Vorstellung** von **Hauptfiguren** oder **Handlungsorten** weitgehend **verzichtet**. Meist setzt die Geschichte unmittelbar mit dem Geschehen ein.
- Ebenso unvermittelt wie der Beginn einer Kurzgeschichte ist häufig auch ihr Ende. Die Situation wird oft nicht aufgelöst, das **Ende** ist **offen**.
- Die **Zahl** der handelnden **Personen** ist stark **begrenzt**.
- In einer Kurzgeschichte wird in der Regel nicht über einen längeren Zeitraum hinweg erzählt, sondern eine **Situation** dargestellt, die **beispielhaft** für bestimmte Verhaltensweisen oder eine Zeit (z. B. Nachkriegszeit) ist.
- Thematisch geht es häufig um eine alltägliche, aber einschneidende Situation im Leben einer Person, die mit den typischen Problemen ihrer Zeit konfrontiert ist.

Novelle

Die Novelle gehört weder zu den epischen Kurzformen noch zu den epischen Langformen. Deutlich länger als die Kurzgeschichte einerseits bleibt sie hinter dem Umfang eines Romans andererseits weit zurück. Eine Novelle umfasst selten weniger als 60 und selten mehr als 100 Seiten. Die Novelle ist nur schwer von anderen Formen der Erzählung abzugrenzen. Folgende Merkmale können aber einen Hinweis auf eine Novelle geben:

- Die Handlung ist thematisch auf **ein Ereignis** beschränkt. Es handelt sich dabei um eine Begebenheit, die im Unterschied etwa zu einem Märchen, **wirklich geschehen** ist oder **tatsächlich hätte geschehen** können.
- Eine Novelle – das Wort deutet es an (novella = Neuigkeit) – handelt von einer **neuen** und bislang nicht gehörten **Begebenheit**.
- Die **Handlung** ist **komprimiert**. Das bedeutet, dass es zum Beispiel keine längeren Rückblenden in die Vergangenheit gibt und keine anderen Figuren als die hauptsächlich Handelnden in den Vordergrund rücken.

Parabel

Die Parabel ist eine besondere Form des Vergleichs. Neben dem **vergleichenden Charakter** funktioniert die Parabel auch als eigenständige Geschichte. Folgende Merkmale sind typisch für die Parabel:

- Die Parabel ist eine epische Kurzform.
- Eine **bildliche Ausgestaltung** der Geschichte muss von den Lesern auf die **Sachebene** übertragen werden, zum Beispiel: In Lessings Ringparabel (*Nathan der Weise*) stehen die drei Ringe (Bildebene) für die drei großen Religionen (Sachebene).
- Auf der Sachebene werden häufig **weltanschauliche** oder **religiöse Wahrheiten** transportiert.

Der Erzähler

Der Erzähler ist eine Figur, die in jedem epischen Text mehr oder weniger deutlich in Erscheinung tritt. Er kann in der **Ich-Form** oder in der **Er-/Sie-Form** auftreten. Der Erzähler ist diejenige Figur, die den Lesern das Geschehen vermittelt. Wir erfahren nur das, was der Erzähler uns preisgeben möchte, und von keiner Figur werden wir so beeinflusst wie von ihm.

Der Erzähler kann uns Informationen geben oder auch vorenthalten, er kann vollständig erzählen, er kann uns – häufig in Form des Ich-Erzählers – aber auch belügen. Die Darstellung einer Figur durch den Erzähler entscheidet häufig auch darüber, ob wir sie sympathisch finden oder nicht. Je genauer du also bei der Untersuchung eines Erzähtextes auf den Erzähler achtest, desto genauer wird auch deine Analyse der gesamten Erzählung ausfallen.

Die Erzählperspektive
Neben den Erzählformen (Ich-Erzähler/Er-/Sie-Erzähler) unterscheidet man auch unterschiedliche Erzählperspektiven.

Auktoriale Erzählperspektive: Den auktorialen Erzähler nennt man auch **allwissenden** Erzähler.

- Er **kennt** nicht nur die **Gedanken** und **Gefühle** der Figuren, sondern ist auch in der Lage, **Vorausdeutungen** im Hinblick auf das Geschehen zu machen: *Annegret ahnte bereits, was gleich passieren würde.* Was Annegret hier lediglich ahnt, ist dem auktorialen Erzähler also bereits bekannt.
- Er überblickt das Geschehen nicht nur zeitlich, sondern auch **räumlich**. Er kann also erzählen, was zwei oder mehrere Personen zur gleichen Zeit an unterschiedlichen Orten machen, denken oder fühlen: *Während Annegret noch damit beschäftigt war, im Haus nach ihrem Schlüssel zu suchen, hatte Timo längst mit seinem Vortrag vor großem Publikum begonnen.*
- Den auktorialen Erzähler erkennt man in vielen Fällen auch daran, dass er das Geschehen **kommentiert** oder **wertet**: *Wie immer, wenn Annegret sich einer Situation nicht gewachsen fühlte, versuchte sie, der Konfrontation zu entgehen. Timo litt unter ihren Vermeidungsstrategien, aber ihre Angst vor sich selbst machte sie blind für die Konsequenzen.*

Nur selten bedient sich ein auktorialer Erzähler aller Möglichkeiten des auktorialen Erzählens.

Personale Erzählperspektive: Nimmt der **Erzähler** die personale Erzählperspektive ein, so **schlüpft** er **in** die Haut einer **Figur** und gibt das Geschehen aus **deren Perspektive** wieder. Die personale Erzählperspektive wird zum Beispiel dann eingesetzt, wenn die Leser genau wie die entsprechende Figur der Erzählung mit einer überraschenden Auflösung konfrontiert werden sollen: *Mit jedem ihrer gleichmäßigen Atemzügen wurde das rote Ding vor ihrem Gesicht größer und mit jedem Atemzug die Welt um sie herum etwas weniger sichtbar. Ein lauter Knall und die Welt war wieder da. Die Fetzen des Luftballons lagen nun vor Annegret auf dem Boden.*

Neutrale Erzählperspektive: Wird neutral erzählt, nimmt der Erzähler die Funktion eines **Berichterstatters** ein. Er gibt weder Gedanken der Figuren wieder noch kommentiert oder bewertet er das Geschehen: *Annegret saß mit einem Buch auf dem Sofa. Die Kirchturmuhr schlug acht Mal und draußen setzte die Dämmerung ein.*

Die Erzählhaltung

Durch die Erzählhaltung gibt der Erzähler preis, **wie** er zu dem **Erzählten steht**. Normalerweise lässt sich an der Sprache und der Art und Weise des Kommentierens die Erzählhaltung erkennen. Die Erzählhaltung kann innerhalb eines Erzähltextes auch häufig wechseln.

Affirmativ/bejahend: Bei dieser Erzählhaltung steht der Erzähler hinter dem Geschehen: *Mit* berechtigtem *Selbstbewusstsein forderte Annegret ein, was ihr zustand.*
Ablehnend: Der Erzähler steht dem Geschehen ablehnend gegenüber: *Annegrets* unberechtigte *Vorwürfe verletzen den armen Timo.*
Neutral: Der Erzähler wertet hier weder positiv noch negativ: *Annegret kam auf Timo zu, flüsterte ihm etwas ins Ohr und Timos Mundwinkel verzogen sich.*
Kritisch: Der Erzähler steht weder hinter dem Geschehen noch lehnt er es ab. Er gibt zu verstehen, dass er das Geschehen problematisch findet: *Annegrets* vielleicht zu voreiliges *Urteil verletzte Timo.*
Ironisch: Steht der Erzähler dem Geschehen ironisch gegenüber, so kommentiert er es auf genau diese Art: *Annegret betrachtete die Touristen, die sich* wie eine Herde Schafe *um ihren Reiseführer scharten.*

Zusammenfassung

- Zu den epischen Kurzformen gehören die Kurzgeschichte und die Parabel.
- Die Novelle ist eine Mischform zwischen der epischen Kurz- und der epischen Langform.
- Es gibt zwei Erzählformen: den Ich-Erzähler und den Er-/Sie-Erzähler.
- Man unterscheidet drei Erzählperspektiven: die auktoriale, die personale und die neutrale Erzählperspektive.
- Die Erzählhaltung kann affirmativ/bejahend, ablehnend, neutral, kritisch oder ironisch sein.
- Sowohl Erzählperspektive als auch Erzählhaltung können innerhalb einer Erzählung wechseln.

Zeitungsartikel

Zu den Sachtexten, die uns im Alltag sehr häufig begegnen, gehören vor allem journalistische Texte. Journalistische Texte können ganz unterschiedliche Formen haben, die sich vor allem danach richten, in welcher Zeitung oder Zeitschrift ein Artikel erscheint, an wen er sich wendet und was er bezwecken will.

Der Aufbau einer Zeitung

Grundsätzlich unterscheidet man bei einer Zeitung zwischen dem **redaktionellen** und dem **nicht redaktionellen Teil**. Redaktionell sind sämtliche journalistische Texte, nicht redaktionell sind zum Beispiel Werbe- und Kleinanzeigen.

Ressorts

Eine Zeitung ist in unterschiedliche Ressorts aufgeteilt. Mit dem Begriff **Ressort** bezeichnet man einen bestimmten **thematischen Bereich**. Wenn du in eine Zeitung schaust, wirst du eine Aufteilung finden, die der folgenden recht ähnlich sein kann.

- Politik/Wirtschaft
- Sport
- Kultur
- Lokalteil
- Nachrichten aus aller Welt

Das Impressum

In jeder Zeitung gibt es ein Impressum. Hier ist der **Verlag** angegeben, zu dem die Zeitung gehört, und es werden die Namen der **Mitarbeiter** genannt, die für die Inhalte der Zeitung verantwortlich sind. Im Übrigen verfügen auch seriöse Webseiten über ein Impressum.

Das Lay-out

Das äußere Erscheinungsbild einer Zeitung nennt man Lay-out. Das Lay-out bezieht sich vor allem auf die **Text- und Bildgestaltung** der Zeitung (Format, Aufteilung, Schriftgröße und Schriftart).

Unterschiedliche Formen von Zeitungsartikeln

Es gibt unterschiedliche Formen von Zeitungsartikeln, aber allen ist die **Schlagzeile** gemeinsam. Dies ist die **Überschrift** des Artikels. Sie hebt sich durch ihre Schriftgröße vom Rest des Textes ab. Häufig findet man zwischen Schlagzeile und Text auch einen Vorspann, der sich optisch sowohl von der Schlagzeile als auch vom Text abhebt. Hier wird der Inhalt kurz zusammengefasst.

Nachricht

Die Nachricht ist eine relativ kurze **Meldung**, die sich auf ein aktuelles Ereignis bezieht. In einer Nachricht werden wichtige W-Fragen beantwortet (*wann? wo? wer? was?*).

Reportage

Die Reportage ist eine **Mischform** aus unterschiedlichen Textsorten. Sie enthält einerseits rein informierende Passagen, die sachlich über eine Begebenheit berichten. Ebenso können in der Reportage aber auch schildernde Elemente vorkommen. Der Reporter berichtet dann nicht nur über das, was er gesehen und gehört hat, sondern schildert auch sein Erleben. Oft arbeiten Journalisten hier mit der Darstellung eines Einzelschicksals, beispielsweise könnte nach einem verheerenden Erdbeben auf das Schicksal einer bestimmten Person näher eingegangen werden. Oft enthält die Reportage auch eine Wertung des Reporters.

Kommentar

Der Kommentar gehört gleichfalls zu den **wertenden** journalistischen **Texten**. Anders als bei der Reportage geht der Kommentator nicht auf Einzelschicksale ein, sondern stellt seine **Meinung** in einer sachlich-argumentativen Form dar. Häufig beziehen sich Kommentare unmittelbar auf eine aktuelle Nachricht.

Glosse

Die Glosse gehört wie der Kommentar auch zu den **meinungsäußernden Texten**. Anders als der Kommentar, ist die Glosse meist in **humorvoller** oder **ironischer Sprache** verfasst.

Zusammenfassung

Die Nachricht ist eine kurze, sachliche Meldung.
Kommentare und Glossen gehören dagegen zu den wertenden Zeitungstexten.
Die Reportage informiert ihre Leser sachlich, kann aber auch Elemente einer Schilderung enthalten. Oft spricht der Verfasser einer Reportage auch Wertungen aus.

Zitieren

Egal, ob du einen Interpretationsaufsatz schreibst, eine größere Hausaufgabe anfertigst oder dich auf ein Referat vorbereitest, du muss richtig zitieren können. Zitieren bedeutet, dass du das, was du aus einem anderen Text in deinen Text einfügst, so kennzeichnest, dass man sofort sieht, dass nicht du diesen Textteil verfasst hast.

Nimm an, in einem Sachbuch findest du die folgende Information:
Man unterscheidet in der Grammatik der deutschen Sprache zwischen vier Objekten: dem Genitiv-Objekt, dem Dativ-Objekt, dem Akkusativ-Objekt und dem präpositionalen Objekt.
Du kannst diese Aussage auf unterschiedliche Weise in deinen Text einfügen: Du kannst sie wörtlich oder in der indirekten Rede oder sinngemäß und mit eigenen Worten wiedergeben.

Das wörtliche Zitieren

Entscheidest du dich für das wörtliche Zitieren, setzt du das Zitat in **Anführungszeichen**. Dahinter gibst du den **Autor** des Textes, das **Erscheinungsjahr** und die **Seitenzahl** an:
„Man unterscheidet in der Grammatik der deutschen Sprache zwischen vier Objekten: dem Genitiv-Objekt, dem Dativ-Objekt, dem Akkusativ-Objekt und dem präpositionalen Objekt." (Grünberg 2011, S.12)
Die ausführliche Quellenangabe gehört in eine **Fußnote** oder in das **Quellenverzeichnis** am Ende deines gesamten Textes.

Die indirekte Rede

Gibst du das, was ein anderer gesagt oder geschrieben hat, in der indirekten Rede wieder, setzt du **keine Anführungszeichen**. Da du nicht wortwörtlich zitierst, steht vor der Quellenangabe die Abkürzung *vgl.* (für vergleiche).
Grünberg schreibt, man unterscheide in der Grammatik der deutschen Sprache zwischen vier Objekten: dem Genitiv-Objekt, dem Dativ-Objekt, dem Akkusativ-Objekt und dem präpositionalen Objekt. (vgl. Grünberg 2011, S.12)

Die sinngemäße Wiedergabe mit eigenen Worten

Übernimmst du nur die Gedanken, **nicht** aber den **Wortlaut** eines Autors, gibst du am Ende ebenfalls die Quelle an, auf die du dich berufst.
Man unterscheidet vier Objekte, nämlich das Genitiv-Objekt, das Dativ-Objekt, das Akkusativ-Objekt und das präpositionale Objekt. (vgl. Grünberg 2011, S.12)

Das Quellenverzeichnis

Im Quellenverzeichnis listest du alle Quellen (Bücher, Sammelbände, Web-Seiten…) noch einmal auf. Das macht es den Lesern deines Textes möglich, bei Bedarf selbst nachzuschlagen. Es gibt unterschiedliche Formen der Quellenangabe. Dies ist nur eine Möglichkeit.

Bücher:

Grünberg, Frank: Die Grammatik der deutschen Sprache im Überblick. Buxtehude, 2011.

Stammt der Text aus einem Sammelband mit mehreren Texten und Autoren, gibst du neben dem Titel des Autors auch den Titel des Sammelbandes und den Namen des Herausgebers an:

Grünberg, Frank: Die Grammatik der deutschen Sprache. In: Sprachbetrachtungen. [Hrsg. von Johanna Altmann]. Buxtehude, 2011.

Internet:

Gib bei Internetseiten den gesamten Pfad und das Datum der Abfrage an:

http://www.Frankgrünberg.de/Gra/obj.htm, 17.03.2011, 14:17

Zusammenfassung

- Textstellen, die zitiert werden, müssen als Zitate kenntlich gemacht werden.
- Wortwörtliche Zitate stehen in Anführungszeichen.
- Werden Zitate in der indirekten Rede oder sinngemäß wiedergegeben, stehen keine Anführungszeichen.
- Die Quelle, aus der das Zitat stammt, muss immer angegeben werden.

Das Referat

Mit einem Referat informierst du deine Zuhörer über ein Thema, mit dem sie selbst meist noch nicht vertraut sind. Deshalb ist es wichtig, dass du deinen Vortrag genau vorbereitest und deine Arbeitsergebnisse klar und übersichtlich präsentierst.

Vorarbeiten

Bevor du mit der Arbeit an deinem Referat beginnst, musst du dir einige Fragen stellen.

Über welches Thema werde ich referieren?
Das Wichtigste ist hier, dass du dein **Thema eingrenzt**. Tust du das nicht, wird dein Referat unsystematisch und die Beschäftigung mit dem Thema oberflächlich, denn du hast nur begrenzt Zeit, um deine Informationen vorzutragen.

Welche Quellen kommen infrage?
Du solltest dich nicht auf eine einzige Quelle (z.B. das Internet) verlassen, sondern auf **unterschiedliche Quellen** (Internet, Bücher, Filme, Zeitschriften) zurückgreifen. Wenn du dieselben Informationen aus unterschiedlichen Quellen erhältst, kannst du erstens davon ausgehen, dass diese Informationen richtig sind. Zweitens zeigst du damit, dass du in der Lage bist, selbstständig und sorgfältig zu arbeiten.

Die Materialrecherche
Beginne nun, nach geeignetem Material zu suchen – man nennt diese Suche auch eine **Recherche** – und werte es aus. Du solltest dein Material nach selbst gewählten **Gesichtspunkten** auswerten. Diese könnten zum Beispiel sein:
- Welche Fragen werden beantwortet?
- Welche Informationen sind wichtig, welche sind weniger wichtig?
- Welche Quellen enthalten hilfreiche Grafiken, Interviews…?

Die Ausarbeitung

Bei der Ausarbeitung deines Referats geht es darum, die Fülle an Material so aufzubereiten, dass deine Zuhörer am Ende des Vortrags das Gefühl haben, strukturiert über ein bestimmtes Thema informiert worden zu sein. Du solltest dir daher genau überlegen, wie du dein Referat **aufbaust** und **gliederst**.

- Informiere deine Zuhörer, **worüber** du referieren wirst.
- Überlege, wie du deine **Zuhörer** zu Beginn deines Vortrags für das Thema **interessieren** könntest. Denkbar wäre, mit einem eindrucksvollen Bild, einem Zitat oder einem Filmausschnitt einzusteigen.
- **Stelle** deine Informationen **geordnet dar**. Gehe dabei nach selbst gewählten Gesichtspunkten vor. Es ist möglich, die Informationen chronologisch, d.h. zeitlich zu ordnen. Zum Beispiel:
  1) Naturkatastrophen in der Antike
  2) Naturkatastrophen im Mittelalter
  3) Naturkatastrophen in der Neuzeit
  Ebenso gut kannst du deine Informationen thematisch ordnen: Zum Beispiel
  1) Vulkanausbrüche
  2) Tsunamis
  3) Tornados
- **Visualisiere** an geeigneten Stellen mithilfe von **Grafiken**, **Fotos**, **Filmausschnitten** etc. Dabei ist weniger oft mehr! Wenn du deinen Zuhörern nach jedem zweiten Satz ein Foto präsentierst, wird sich die Wirkung der Bilder schnell abnutzen. Ebenso solltest du, falls du mit einem Präsentationsprogramm arbeitest, darauf verzichten, zu viele Schriftgrößen und -farben zu verwenden oder die Wörter eines Textes aus fünf verschiedenen Richtungen „einfliegen" zu lassen. Es sollte immer um das Thema gehen, auch Visualisierungen dienen der Information, nicht der Unterhaltung.
- Gib am Ende deines Vortrags eine **Zusammenfassung** und setze einen markanten **Schlusspunkt**. Auch hier wäre zum Beispiel ein Bild, ein Zitat oder ein eigener Kommentar geeignet.
- Für deine Zuhörer kann es eine große Hilfe sein, wenn du deine Gliederung mit den wichtigsten inhaltlichen Stichpunkten als Kopie verteilst oder als Folie während des Referats auflegst. **Folien** und **Hand-outs** müssen **übersichtlich gestaltet** sein. Beschränke dich darum auf die wichtigsten Informationen.

Der Vortrag

Die meisten Menschen sind aufgeregt, wenn sie vor einer Gruppe etwas präsentieren. Wer aufgeregt ist, neigt dazu, zu schnell zu sprechen, den Text abzulesen oder auf den Boden zu schauen. Aufregung ist etwas ganz Normales.

Wenn du die folgenden Tipps beherzigst, wird deine Nervosität zwar nicht verschwinden, aber du wirst besser mit ihr umgehen können.

- Sprich **langsam** und **deutlich**. Führe dir immer wieder vor Augen, dass für deine Zuhörer das Thema neu ist und sie Zeit brauchen, um die Informationen, die sie von dir bekommen, aufzunehmen und zu verarbeiten.
- Wenn du dein Referat ausformulierst, wirst du den Text Wort für Wort ablesen. Dir mag es Sicherheit geben, für deine Zuhörer ist es aber langweilig. Schreibe dir also nur inhaltliche **Stichpunkte** auf und halte dein Referat auf Basis deiner Stichpunkte. Da du dich gut mit dem Thema auskennst, kann dir dabei nichts passieren.
- Wenn du deinen Vortrag nur auf Grundlage deiner Stichpunkte hältst, kannst du deine **Zuhörer** immer wieder **anschauen**. Sie fühlen sich dann persönlich angesprochen und hören dir besser zu.
- Gegen Hänger, Stottern oder eine zitternde Stimme hilft nichts, außer Ruhe bewahren. Es ist auch gar nicht schlimm, denn erstens nimmst du deine Nervosität viel stärker wahr als deine Zuhörer, und zweitens hat ein intelligentes Publikum Verständnis für Zeichen der Aufregung. Lass dich nicht aus der Ruhe bringen und steige nach einem Aussetzer einfach wieder in deinen Vortrag ein.

Zusammenfassung

- Zu den Vorbereitungen eines Referats gehören die Eingrenzung des Themas und die Recherche nach geeigneten Informationen.
- Ein Referat braucht einen motivierenden Einstieg, einen strukturierten Hauptteil und einen zusammenfassenden Schluss.
- Visualisierungen solltest du sparsam und gezielt einsetzen.
- Während deines Vortrags solltest du langsam und deutlich sprechen und die Zuhörer immer wieder anschauen.

9. / 10. Klasse

Aufsatz, Textsorten, Methoden und Präsentation, Literaturgeschichte

Die dialektische Erörterung

Es gibt verschiedene Formen der Erörterung. Aus den Klassenstufen 7 und 8 kennst du die lineare oder steigernde Erörterung. Dabei solltest du zu einer Streitfrage Stellung nehmen und deine Position mithilfe einer These, Argumenten und Beispielen darlegen. Die dialektische Erörterung verlangt mehr von dir. Hier sollst du zwei denkbare **Positionen** zu einem Streitthema einander gegenüberstellen (**pro** und **kontra**) und sie schließlich zusammenführen.

Grundbegriffe

These und Antithese

These und Antithese sind zwei gegensätzliche, einander ausschließende Positionen. Schau dir die folgenden Beispiele an.

These	Antithese
Ganztagsschulen sollten verpflichtet werden, allen Schülerinnen und Schülern ein kostenloses Mittagessen zur Verfügung stellen.	Ganztagsschulen sollten nicht verpflichtet werden, allen Schülerinnen und Schülern ein kostenloses Mittagessen zur Verfügung zu stellen.
Sportschützen sollten ihre Waffen nicht zuhause, sondern nur unter Verschluss im Schützenverein aufbewahren dürfen.	Sportschützen sollten ihre Waffen zuhause aufbewahren dürfen.
Jugendliche sollten bereits ab 16 Jahren wählen dürfen.	Jugendliche sollten weiterhin erst ab 18 wählen dürfen.

Das Argument

These und Antithese sind Aussagen, beziehungsweise Behauptungen, die bewiesen werden müssen. In einer dialektischen Erörterung geschieht dies durch die Argumente. Das **Argument stützt** eine **These**. Es zeichnet sich durch die folgenden Merkmale aus:

- Das Argument passt zur These.
- Das Argument ist sachlich.
- Das Argument ist allgemein/verallgemeinerbar.

Hier einige Beispiele:

These	Argument
Die Zeitumstellung sollte abgeschafft werden.	Die Zeitumstellung bringt viele Menschen aus ihrem Tagesrhythmus. ~~Ich finde es blöd, zur Sommerzeitumstellung eine Stunde früher aufstehen zu müssen.~~ (Das zweite „Argument" ist nicht allgemein/verallgemeinerbar, da die Person lediglich äußert, wie es ihr dabei geht, und es ist nicht sachlich, da keine Begründung dafür angegeben wurde, warum die Person es blöd findet, eine Stunde früher aufstehen zu müssen.)
Schülerinnen und Schüler sollten nicht mehr mit Heften, sondern mit Notebooks arbeiten.	Der Einsatz von Notebooks in der Schule wäre ökologisch sinnvoll, da große Papiermengen eingespart würden. ~~In fast allen Familien gibt es mittlerweile mindestens ein Notebook.~~ (Das zweite „Argument" hat zwar etwas mit Notebooks zu tun, passt aber nicht zur These.)
Ernährungslehre sollte als Schulfach eingeführt werden.	Es wäre gut, Kindern und Jugendlichen zu vermitteln, was gesunde Ernährung ist, da Über- und Untergewicht für immer mehr Jugendliche zu einem Problem geworden ist. ~~Ernährungslehre ist weniger langweilig als die anderen Fächer.~~ (Das zweite Argument ist nicht verallgemeinerbar, da Kinder und Jugendliche unterschiedliche Fächer mögen.)

Das Beispiel

Ein Beispiel dient der **Veranschaulichung** des Arguments. Ein Argument überzeugt mehr, wenn man sich vorstellen kann, was damit gemeint ist. Das Beispiel ist im Gegensatz zum Argument nicht allgemein, sondern konkret. Sachlich und passend muss aber auch ein gutes Beispiel sein.

Argument	Beispiel
Es wäre gut, Kindern und Jugendlichen zu vermitteln, was gesunde Ernährung ist, da Über- und Untergewicht für immer mehr Jugendliche zu einem Problem geworden ist.	Mein Freund Jonas zum Beispiel leidet sehr unter seinem Übergewicht, da er oft gehänselt wird, es fällt ihm aber schwer, abzunehmen, da es bei ihm zuhause sehr viel fett- und kalorienreiches Essen gibt und er nicht weiß, wie man sich bewusst ernährt. ~~Mein Freund Jonas zum Beispiel ist übergewichtig.~~ (Das zweite Beispiel passt nicht zum Argument, da es nicht veranschaulicht, wieso Übergewicht ein Problem für Jonas ist.)
Die Zeitumstellung bringt viele Menschen aus ihrem Tagesrhythmus.	In unserer Klasse merkt man, dass unmittelbar nach der Zeitumstellung die meisten Schüler nicht so leistungsfähig sind. ~~Meine Schwester ist nach der Zeitumstellung noch hysterischer als sonst.~~ (Das zweite Beispiel ist nicht sachlich.)

Die Synthese

Oftmals ist es sinnvoll, für zwei einander ausschließende Positionen einen Mittelweg zu finden. Die Synthese dient dazu, diesen **Mittelweg** oder **Kompromiss** aufzuzeigen. Die Synthese ist also das Ergebnis aus der Abwägung der Argumente. Schau dir das Beispiel auf den folgenden Seiten an.

These	Antithese
Einmal im Monat sollte es einen unterrichtsfreien Tag geben, an dem alle Schülerinnen und Schüler ab 14 Jahren verpflichtet werden, in einer selbst gewählten Einrichtung einen sozialen Dienst zu leisten.	Es sollte keinen unterrichtsfreien Tag geben, an dem alle Schülerinnen und Schüler ab 14 Jahren verpflichtet werden, in einer selbstgewählten Einrichtung einen sozialen Dienst zu leisten.

These	Antithese
Argumente und Beispiele	**Argumente und Beispiele**
• Die Schülerinnen und Schüler lernen auf diesem Wege, was es bedeutet, soziale Verantwortung zu übernehmen. (Argument) Die meisten Jugendlichen in unserer Klasse haben zum Beispiel keine Vorstellung davon, welche Verantwortung im Erwachsenenalter auf sie zukommen wird. (Beispiel) • Schülerinnen und Schüler haben so die Möglichkeit, sich mit vielen Berufsfeldern vertraut zu machen und eine Vorstellung zu gewinnen, was sie später machen möchten. (Argument) Ein Freund hat durch die Arbeit in einem Seniorenheim erfahren, wie gut er mit alten Menschen umgehen kann und wie viel Freude es ihm macht. (Beispiel) • Die Menschen in den Einrichtungen profitieren vom Einsatz der Jugendlichen. (Argument) Im Seniorenheim fühlen sich vor allem Menschen ohne Familie sehr einsam und sind für mehr Aufmerksamkeit sehr dankbar. (Beispiel)	• In der Jugend sollten Menschen noch nicht mit zu viel Verantwortung konfrontiert werden, da es für die meisten eine zu große Belastung darstellen würde. (Argument) Im Jugendalter sind viele mit ganz anderen Dingen belastet, wie zum Beispiel dem zunehmend schwierigen Verhältnis zu ihren Eltern. (Beispiel) • Die Anforderungen, die in der Schule an die Jugendlichen gestellt werden, sind zu hoch, als dass zusätzlich Zeit in so ein Projekt investiert werden könnte. (Argument) Viele meiner Mitschülerinnen und Mitschüler gehen ohnehin schon zum Nachhilfeunterricht, da sie in manchen Fächern Schwierigkeiten haben. (Beispiel) • Viele Jugendliche würden auch später nicht im sozialen Bereich arbeiten wollen. Man sollte sie nicht zwingen, sich mit einer Arbeit zu quälen, die für sie keinerlei Zukunftsperspektive bietet. Von einer Arbeit, die nur widerwillig erledigt wird, würden auch die Menschen in einer sozialen Einrichtung nicht profitieren. (Argument) Einige Jugendliche aus unserer Klasse können zum Beispiel sehr gut mit Zahlen umgehen, fühlen sich aber im Umgang mit Menschen unsicher und wirken schnell unfreundlich und arrogant. (Beispiel)

Synthese
Jugendliche sollten an jeweils zwei Tagen im Schulhalbjahr die Gelegenheit bekommen, sich vom Unterricht befreien zu lassen, um in einer Einrichtung einen sozialen Dienst zu leisten. Für diejenigen, die das nicht möchten, findet der Unterricht regulär statt. Einerseits haben so die Schülerinnen und Schüler, die Interesse an der Arbeit im sozialen Bereich haben, die Möglichkeit, einen Einblick in dieses Arbeitsfeld zu gewinnen. Andererseits muss niemand eine Arbeit ausführen, die ihm gar nicht liegt oder gar befürchten, dass er den schulischen Anforderungen durch zu viel Unterrichtsausfall nicht gerecht werden kann.

Eine dialektische Erörterung schreiben

Du kennst jetzt die grundlegenden Begriffe und ihre Bedeutung. Beim Schreiben einer dialektischen Erörterung solltest du folgendermaßen vorgehen:

Vorarbeiten

- Beginne nicht sofort mit dem Schreiben, sondern überlege dir sowohl zur These als auch zur Antithese passende Argumente und Beispiele.
- Halte deine Arbeitsergebnisse stichwortartig fest.
- Ordne die Argumente mit ihren Beispielen nun nach ihrer Bedeutung/Stärke.
- Überlege dir, wie du die gegenteiligen Positionen in einer Synthese zusammenführen kannst und halte deine Arbeitsergebnisse stichpunktartig fest.

Einleitung

Deine Aufgabe für einen Erörterungsaufsatz könnte lauten:
Sollte das Anfertigen von Raubkopien für den Privatgebrauch härter bestraft werden? Verfasse eine dialektische Erörterung.

In der Einleitung stellst du die **Streitfrage** vor und führst deine Leser zum **Thema** hin. Dabei hast du, wie bei der linearen Erörterung, mehrere Möglichkeiten.

- Du kannst beispielsweise auf einen Zeitungsbericht über finanzielle Einbußen der Software- und Musikindustrie durch Raubkopien Bezug nehmen.
- Du kannst dich auf einen aktuellen Anlass beziehen, etwa auf eine gerade laufende Gerichtsverhandlung.
- Du kannst persönliche Überlegungen zu diesem Thema anstellen, z. B.: *Jeder von euch hat sich sicher schon einmal eine CD/DVD ausgeliehen und eine Kopie davon gemacht…*

Hauptteil

- Im Hauptteil geht es nun um die eigentliche Argumentation. Bei einer dialektischen Erörterung beginnst du mit der Position, die du nicht vertrittst.
- Du beginnst mit dem stärksten Argument und arbeitest dich bis zum schwächsten Argument vor. Veranschauliche deine Argumente mit Beispielen.
- Im Anschluss an das schwächste Argument der Gegenposition beginnst du mit der Darstellung deiner eigenen Position. Hier gehst du genau umgekehrt vor: Du beginnt mit dem schwächsten Argument und endest mit dem stärksten. Das Bild einer Sanduhr ist eine gute Gedächtnisstütze, um dir die Struktur zu merken:

Aufbau einer Erörterung nach dem „Sanduhr-Prinzip"

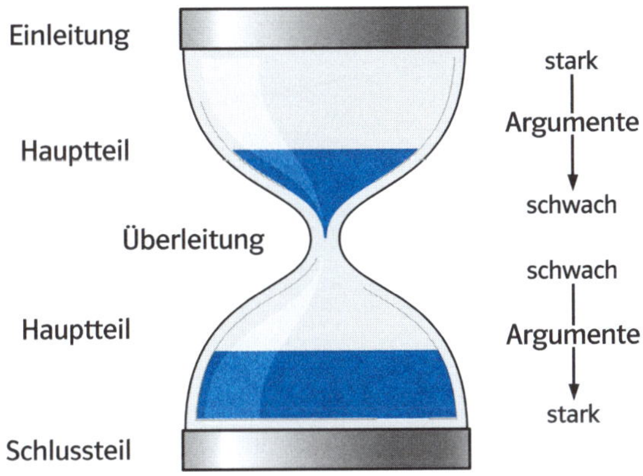

Es ist auch denkbar, die **Argumente** im **Wechsel** darzubieten. Dieses Vorgehen eignet sich vor allem dann, wenn ein Kontraargument ein Proargument relativiert oder entkräftet.

Statt einer Sanduhr kannst du dir hier das Bild eines Reißverschlusses vorstellen.

Aufbau einer Erörterung nach dem „Reißverschlussprinzip"

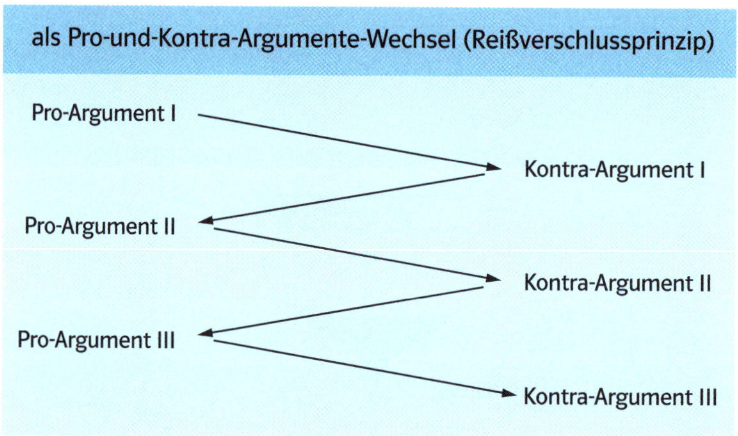

Welche Darstellungsform du wählst, richtet sich danach, inwieweit deine Pro- und Kontraargumente Bezug aufeinander nehmen.
Am Ende des Hauptteils musst du beide Positionen nun zusammenführen. Dies nennt man **Synthese**. In der Synthese machst du einen Lösungsvorschlag, in der Regel in **Form eines Kompromisses**.

Schluss

Im Schlussteil deiner dialektischen Erörterung kannst du noch einmal selbst **Stellung nehmen**, die unterschiedlichen Argumente bewerten und z. B. deine **Zukunftsprognose** in Bezug auf die Streitfrage darlegen.

Überarbeite deinen Text und orientiere dich dabei an dieser **Checkliste**.

- Hast du in der Einleitung die Streitfrage vorgestellt und angemessen zum Thema hingeführt (z. B. durch Bezugnahme auf ein aktuelles Geschehen, einen Zeitungsartikel …)?
- Hast du im Hauptteil die gewählte Struktur („Sanduhr“ oder „Reißverschluss“) eingehalten und die Positionen in einer überzeugenden Synthese zusammengeführt?
- Hast du im Schlussteil zum Beispiel deine eigene Position dargestellt, eine Bewertung der Argumente vorgenommen oder eine Prognose gestellt?
- Sind die Wörter richtig geschrieben, die Satzzeichen richtig gesetzt und die Sätze grammatisch korrekt?

Zusammenfassung

- Die Einleitung dient der Hinführung zum Thema und der Formulierung der Streitfrage.
- Der Hauptteil besteht aus These, Antithese und Synthese.
- Die Argumente sind „sanduhrförmig“ angeordnet: Man beginnt mit der Darstellung der fremden Position, beginnt mit dem stärksten Argument und endet mit dem schwächsten. Dann stellt man die eigene Position dar, beginnt mit dem schwächsten Argument und endet mit dem stärksten.
- Die Synthese führt beide Positionen zusammen.

Die textgebundene Erörterung

Der Name verrät es schon: Dieser Erörterungsform liegt ein Text zugrunde. Darin unterscheidet sie sich von der dialektischen Erörterung, die zu den freien Erörterungen gehört.
Bei der textgebundenen Erörterung musst du verschiedene Arbeitstechniken anwenden, die du alle in den vorangegangenen Schuljahren gelernt hast: Du musst mit einem Sachtext und dessen Argumentationsstruktur umgehen, die sprachlichen/rhetorischen Mittel und ihre Wirkung analysieren und begründet Stellung nehmen können.

Grundbegriffe

Die These
Dass eine These eine Behauptung ist, die belegt werden muss, ist für die textgebundene Erörterung genau so gültig wie für alle anderen Formen der Erörterung. Das Neue hier ist, dass du die **These** ermitteln musst, denn sie **geht aus** dem **Text hervor**. Die These eines Textes ermittelt man, indem man sich zunächst die Frage nach dem Thema des Textes stellt und im Anschluss überlegt, welche Position der Autor dazu einnimmt. In den meisten Texten ist die These ausformuliert, bei manchen Texten musst du aber zwischen den Zeilen lesen und aus den Argumenten schlussfolgern, welche Position der Autor zu einem bestimmten Thema einnimmt.

Die Argumente
Auch hier dienen die Argumente dazu, die These zu beweisen. Da du bei einer textgebundenen Erörterung die **Argumente** auf ihre **Schlüssigkeit** und **Überzeugungskraft** hin untersuchen und bewerten sollst, solltest du dich mit den unterschiedlichen Typen von Argumenten vertraut machen.

Das empirische Argument/Der Tatsachenbeweis: Verwendet ein Autor diesen Argumenttyp, beruft er sich auf allgemein nachvollziehbare Tatsachen, auf wissenschaftliche Fakten oder auf Statistiken, etwa: *Es ist sinnvoll, Ernährungslehre als reguläres Unterrichtsfach einzuführen* (These), *denn mehr als 10% aller Kinder sind übergewichtig* (Faktenargument).

Das Autoritätsargument: Beim Autoritätsargument beruft man sich auf die Aussage einer Persönlichkeit oder einer Institution. Das könnten zum Beispiel eine Wissenschaftlerin sein, auf deren Forschungsergebnisse man sich beruft, ein Philosoph, ein Politiker, das Gesetz oder die Kirche: *Es ist sinnvoll, Ernährungslehre als reguläres Unterrichtsfach einzuführen* (These), *denn es ist, so die Bildungsministerin, unerlässlich, dass das, was zuhause an grundlegender Erziehung nicht immer gewährleistet werden kann, zumindest teilweise in die Schulen verlagert wird* (Argument).

Das normative Argument: Beim normativen Argument beruft man sich auf allgemein anerkannte Normen und Werte: *Es ist sinnvoll, Ernährungslehre als reguläres Unterrichtsfach einzuführen* (These), *da Kinder und Jugendliche im Hinblick auf den Umgang mit ihrer Gesundheit nicht sich selbst überlassen werden dürfen* (Argument).

Das analoge Argument: Beim analogen Argument nimmt der Autor Bezug auf einen anderen Bereich, den er auf den zu erörternden Bereich überträgt: *Es ist sinnvoll, Ernährungslehre als reguläres Unterrichtsfach einzuführen* (These), *denn so wie inzwischen an vielen Schulen soziales Lernen zum Unterrichtsfach geworden ist, da dieser Aspekt der Erziehung nicht in allen Elternhäusern gewährleistet werden kann, sollte man aus demselben Grund Kindern und Jugendlichen in der Schule eine gesunde Lebensweise vermitteln* (Argument).

Vorarbeiten

- Lies den Sachtext zunächst einmal durch, ohne etwas zu markieren. Verschaffe dir dabei einen **ersten Überblick** und finde heraus, welches Thema behandelt wird. Wenn du geklärt hast, worum es in dem Text geht, kannst du im nächsten Lesedurchgang sinnvolle Unterstreichungen und Markierungen vornehmen.
- Schlage unbekannte Wörter nach.
- Kläre nun, welche **Position** der **Autor** zu dem im Text behandelten Thema vertritt und unterstreiche die Textstellen, an denen das deutlich wird.
- Suche nun **Argumente**, die die **These stützen**. Unterstreiche sie in einer anderen Farbe und notiere am Rand, um welchen **Argumenttyp** es sich handelt.
- Führe dir vor Augen, wie das Thema eingeleitet wird, welche **sprachlichen Mittel** und **Besonderheiten** der Text aufweist und markiere dazu passende Textstellen, am besten so, dass du diese Markierungen von den anderen unterscheiden kannst. Ein gut vorstrukturierter Text ist nicht nur die Voraussetzung für eine gute Erörterung, sondern erspart dir auch die Sucherei nach geeigneten Textstellen während des Schreibens.

- Die folgenden Fragen solltest du noch klären und stichwortartig beantworten, bevor du mit dem Schreiben beginnst.
  - Wer sind die Adressaten des Textes (Eltern, Erzieher, Kinder und Jugendliche…)?
  - Sind die Argumente schlüssig?
  - Überwiegt ein bestimmter Argumenttyp? Warum?
  - Stehen Argumente und Beispiele in einem angemessenen Verhältnis zueinander?

Das folgende Beispiel zeigt dir, welche Markierungen und Beschriftungen du vornehmen könntest.

	Julius Dietrich **Lesen, Schreiben, Rechnen, Essen**
Hinführung zum Thema	Lesen, Schreiben und Rechnen ist längst nicht mehr das Einzige, was Kinder und Jugendliche heute können müssen.
Verstärkung der Aussage	Um tatsächlich als mündige und selbstbestimmte Bürger im Alltag bestehen zu können, bedarf es auch des richtigen Umgangs mit den unterschiedlichsten Problemen unserer Gesellschaft. Eines dieser Probleme ist der Umgang mit dem Nahrungsmittelangebot.
empirisches Argument	Während früher das Angebot überschaubar war, sind heute viele überfordert – nicht nur Kinder und Jugendliche.
Beispiel	Was ist gut für mich und was schadet mir?
empirisches Argument	Um einem unbedachten Umgang mit sich selbst und seinem Körper vorzubeugen, sollten sich Kinder und Jugendliche bereits in der Schule intensiv mit diesen Fragen auseinandersetzen.
These	Eine konsequente Beschäftigung mit diesem Thema kann nur die Einführung eines Schulfaches gewährleisten, dessen Inhalte im Lehrplan verankert sind.
Entkräftung eines Gegenarguments	Was auf den ersten Blick nach einem Mehr an Belastung aussieht,
normatives Argument	sorgt langfristig für Entlastung, sowohl finanziell als auch im Hinblick auf ein zufriedenes und selbstbestimmtes Leben unserer Kinder. Und das ist schließlich eine der wesentlichen Aufgaben schulischer Erziehung…

Eine textgebundene Erörterung verfassen

Wenn du den Text analysiert hast, kannst du mit dem Schreiben beginnen. Dabei musst du Stellung nehmen erstens zu dem Text und seiner Argumentation und zweitens zum Thema des Textes. Orientiere dich an den folgenden Hinweisen.

Einleitung

In der Einleitung solltest du wie bei jeder anderen Form der Erörterung, deine Leser **zum Thema hinführen:** Nenne das Thema und formuliere die These des Textes mit eigenen Worten. Zum Beispiel: *Im Hinblick auf viele Krankheiten, die als direkte oder indirekte Folge von falscher Ernährung immer mehr Betroffene in ihrem Alltag einschränken, stellt sich die Frage, wie gegen dieses Problem vorgegangen werden kann* (Hinführung). *Julius Dietrich vertritt in seinem Text „Lesen, Schreiben, Rechnen, Essen", der von den Probleme im Umgang mit gesunder Ernährung handelt* (Thema), *die Ansicht, dass die Einführung eines Schulfaches, das sich ausschließlich mit Inhalten rund um das Thema „gesunde Ernährung" befasst, diesem Problem gerecht werden könnte* (These).

Hauptteil

- Im Hauptteil musst du auf die **Strukturierung** deiner **Darstellung** achten. Du könntest zum Beispiel die Kritik an den Argumenten direkt auf die Argumente folgen lassen, du könntest aber auch erst alle Argumente darstellen und dann dazu Stellung nehmen. Achte auf Einheitlichkeit, deine Leser müssen sich in deinem Text orientieren können. Veranschauliche deine Ausführungen mit **Textbelegen**, so wird deine Darstellung für die Leser transparent und nachvollziehbar.
- Stelle den Argumentationsgang dar. Zum Beispiel: *Dietrich stellt heraus, dass das reiche Angebot an Nahrungsmitteln viele überfordert. Aus seinem Zusatz, dass nicht nur Kinder und Jugendliche mit der Wahl der richtigen Lebensmittel überfordert sind, lässt sich schließen, dass auch Eltern oft nicht ausreichend in der Lage sind, ihre Kinder in Sachen gesunder Ernährung anzuleiten.*
- Untersuche die **Argumente** auf ihre **Schlüssigkeit** hin. Bezieht sich ein Autor z. B. nur auf Aussagen bekannter Persönlichkeiten, ohne mit Fakten oder Forschungsergebnissen zu argumentieren, kannst du ihn dahingehend kritisieren. Etwa: *Der Autor führt die Aussagen vieler bekannter Persönlichkeiten ins Feld und setzt ausschließlich auf die Wirkung ihrer Autorität auf diesem Gebiet. Wenig überzeugend ist, dass keine dieser Aussagen durch nachvollziehbare Untersuchungsergebnisse gestützt wird.*
- **Nimm** begründet **Stellung** zur Überzeugungskraft der Argumente. Du kannst sie stärken oder auch durch Gegenargumente entkräften.

Beispiel für eine Stärkung	Beispiel für eine Schwächung
Dietrich stellt heraus, dass das reiche Angebot an Nahrungsmitteln viele überfordert. Aus seinem Zusatz, dass nicht nur Kinder und Jugendliche mit der Wahl der richtigen Lebensmittel überfordert sind, lässt sich schließen, dass auch Eltern oft nicht ausreichend in der Lage sind, ihre Kinder in Sachen gesunder Ernährung anzuleiten. Ich halte die Argumentation des Autors für schlüssig, zumal der Zuwachs an neuen Lebensmitteln in den nächsten Jahren nicht abreißen wird. Wird Ernährungslehre zum Schulfach, könnten aufgeschlossene Eltern sogar von ihren Kindern lernen. Im schlechtesten Fall profitiert nur das Kind von diesem Bildungsangebot, im besten Fall die ganze Familie.	In Bezug auf die Forderung nach dem Schulfach Ernährungslehre scheint mir das Argument wenig überzeugend, denn die Kinder verbringen die meiste Zeit zuhause. Viel effektiver wäre es, die Nahrungsmittelindustrie zu verpflichten, die Inhaltsstoffe ihrer Produkte deutlicher zu kennzeichnen, die Eltern an ihre Verantwortung zu erinnern und mehr Zeit und Geld in die Aufklärung der Erziehungsberechtigten (Fernsehspots, Aufklärungskampagnen, Elternabende…) zu stecken. Ein Schulfach wird wenig Wirkung zeigen, wenn das Kind nach einer Stunde Ernährungslehre zuhause den Teller mit Pommes Frites und Schnitzel leer isst, auf deren Packung „gesund und lecker" steht.

- Analysiere die **sprachliche Gestaltung** des Textes. Gehe dabei nicht nur auf das ein, was dir sprachlich auffällt, sondern beschreibe auch die **Wirkung** der sprachlichen Mittel. Folgende Fragen könntest du dir stellen:
  - Versucht der Autor z. B. durch nachdrückliche oder manipulative Formulierungen seine Position zu stärken? (*So kann und muss jeder vernünftige Mensch zu dem Ergebnis kommen, dass…*)
  - Sind die Argumente in einer bestimmten Form angeordnet (thematisch; ihrer Überzeugungskraft entsprechend…)?
  - Nutzt der Autor auffällig viele Satzgefüge? Ist die Sprache besonders metaphorisch oder haben die Formulierungen häufig einen ironischen Anklang?

- Ausgehend von der sprachlichen Gestaltung des Textes kannst du auch fragen, an wen sich der Text richtet. Texte, die sich an Jugendliche richten, verwenden zum Beispiel das *du* als Anrede. Texte, die viele Fachwörter enthalten, richten sich vermutlich eher an Fachleute. Die Sprache verrät also einiges über die **Adressaten** des Textes. Natürlich kannst du die Frage nach den Adressaten auch an das Thema oder die Argumente anlehnen. Es ist ohnehin ratsam, mehrere Faktoren einzubeziehen.

Schluss

Ziehe am Schluss ein **Fazit** aus den Ergebnissen des Hauptteils. Ein Fazit könnte so lauten: *Die Position des Autors ist an vielen Stellen nachvollziehbar, da die Argumente an aktuelle Forschungsergebnisse anknüpfen, die die Schlussfolgerungen des Autors nahelegen. Allerdings stellt sich für mich die Frage, ob es nicht andere, genauso effektive und kostengünstigere Lösungsansätze gibt.*
Stelle deine eigene Position zur zentralen Frage des Textes begründet dar. Eine Anknüpfung an die Kritik des Textes bietet sich hier an.

Überarbeite deine Erörterung mithilfe der folgenden **Checkliste**.

- Hast du in der Einleitung das Thema genannt und deine Leser zum Thema hingeführt? Wird die zentrale Aussage des Textes deutlich?
- Sind Argumente und Argumentationsgang nachvollziehbar dargestellt?
- Hast du die Argumente auf ihre Folgerichtigkeit hin überprüft und gegebenenfalls kritisiert?
- Hast du die Argumente gestärkt oder entkräftet?
- Hast du den Text sprachlich und im Hinblick auf seine Zielgruppe analysiert?
- Hast du am Ende ein Fazit gezogen und die eigene Position begründet dargestellt?
- Ist dein Text sprachlich korrekt?

Zusammenfassung

- Eine textgebundene Erörterung bezieht sich auf einen Sachtext und ein bestimmtes Problem, das darin abgehandelt wird.
- Es gibt unterschiedliche Argumenttypen: das empirische Argument, das Autoritätsargument, das normative Argument und das analoge Argument.
- In der Einleitung muss das Thema genannt und die zentrale Aussage des Textes deutlich werden. Darüber hinaus müssen die Leser zum Thema hingeführt werden.
- Im Hauptteil wird die Argumentation des Autors dargestellt und bewertet.
- Im Schlussteil steht ein Fazit, und die eigene Position wird begründet dargelegt.

Erzähltexte interpretieren

Zu einer umfassenden Deutung eines Erzähltextes gehören vor allem die Formulierung einer Interpretationshypothese und deren Prüfung anhand der Analyse von Inhalten und sprachlichen Besonderheiten.

Die Interpretationshypothese

Mit einer Interpretationshypothese stellst du eine Behauptung über die Aussage eines Textes auf. Gelegentlich spricht man auch von einer **Sinnvermutung**. Deine Hypothese sollte möglichst den **gesamten Text** abdecken, das heißt, alle Fragen, die der Text aufwirft, sollten sich mit ihrer Hilfe klären lassen.
Achte erst einmal auf inhaltliche und formale **Auffälligkeiten** und überlege, was sie bedeuten könnten. In aller Regel ergibt sich daraus ein erster Erklärungsversuch, den du in einer Hypothese zusammenfassen kannst.

Prüfung und Beweis der Interpretationshypothese

Jetzt musst du dir überlegen, wie du deine Interpretationshypothese belegen kannst. Natürlich ist es auch denkbar, dass deine Hypothese nicht haltbar ist, du sie umformulieren oder verändern musst. Ganz egal, an welcher Stelle des Interpretationsprozesses du stehst, belegen musst du deine (überarbeitete) Hypothese auf jeden Fall. Zeit und Mühe sparst du dir, wenn du die Belege vorsortierst, zum Beispiel nach inhaltlichen, textstrukturellen und sprachlichen Belegen. Eine Tabelle ist hier hilfreich. Du kannst sie nach dem folgenden Muster anlegen:

Interpretationshypothese	inhaltliche Belege	strukturelle Belege	sprachliche Belege
…	…	…	…

Einen Interpretationsaufsatz schreiben

Du hast dich intensiv mit dem Text auseinandergesetzt und kannst nun mit dem Schreiben beginnen.

Einleitung

- Nenne den **Titel** des Textes, den **Namen** des Autors und das **Erscheinungsjahr** des Textes.
- Nenne das **Thema** des Textes und **fasse** in 2-3 Sätzen **zusammen**, worum es in dem Text geht.
- Formuliere deine **Interpretationshypothese/Sinnvermutung**.

Hauptteil

- Belege deine Interpretationshypothese anhand ausgewählter **Textbeispiele**. Erläutere auch, warum die Interpretationshypothese durch diese Textstellen deines Erachtens gestützt wird. Gehe dabei auf die inhaltlichen, die textstrukturellen und die sprachlichen **Auffälligkeiten** ein. Sie alle tragen zur Interpretation und zu Stützung der Interpretationshypothese bei. Wenn du Textstellen zitierst oder sinngemäß wiedergibst, notiere in Klammern auch die Zeile, auf die du dich beziehst.
- Analysiere auch die **Figur des Erzählers** und beziehe deine Ergebnisse in deine Interpretation mit ein.
- Wenn du dich gut im **Leben** des **Autors** oder mit der **Zeit** auskennst, in der der Text entstanden ist, kannst du diese Informationen einbeziehen. Achte aber darauf, dass sie etwas zur Deutung des Textes beitragen. Kannst du sie nicht mit deiner Deutung in Zusammenhang bringen, verzichte darauf.

Schluss

Fasse deine Analyseergebnisse knapp **zusammen** und gibt vor diesem Hintergrund eine **Bewertung** deiner Interpretationshypothese ab.

Überarbeite deinen Text mithilfe dieser Checkliste:

- Wurden in der Einleitung Name des Textes, des Autors und Erscheinungsjahr des Textes genannt?
- Hast du in der Einleitung das Thema genannt und eine Interpretationshypothese/Sinnvermutung formuliert?
- Hast du im Hauptteil die Interpretationshypothese anhand inhaltlicher, sprachlicher, textstruktureller und erzähltechnischer Besonderheiten belegt?
- Hast du am Schluss die Analyseergebnisse zusammengefasst und die Interpretationshypothese abschließend bewertet?
- Ist dein Text sprachlich korrekt?

Zusammenfassung

- In der Einleitung müssen der Titel des Textes, der Name des Autors, das Erscheinungsjahr genannt werden. Erwähne auch das Thema des Textes und stelle die Interpretationshypothese/Sinnvermutung vor.
- Im Hauptteil folgt die Analyse des Textes. Dabei muss die Interpretationshypothese gestützt werden.
- Die Interpretationshypothese kann anhand inhaltlicher, sprachlicher, textstruktureller und erzähltechnischer Besonderheiten belegt werden.
- Im Schluss werden die Arbeitsergebnisse knapp zusammengefasst und die Interpretationshypothese abschließend bewertet.

Lyrische Texte interpretieren

Bei der Analyse eines Gedichts musst du auf dessen besondere literarische Form achten. Im Übrigen unterscheidet sich die Interpretation lyrischer Texte aber nicht wesentlich von der Interpretation erzählender Literatur. Auch hier geht es in erster Linie um die Formulierung einer Interpretationshypothese und deren Prüfung.

Interpretationshypothese

Die Betrachtung und Analyse lyrischer Texte unterscheidet sich in mancher Hinsicht von der Deutung einer Erzählung. So haben Gedichte keine Erzählerfigur, stattdessen spricht ein **lyrisches Ich**, das du bei deiner Interpretation berücksichtigen musst. In aller Regel ist auch die Brandbreite **sprachlicher Phänomene** in der Lyrik weitaus größer als in erzählenden Texten. Darunter fallen etwa das Reimschema, das Metrum oder auch die Verwendung sprachlicher Bilder.

Um zu einer **Interpretations-** oder **Deutungshypothese**, das heißt einer **Sinnvermutung** über den Text, zu gelangen, solltest du dir zunächst über die inhaltlichen, formalen und sprachlichen Besonderheiten des Gedichts klar werden. Beantworte dabei vor allem die folgenden Fragen:

- Welche Form hat das Gedicht (Strophen, Reimschema, Metrum)?
- Gibt es auffällige Abweichungen innerhalb der Form?
- Welche sprachlichen/stilistischen Besonderheiten fallen auf (z. B. häufiger Gebrauch von Vergleichen, Metaphern, Alliterationen usw.)?
- Was ist das zentrale Motiv des Gedichts?
- Welche Personen kommen vor? In welcher Beziehung stehen zu zueinander?

Fasse deine Beobachtungen anschließend in einer **Interpretationshypothese** zusammen und schreibe deinen Aufsatz.

Einen Interpretationsaufsatz schreiben

Einleitung

- Nenne den **Titel** des Gedichts, den **Namen** des Autors und das **Erscheinungsjahr** des Textes, falls diese Information aus dem Text hervorgeht.
- Nenne das **Thema** des Gedichts und fasse in 2–3 Sätzen zusammen, worum es in dem Text geht.
- Formuliere deine **Interpretationshypothese/Sinnvermutung**.

Der Hauptteil
Belege deine Interpretationshypothese anhand ausgewählter **Textbeispiele**. Erläutere in dem Zusammenhang auch, warum deine Hypothese durch die Textstellen deines Erachtens gestützt wird. Gehe dabei auf die **inhaltlichen** und die **stilistischen Aspekte** ein und beachte auch den **Aufbau** des Gedichts. Wichtig ist, dass du die unterschiedlichen Aspekte aufeinander beziehst und in deiner Deutung den **Zusammenhang** von **Form** und **Inhalt** darlegst. Stelle also beispielsweise nicht nur fest, dass ein Gedicht drei Strophen und ein überwiegend daktylisches Versmaß hat, sondern erkläre auch die Wirkung dieser Phänomene. Wenn du zitierst, gib in Klammern den Vers an, auf den du dich beziehst.

Schluss
Fasse deine Analyseergebnisse knapp zusammen und gibt vor diesem Hintergrund eine Bewertung deiner Interpretationshypothese ab.

Überarbeite deinen Text. Orientiere dich dabei an dieser **Checkliste**.
- Wurden in der Einleitung der Titel des Gedichts, der Name des Autors und das Erscheinungsjahr des Gedichts genannt?
- Wurde in der Einleitung das Thema genannt und eine Interpretationshypothese/Sinnvermutung formuliert?
- Wurde im Hauptteil die Interpretationshypothese anhand inhaltlicher, stilistischer und formaler Besonderheiten belegt?
- Wurden im Schluss die Analyseergebnisse zusammengefasst und die Interpretationshypothese abschließend bewertet?
- Ist der Text sprachlich korrekt?

Zusammenfassung

- In die Einleitung gehören der Titel des Gedichts, der Name des Autors, das Erscheinungsjahr des Textes, das Thema des Gedichts und eine Interpretationshypothese/Sinnvermutung.
- Im Hauptteil folgt eine Analyse des Gedichts, die sich auf die Interpretationshypothese bezieht und sie begründet. Die Interpretationshypothese kann anhand inhaltlicher, stilistischer und formaler Besonderheiten belegt werden.
- Inhaltliche, stilistische und formale Aspekte sollten aufeinander und ebenso auf die Hypothese bezogen werden.
- Im Schluss werden die Ergebnisse knapp zusammengefasst und die Interpretationshypothese abschließend bewertet.

Dramatische Texte interpretieren

Auch bei der Interpretation dramatischer Texte stellst du eine Interpretationshypothese auf, die du in deiner Textanalyse begründen und rechtfertigen musst. Berücksichtige dabei auch die Besonderheiten der dramatischen Form.

Die Interpretationshypothese

Meist sollst du einen Auszug aus einem Drama oder eine ausgewählte Szene interpretieren. Überlege zunächst, **was** an dem Text besonders **auffällt**. Dabei kannst du dich beispielsweise an den folgenden Fragen orientieren:

- Welche Figuren kommen vor? Wie stehen sie zueinander?
- Aus welchen Motiven heraus handeln sie?
- Wie groß ist der Gesprächsanteil der Figuren?
- Gehen die Figuren in den Dialogen aufeinander ein oder reden sie aneinander vorbei?
- Gibt es Monologe?
- Welche Rückschlüsse lässt die Sprechweise der Figuren zu (z.B. Milieu, Bildungsgrad)?
- Welche Schlüsse lassen sich aus den Bühnenanweisungen ziehen?
- Welche Hinweise geben die Regieanweisungen?
- In welchem Zusammenhang steht die Szene/der Auszug mit dem Gesamtgeschehen?

Formuliere auf der Grundlage deiner Beobachtungen nun eine Interpretationshypothese/Sinnvermutung und schreibe deinen Aufsatz.

Einen Interpretationsaufsatz schreiben

Einleitung

- Nenne den **Titel** des Dramas, den **Namen** des Autors und das **Erscheinungsjahr** des Dramas.
- Ordne den Auszug knapp in den **Gesamtzusammenhang** des Dramas ein und fasse kurz zusammen, um was es in dem Auszug geht.
- Stelle deine **Interpretationshypothese** vor.

Hauptteil
Im Hauptteil sollst du deine **Interpretationshypothese/Sinnvermutung** anhand ausgewählter Textstellen **prüfen** und **belegen**. Begründe dabei auch, warum deine Hypothese durch die Textstellen gestützt wird. Gehe in deiner Deutung auf die Figuren, ihr Verhältnis untereinander (Figurenkonstellation), den Dialogverlauf und die Sprache ein. Auch Regie- und Bühnenhinweise können sehr aufschlussreich sein. Wenn du zitierst, ob wörtlich oder sinngemäß, gib in Klammern die Textstellen an. Die meisten Dramenausgaben sind mit Versangaben versehen, auf die du dich beziehen kannst.

Schluss
Fasse deine Analyseergebnisse knapp **zusammen** und gibt vor diesem Hintergrund eine Bewertung deiner Interpretationshypothese ab.

Überarbeite deinen Text mit Hilfe der **Checkliste**:
- Hast du in der Einleitung den Titel des Dramas, den Namen des Autors und das Erscheinungsjahres genannt?
- Hast du in der Einleitung den Auszug in den Gesamtzusammenhang des Dramas eingeordnet, das Thema genannt und eine Interpretationshypothese/ Sinnvermutung formuliert?
- Hast du im Hauptteil die Interpretationshypothese anhand der Figuren, ihres Verhältnisses zueinander, des Dialogverlaufs und der Sprache belegt?
- Hast du am Schluss die Analyseergebnisse zusammengefasst und die Interpretationshypothese abschließend bewertet?
- Ist dein Text sprachlich korrekt?

Zusammenfassung

- In die Einleitung gehören der Titel des Dramas, der Name des Autors, das Erscheinungsjahr, eine Einordnung des Auszugs in den Kontext des Dramas, das Thema des Auszugs und die Interpretationshypothese/Sinnvermutung.
- Im Hauptteil folgt eine Analyse des Dramenauszugs. Dabei wird die Interpretationshypothese begründet.
- Die Interpretationshypothese kann anhand der Figuren, ihres Verhältnisses zueinander, des Dialogverlaufs oder der Sprache belegt werden.
- Im Schluss werden die Arbeitsergebnisse knapp zusammengefasst und die Interpretationshypothese abschließend bewertet.

Die verstehend-produktive Textinterpretation

Egal, ob es sich um die Interpretation eines Erzähltextes, eines Dramas oder eines Gedichts handelt, die verstehend-produktive Interpretation ist ein Verfahren, bei dem du dir über die Aussage und Gestaltung des Textes im Klaren sein und produktiv, das heißt, gestalterisch damit umgehen musst.

Themen

Für die gestaltende Textinterpretation gibt es eine Vielzahl von möglichen Aufgabenstellungen; hier eine kleine Auswahl:

- Du sollst zu einer Kurzgeschichte den fehlenden Schluss schreiben (und begründen, warum du dieses Ende für passend hältst).
- Du sollst eine Dramenfigur in einem anderen, vorgegebenen Kontext sprechen und handeln lassen (und begründen, warum es typisch für die Figur ist, so zu sprechen und zu handeln).
- Du sollst ein Gegengedicht zu einem vorgegebenen lyrischen Text verfassen (und dein Vorgehen begründen).

Vorüberlegungen

Um sinnvoll gestaltend auf einen Text Bezug nehmen zu können, solltest du dir über die **Eigenheiten des Textes** im Klaren sein. Es gibt eine ganze Reihe an Aspekten, die du berücksichtigen könntest. Die folgenden Vorschläge sind weder vollständig noch zwingend, da jeder Text andere Schwerpunkte hat, auf die es zu achten gilt. Dennoch bieten dir die Vorschläge eine Orientierung, welche Art von Fragen du dir stellen solltest, bevor du mit deiner Textgestaltung beginnst.

Erzähltexte
- Was steht inhaltlich im Vordergrund?
- Wie wurde der Erzähler gestaltet (Erzählform, Erzählperspektive, Darbietungsform, Erzählerhaltung)?
- Wie werden die Figuren und ihre Handlungsweisen dargestellt (hilflos, egoistisch, unentschlossen...)?
- Welche sprachlichen Besonderheiten weist der Text auf (Umgangssprache, überwiegend Hauptsätze, überwiegend Nebensätze...)?

Lyrische Texte
- Was steht inhaltlich im Vordergrund?
- Welche Stimmung wird in dem Gedicht transportiert?
- Wie ist das Gedicht aufgebaut?
- Welches Versmaß, welches Reimschema, welche Stilmittel wurden verwendet?

Dramatische Texte

- Was steht inhaltlich im Vordergrund?
- Wie stehen die Figuren zueinander?
- Welche charakterlichen Besonderheiten fallen auf?
- Wie sprechen die Figuren?

Der Schreibprozess

Wie du deinen Text gestaltest, hängt von der Aufgabenstellung und deiner Zielsetzung ab. Wichtig dabei ist vor allem, dass deine **Gestaltung** vor dem Hintergrund des zugrundeliegenden Textes **nachvollziehbar** ist. Du kannst dich an der folgenden Veranschaulichung orientieren. Lies aber zunächst dies Gedicht.

Der Panther
Im Jardin des Plantes, Paris

Sein Blick ist vom Vorübergehn der Stäbe
so müd geworden, daß er nichts mehr hält.
Ihm ist, als ob es tausend Stäbe gäbe
und hinter tausend Stäben keine Welt.

Der weiche Gang geschmeidig starker Schritte,
der sich im allerkleinsten Kreise dreht,
ist wie ein Tanz von Kraft um eine Mitte,
in der betäubt ein großer Wille steht.

Nur manchmal schiebt der Vorhang der Pupille
sich lautlos auf – Dann geht ein Bild hinein,
geht durch der Glieder angespannte Stille –
und hört im Herzen auf zu sein.

Rainer Maria Rilke (1875–1926)

Es gibt viele Möglichkeiten, dieses Gedicht gestaltend zu interpretieren. Diese Vorschläge stellen nur eine kleine Auswahl dar.

- Du könntest ein Gegengedicht verfassen, in dem du zum Beispiel den Panther, sein Verhalten und seinen Willen in einer natürlichen Umgebung zeigst. Ebenso könntest du ein Tier, das als Haustier nicht mehr in die Wildnis gehört, in der Wildnis darstellen, indem du Angst und Hilflosigkeit darstellst. Beide Gegengedichte nehmen somit Bezug auf die Deplatzierung des Panthers in Rilkes Gedicht, indem sie mit Kontrasten arbeiten.
- Du könntest auch das Versmaß verändern. Während der Originaltext in Jamben verfasst ist, die eine gewisse Monotonie erzeugen, die zum Inhalt passt, könntest du Daktylen verwenden oder ganz auf ein regelmäßiges Versmaß verzichten, um die Wildnis anschaulicher zu gestalten.

Zusammenfassung

- Bei verstehend-produktiven Interpretationsverfahren wird mit einem kreativ-gestalterischen Text sinnvoll Bezug auf einen vorgegebenen Text genommen.
- Der Gestaltung des Textes geht eine Analyse des vorgegebenen Textes voraus.
- Die Begründung für die Gestaltung des Textes muss nachvollziehbar sein.

Lyrische Texte

Lyrische Texte unterscheiden sich von epischen und dramatischen Texten nicht nur durch ihre besondere Form, sondern auch in der Art, wie wir sie lesen. Während wir bei epischen und dramatischen Texten meistens ein klares Bild dessen vor Augen haben, was gerade geschieht, erscheinen uns viele Gedichte erst einmal rätselhaft verschlüsselt. Um ein Gedicht besser zu verstehen, ist es besonders wichtig, seine Form und seine stilistischen Eigenarten genau beschreiben zu können.

Reimformen

Den Paarreim, den Kreuzreim und den umarmende Reim kennst du bereits aus den vorangegangenen Schuljahren. Hier lernst du einige weitere Reimformen kennen.

Der Binnenreim

Der Binnenreim ist ein Reim innerhalb des Verses. Hier ein Beispiel aus Rilkes Gedicht *Der Panther:* Ihm ist, als ob es tausend St**äbe** g**äbe**.

Der Schweifreim

Von einem Schweifreim spricht man, wenn ein umarmender Reim zwischen zwei Paarreime geschoben wurde. Das berühmte *Abendlied* von Matthias Claudius ist ein Beispiel dafür.

Der Mond ist aufg**egangen**,
die goldnen Sternlein pr**angen**
am Himmel hell und kl**ar**;
der Wald steht schwarz und schw**eiget**,
und aus den Wiesen st**eiget**
der weiße Nebel wunderb**ar**.
Matthias Claudius (1740–1815)

Der reiche Reim

Beim reichen Reim beginnt der Reim schon vor der letzen Silbe:

Wenn wir uns auf den Pl**an** verl**assen**,
werden wir den K**ahn** verp**assen**.

Der Haufenreim

Hier reimen sich die Wörter aller Vers-Enden. Der folgende Zungenbrecher ist besonders eindrucksvoll, da die Verse drei und vier nicht nur zum Haufenreim gehören, sondern sogar reiche Reime sind.

Auf den hohen **Felsenklippen**!
sitzen sieben **Robbensippen**,!
die sich in die **Rippen stippen**,!
bis sie von den **Klippen kippen**.

Der unreine Reim

Beim unreinen Reim weichen Klang und Betonung der sich reimenden Wörter voneinander ab. Das folgende Beispiel stammt aus Schillers Ballade *Das Lied von der Glocke*.

Und herrlich, in der Jugend Prangen,
Wie ein Gebild aus Himmelsh**öhn**,
Mit züchtigen, verschämten Wangen
Sieht er die Jungfrau vor sich st**ehn**.
Friedrich Schiller (1759–1805)

Versformen

Es gab in der Literaturgeschichte immer wieder Epochen, in denen bestimmte Versformen besonders beliebt waren. Im Barock wurden zum Beispiel nicht nur viele Gedichte in Sonettform verfasst, sondern auch den Alexandriner findet man in dieser Zeit recht häufig. Einige der vielen besonderen Versformen werden auf den folgenden Seiten erklärt.

Der Alexandriner

Hierbei handelt es sich um einen 6-hebigen Jambus, also einen Jambus mit sechs betonten Silben, der mit einer Zäsur in der Mitte den Sprecher oder Leser zu einer Pause zwingt. Der Alexandriner eignet sich besonders, um Gegensätze darzustellen. Hier ein berühmtes Beispiel von Andreas Gryphius:

Was dieser heute baut, / reißt jener morgen ein
x x́ x x́ x x́ x x́ x x́ x x́

Der Blankvers

Der Blankvers ist ein 5-hebiger Jambus ohne Reim. Viele Dramen, z. B. Lessings *Nathan der Weise* sind in Blankversen verfasst. Man spricht dann auch von dramatischen Gedichten.

Er ist es! Nathan! – Gott sei ewig Dank,
x x́ x x́ x x́ x x́ x x́
Daß Ihr doch endlich einmal wiederkommt.
x x́ x x́ x x́ x x́ x x́

Der 4-hebige Trochäus

Der 4-hebige Trochäus ist der häufigste trochäische Vers. Besonders beliebt wurde er in der Zeit der Romantik. Hier ein Beispiel aus Goethes *Zauberlehrling*.

Hat der alte Hexenmeister
x́ x x́ x x́ x x́ x
Sich doch einmal wegbegeben!
x́ x x́ x x́ x x́ x
Und nun sollen seine Geister
x́ x x́ x x́ x x́ x
Auch nach meinem Willen leben.
x́ x x́ x x́ x x́ x

Hexameter und Pentameter

Der Hexameter ist die häufigste daktylische Versform. Er hat seinen Ursprung in der Dichtung des antiken Griechenlands. Dieser Vers ist sechs Daktylen lang, wobei in den ersten vier Daktylen die beiden kurzen, unbetonten Silben durch eine lange, betonte ersetzt werden dürfen. Der letzte Daktylus ist unvollständig und formal gesehen ein Trochäus. Der Vers beginnt betont und endet klingend.

Häufig in Verbindung mit dem Hexameter steht der Pentameter. Er ist auch ein daktylischer Vers, wobei nach der dritten betonten eine weitere betonte Silbe folgt. Der Vers endet stumpf.
Schiller hat zu den Versformen Hexameter und Pentameter einen Merkvers verfasst.

Im Hexameter steigt des Springquells flüssige Säule.
x́ x x́ x x x́ x x́ x x́ x x x́ x
Im Pentameter drauf fällt sie melodisch herab.
x́ x x́ x x x́ x́ x x x́ x x x́

Stilmittel und rhetorische Figuren

Einige wichtige Stilmittel der Lyrik wie etwa die Metapher und die Personifikation oder die Anapher und die Alliteration kennst du bereits. In der folgenden Übersicht sind weitere Stilmittel zusammengestellt, die dir bei der Analyse eines Gedichts helfen können.

Bezeichnung	Erklärung	Beispiel
Antithese	Bei der Antithese stehen entgegengesetzte Aussagen einander gegenüber.	„Was dieser heute baut/ reißt jener morgen ein." (Gryphius)
Chiasmus	Eine Überkreuzstellung von Satzteilen.	„Sein Wuchs ist schlank, blond ist sein Haar." (Fontane)
Correctio	Der Sprecher korrigiert sich selbst, um dem Folgenden mehr Bedeutung zu verleihen.	Wir sollten, nein, wir müssen handeln.
Ellipse	Auf einen Satzteil, der nicht notwendig für das Verständnis ist, wird verzichtet.	Je mehr, desto besser.
Enjambement	Das Enjambement bezeichnet einen Zeilensprung.	Jeder weiß, was so ein Maikäfer/für ein Vogel sei. (Wilhelm Busch)
Euphemismus	Etwas Unangenehmes oder Ungehöriges wird durch Untertreibung oder Beschönigung verschleiert.	Preisanpassung statt Verteuerung; Das Zeitliche segnen statt sterben
Hendiadyoin	Die Bedeutung eines Wortes wird durch ein weiteres gleichwertiges Wort verstärkt.	Schutt und Asche Gold und Geld
Hypotaxe	Als Hypotaxe bezeichnet man eine Syntax, die sich durch die Schachtelung von Haupt und Nebensätzen auszeichnet.	Wir ließen, obwohl die Großmutter es streng verboten hatten, als wir Kinder waren, die Nachbarskatze immer in unseren Sandkasten.
Inversio	Die eher übliche Folge von Subjekt, Prädikat und Objekt wird aufgelöst, um zum Beispiel das Objekt zu betonen oder das „ich" zu vermeiden.	Seinen Ausführungen hatte ich nichts mehr hinzuzufügen. Sie werde ich heute Abend treffen.

Bezeichnung	Erklärung	Beispiel
Litotes	Durch untertriebene Darstellung wird der gegenteilige Sachverhalt hervorgehoben.	Beim Wettlauf war er nicht gerade der Schnellste. Statt: Er kam als Letzter ins Ziel.
Oxymoron	Begriffe werden einander zugeordnet, die normalerweise nicht zusammengehören.	altes Mädchen
Paradoxon	Hier wird etwas behauptet, das zunächst unlogisch scheint, auf den zweiten Blick aber sinnvoll ist.	„Ich scheine also um dieses Wenige doch weiser zu sein als er, daß ich, was ich nicht weiß, auch nicht glaube zu wissen."(Platon)
Parallelismus	Als Parallelismus bezeichnet man die Abfolge baugleicher Sätze. (Ggs. Chiasmus)	„Das Wasser rauscht', das Wasser schwoll" (Goethe)
Parataxe	Parataxe bezeichnet das Nebeneinander gleichwertiger Hauptsätze. (Ggs. Hypotaxe)	Das Licht ging aus, die Band verließ die Bühne, das Publikum tobte.
Parenthese	Die Parenthese bezeichnet einen grammatisch unabhängigen Satzeinschub.	Ich möchte mich bei Ihnen – sie sind eine bewundernswerte Persönlichkeit – recht herzlich bedanken.
Periphrase	Mit einer Periphrase umschreibt man einen Begriff durch mehrere Wörter.	Das Auge des Gesetzes (Polizei) Die kalte Jahreszeit (Winter)
Rhetorische Frage	Die rhetorische Frage ist eine Frage, auf die keine Antwort erwartet wird.	Was hast du dir bloß dabei gedacht?
Synästhesie	Hier werden unterschiedliche Sinneseindrücke miteinander verbunden.	klirrende Kälte schrilles Rot
Tautologie	Als Tautologie bezeichnet man die Verwendung mehrerer bedeutungsgleicher Wörter oder gleicher Aussagen.	nie und nimmer Es ist, wie es ist.

Darstellungsformen des Erzählens

Du kennst bereits die Erzählform, die Erzählhaltung und die Erzählperspektive und hast gelernt, die Figur des Erzählers zu analysieren. Darüber hinaus gibt es noch weitere Darbietungsformen des Erzählens, die du bei der Untersuchung eines Textes berücksichtigen solltest.

Erzählerbericht

Beim Erzählerbericht wird das Geschehen durch den **Bericht des Erzählers** an die Leser herangetragen. Zwischen Figur und Leser steht der Erzählerbericht als **Vermittler**. Man unterscheidet zwischen **showing** und **telling**.

- Beim **showing** mischt sich der Erzähler nicht in das Geschehen ein. Er kommentiert nicht, er wertet nicht und macht keine Vorausdeutungen:
  Timo schaute Annegret an. Nach einer kurzen Zeit des Schweigens erklärte Annegret, warum sie nicht mit ins Kino kommt. Timo zuckte mit den Schultern.
- Beim **telling** mischt sich der Erzähler in das Geschehen ein:
  Timo schaute Annegret erwartungsvoll an. Nach einer kurzen Zeit peinlichen Schweigens erklärte Annegret, warum sie nicht mit ins Kino kommt. Gleich würde Timo in der für ihn typischen Weise mit den Schultern zucken.

Figurenrede

Das Geschehen wird durch die Rede oder Gedanken **einzelner** oder **mehrerer Figuren** wiedergegeben. Mögliche Formen der Figurenrede sind:

- Die **direkte Rede**: *„Ich habe zu viel und auch viel Besseres zu tun, als ins Kino zu gehen", sagte Annegret.*
- Die **indirekte Rede**: *Annegret sagte, sie habe zu viel und auch viel Besseres zu tun, als ins Kino zu gehen.*
- Der **innere Monolog**: Die Gedanken der Figur werden ohne Erzählerkommentare wiedergegeben: *Oh nein, nicht Kino, ich habe heute nun wirklich Besseres zu tun.*
- Die **erlebte Rede**: Hier schlüpft der Erzähler in die Rolle einer Figur, um denkbar authentisch ihre Gedanken wiederzugeben: *Annegret zögerte mit ihrer Antwort. Würde es Timo ihr übelnehmen, wenn sie nicht mitkommt? Timo ist doch sonst nicht so. Ja, doch, das wird schon in Ordnung sein.*
- Der **Bewusstseinsstrom**: Die Gedanken einer Figur werden so wiedergegeben, wie sie ihr in den Kopf kommen: *Oh...nein...Wie sag ich Timo jetzt...ach was, er wird's verstehen...*

Erzählzeit und erzählte Zeit

Die **Erzählzeit** ist die Zeit, die du brauchst, um den Erzähltext zu lesen. Im Gegensatz dazu steht die **erzählte Zeit**. Sie umfasst die erzählte Zeitspanne. Wenn du also acht Stunden für die Lektüre eines Romans benötigst, sind diese acht Stunden die Erzählzeit. Wird in dem Roman über eine Zeitspanne von zwei Jahren erzählt, sind diese zwei Jahre die erzählte Zeit. Aus dem Verhältnis zwischen Erzählzeit und erzählter Zeit erfahren wir etwas über das **Erzähltempo**.

Grundsätzlich kann man von drei Erzähltempi ausgehen.

- **Zeitdeckung**: Die Erzählzeit entspricht ungefähr der erzählten Zeit.
- **Zeitraffung**: Die Erzählzeit ist kürzer als die erzählte Zeit. Hier gibt es natürlich Abstufungen. Wenn du für die Lektüre eines Romans acht Stunden brauchst und die erzählte Zeit einen Zeitraum von zehn Jahren umfasst, ist die Zeitraffung stärker als bei einer erzählten Zeit von zwei Wochen. Die Zeitraffung ist sicherlich das Erzähltempo, das am häufigsten vorkommt.
- **Zeitdehnung**: Die Erzählzeit ist länger als die erzählte Zeit. Auch hier sind Abstufungen möglich. Es wäre zum Beispiel denkbar, dass bei einer Erzählzeit von 20 Minuten die erzählte Zeit 10 Minuten oder aber nur eine Minute beträgt. Eines der berühmtesten Beispiele für die Zeitdehnung ist der Roman *Ulysses* von James Joyce.

Bei der Gestaltung des Erzähltempos kann auf unterschiedliche Techniken zurückgegriffen werden.

- Von einer **Anachronie** spricht man, wenn beim Erzählen die Reihenfolge der Geschehnisse nicht eingehalten wird.
- Die **Vorausschau** ist ein Blick in die Zukunft. Der Erzähler zeigt einen Ausschnitt aus der Zukunft und kehrt anschließend zu einem früheren Zeitpunkt zurück.
- Die **Rückblende** ist ein Blick in die Vergangenheit. Der Erzähler verbleibt auch hier nicht in dieser Zeit, sondern kehrt zu einem späteren Zeitpunkt zurück.
- Der **Zeitsprung** bezeichnet die Auslassung eines bestimmten Zeitraums. Im Unterschied zur Vorausschau kehrt der Erzähler nicht zu einem früheren Zeitpunkt zurück. Der Zeitsprung trägt zur Zeitraffung bei.

Haupt- und Nebenhandlung

Vor allem in epischen Großformen, das heißt in umfangreicheren Erzähltexten, gibt es neben der Haupthandlung auch eine oder mehrere Nebenhandlungen. Während es in einem Roman beispielsweise im Wesentlichen um die Liebesbeziehung zweier Menschen geht, könnte das Schicksal der Schwester einer der beiden Hauptfiguren als Nebenhandlung bezeichnet werden.

Rahmen- und Binnenhandlung

Als Rahmenhandlung oder Rahmenerzählung bezeichnet man die übergeordnete Erzählebene. Im Gegensatz dazu steht die Binnenhandlung oder Binnenerzählung. Sie bezeichnet eine Geschichte in der Geschichte. Während zum Beispiel drei Menschen gemeinsam in Urlaub fahren (Rahmenhandlung) könnte an einem der gemeinsamen Abende eine Person eine Episode aus ihrer Vergangenheit oder eine Geschichte erzählen (Binnenhandlung).

Der Stoff

Als Stoff bezeichnet man eine außerhalb der Literatur liegende, aber in der Literatur häufig verwendete Überlieferung. Die Sage der Loreley zum Beispiel ist ein überlieferter Stoff, der in der Literatur vielfach verarbeitet, umgesetzt und gestaltet wurde.

Das Motiv

Als Motiv bezeichnet man ein Thema, um das sich die Handlung bei einem Erzähltext dreht. Das Motiv Freundschaft etwa findet sich in der Ballade *Die Bürgschaft* von Friedrich Schiller oder in der Erzählung *Unterm Rad* von Hermann Hesse und in dem Jugendroman *Löcher* von Louis Sachar. Im Unterschied zum Stoff, dessen Verarbeitung eine Folge bestimmter Ereignisse vorsieht, legt das Motiv die Handlung nicht fest.

Zusammenfassung

In Erzähltexten unterscheidet man zwischen der Erzählzeit und der erzählten Zeit, der Haupt- und Nebenhandlung, der Rahmen- und Binnenhandlung. Weitere wichtige Darbietungsformen des Erzählens sind der Erzählerbericht und die Figurenrede.
Es ist wichtig, diese unterschiedlichen Darbietungsformen des Erzählens zu erkennen, denn mit ihrer Hilfe lassen sich Erzähltexte genauer analysieren und interpretieren.

Sachtexte

Man unterscheidet bei Sachtexten informierende Texte (z. B. Zeitungsartikel, Bastelanleitung, Personenbeschreibung), argumentierende Texte (z. B. Leserbrief, wissenschaftlicher Artikel) und appellierende Texte (z. B. Flugblatt, Demonstrationsplakat, Werbung). Oft lassen sich Texte nicht nur einer der drei genannten Typen zuordnen.

Die Rede

Eine Rede kann, je nach Kontext, zu den **informierenden**, zu den **argumentierende** oder den **appellierenden** Texten gerechnet werden. Meistens enthalten Reden etwas von jeder dieser Textfunktionen: Mit einer Rede möchte der Redner sein Publikum normalerweise von seinem Standpunkt überzeugen. Dabei informiert er seine Zuhörer auch. Große Teile der Rede können aber ebenso darauf abzielen, die Zuhörer nicht allein zu überzeugen, sondern auch zu beeinflussen.

Um eine Rede zu untersuchen, muss man nicht nur den Text der Rede analysieren, sondern auch die Situation, in die die Rede eingebettet ist. Die folgenden Fragen sind Vorschläge zur Analyse einer Rede.

- Welches Thema hat die Rede?
- Auf welche Aspekte wird eingegangen?
- Was sind die Hauptaussagen/Hauptforderungen?
- Wie ist die Rede gegliedert und welche Argumente und Argumenttypen werden verwendet?
- Sind die Argumente überzeugend?
- Auf welche sprachlichen und rhetorischen Mittel wird zurückgegriffen?
- Wie wird die Rede vorgetragen (Stimme, Mimik)?
- Welche Haltung hat der Redner (z. B. konservativ, liberal)
- Wie stellt sich der Redner dar (z. B. als zupackende Persönlichkeit, als Opfer ungerechtfertigter Angriffe)?
- Wie wirkt er?
- Was will er erreichen?
- Wie setzt er es um (z. B. Aufwertung der eigenen Position, Abwertung der Gegenposition)

Eine Rede ist normalerweise auf eine bestimmte **Zielgruppe** zugeschnitten und steht im **Kontext** bestimmter Ereignisse (z. B. Dienstjubiläum, Wahl). Zur Untersuchung des Redekontextes kannst du dir folgende Fragen stellen:

- Wann wird die Rede gehalten?
- Wo wird die Rede gehalten?
- Zu welchem Anlass wird die Rede gehalten?
- Welche Zielgruppe möchte der Redner erreichen?
- Wie setzt sich die Zuhörerschaft vor Ort zusammen?
- Welche Medien sind vor Ort?

Werbung

Die Werbung als Textsorte gehört zu den **appellierenden** Texten. Die Verbraucher sollen in einer bestimmten Art und Weise handeln: Sie sollen ein Produkt kaufen.

Die AIDA-Formel

Die AIDA-Formel liefert eine Beschreibung, wie Werbung funktionieren soll, unabhängig vom Medium.
A steht für Attention (Aufmerksamkeit): Beispielsweise mit Hilfe von Farben, Bildern oder Geräuschen wird die Aufmerksamkeit der Zielgruppe auf das Produkt gelenkt.
I steht für Interest (Interesse): Das Interesse der Zielgruppe wird geweckt, etwa durch Sprachspiele oder Anspielungen.
D steht für Desire (Verlangen): Das Verlangen der Zielgruppe wird geweckt, zum Beispiel durch Anpreisung der Qualität des Produkts oder aber auch durch sein Image (cool, schön, erfolgreich).
A steht für Action (Handlung): Durch Imperative oder Angebote etwa soll die Zielgruppe dazu gebracht werden, das Produkt zu kaufen.

Die Werbeanzeige

Die meisten Werbeanzeigen setzten auf zwei Kanäle: Die **Sprache** und das **Bild**. Beides musst du in deine Analyse einbeziehen. Die folgenden Fragen zur Analyse von Werbung sind nicht verbindlich, geben dir aber Anhaltspunkte, auf was du bei der Analyse von Werbung achten kannst.

- Wie wirkt die Werbung? Warum?
  Werbung kann auf unterschiedliche Weisen ansprechen. Oft richtet sich die Wirkung der Werbung nach der Zielgruppe des beworbenen Produktes.
  - Wirkt die Werbung vertrauenserweckend, weil zum Beispiel ein liebevoller Vater seinem Kind die Limonade einer bestimmten Marke kauft?
  - Wirkt die Werbung witzig, weil zum Beispiel jemand besonders schlagfertig reagiert?
  - Wirkt die Werbung niedlich, weil zum Beispiel Kinder und Tiere darin vorkommen?
  - Wirkt die Werbung kraftvoll, weil zum Beispiel jemand nach dem Konsum eines Sportgetränks einen Berg besteigt?
- Wie wird die Werbebotschaft transportiert?
  - Dominiert Text oder Bild?
  - Erhalten die Verbraucher Produktinformationen?
  - Enthält der Werbetext Sprachspiele (z. B. Alliterationen, Reime)?
  - Wie groß ist die Schrift im Verhältnis zur gesamten Anzeige?
  - Welche Funktion erfüllt das Bild? (Zum Beispiel: Zeigt es nur das Produkt? Zeigt es das Produkt mit einer prominenten Person?)
  - Welche Emotionen, Wünsche und Bedürfnisse werden geweckt?

Zusammenfassung

- Man unterscheidet zwischen informierenden, argumentierenden und appellierenden Texten.
- Die Rede ist keiner der Sachtexttypen klar zuzuordnen.
- Bei der Analyse einer Rede muss die Rede selbst (Inhalt, Aufbau, Argumentation), aber auch der Redekontext (Zeit, Ort, Anlass) untersucht werden.
- Werbeanzeigen gehören normalerweise zu den appellierenden Texten.
- Bei der Analyse der Werbung liegt der Schwerpunkt nicht nur auf der Textanalyse, sondern auf der Gesamtwirkung der Anzeige.

Filmanalyse

Ein Film erzählt eine Geschichte auf eine ganz andere Art als ein Roman. Im Film gibt es keinen Erzähler, an seine Stelle tritt die Kamera, die das Geschehen aus wechselnden Perspektiven zeigt. Es lohnt sich daher, genauer auf die Darstellungsmöglichkeiten der Kamera zu achten, wenn du analysieren möchtest, warum ein Film oder eine Figur auf eine bestimmte Weise auf uns wirkt.

Die **Kamera** ist das **vermittelnde Auge zwischen Filmgeschehen** und **Zuschauer**. Man unterscheidet zwischen Kameraperspektive und Einstellungsgröße.

Die Kameraperspektive

Bei der **Vogelperspektive** zeigt die Kamera das Geschehen von oben. Dies kann die Menschen zum Beispiel klein und hilflos erscheinen lassen. Anders die **Froschperspektive**: Die Kamera filmt von unten, die Personen und Gegenstände erscheinen unnatürlich groß und verzerrt. Die gebräuchlichste Perspektive ist die **Normalsicht**. Man nennt diese Perspektiven auch die **vertikalen** Perspektiven. Parallel dazu kann das Geschehen **von hinten**, von **der Seite** oder von **vorne** aufgenommen sein. Man spricht hier von den **horizontalen** Perspektiven. Die Perspektive, bei der die Kamera ein Geschehen von hinten zeigt, wird häufig zur Erzeugung von Spannung genutzt. (Der Mörder nährt sich seinem Opfer von hinten, die Kamera zeigt, was der Mörder sieht.) Die Aufnahme von vorne wirkt in einem Spielfilm normalerweise unnatürlich, in Dokumentationen sieht man sie allerdings häufiger. Die häufigste Perspektive zeigt Personen oder Gegenstände von der Seite.

Die Einstellungsgröße

Das Verhältnis zwischen einer abgebildeten Person oder Personengruppe zur Größe des Gesamtbildes ist von der Einstellungsgröße abhängig.

Panorama oder Supertotale

Die Panorama-Einstellung gibt den Blick auf ganze Landschaften frei. Details sind hier kaum zu erkennen. Den Zuschauern wird mit dieser Einstellungsgröße zum Beispiel ein Überblick über die Gegend gegeben, in der die Handlung spielt.

Totale

Bei dieser Einstellung sind Gegenstände, Personen oder Personengruppen vollständig in ihrer Umgebung zu sehen. Der Zuschauer erhält hier einen Überblick über eine Situation.

Halbtotale
Gegenstände, Personen oder Personengruppen sind vollständig in ihrer unmittelbaren Umgebung dargestellt.

Die halbnahe Einstellung
Bei dieser Einstellung sind Gegenstände, Personen oder Personengruppen nur zu zwei Dritteln zu sehen – häufig bis zu den Knien. Dialoge werden zum Beispiel häufig halbnah gefilmt. Diese Einstellung entspricht unserem überwiegenden Alltagssehen.

Die nahe Einstellung
Bei dieser Einstellung sind Gegenstände oder Personen nur ausschnittweise zu sehen, etwa nur der Kopf und Hals. Diese Einstellung eignet sich zum Beispiel für die Darstellung der Gefühle einer Person in ihrer Umgebung.

Die Großeinstellung
Diese Einstellung zeigt zum Beispiel das Gesicht einer Person bildfüllend. Die Umgebung ist hier bedeutungslos. Es geht nur um die Mimik einer Person.

Die Detaileinstellung
Diese Einstellung zeigt ein einzelnes Detail über das ganze Bild. Das Detail erhält durch diese Einstellung eine (symbolische) Bedeutung für das Geschehen.

Die Kamerabewegung
Bislang hast du nur erfahren, was passieren kann, wenn die Kamera steht. Bei einem Dreh sind aber nicht nur die Darsteller beweglich, sondern auch die Kamera. Sie wird nicht etwa von einem Ort zum anderen getragen und dort wieder eingeschaltet. Ihre Bewegung ist ein Teil des Films.

Schwenks
Das Schwenken der Kamera entspricht der Drehung des Kopfes. Daher kann man mit einem Schwenk z. B. den Blick einer Person, der einer anderen Person durch den Raum folgt, imitieren. Besonders schnelle Schwenks nennt man Reißschwenks.

Die Veränderung des Kamerastandortes
Hier „schaut" die Kamera nicht nur in eine bestimmte Richtung, sondern „läuft" durch den Raum. Ihre Bewegung kann auf unterschiedliche Weise realisiert werden: Die Kamera kann zum Beispiel auf Schienen oder mit Hilfe eines Krans bewegt werden. Dies ermöglicht durch die gleichmäßige Bewegung auch gleichmäßige Bilder.

Ganz anders die Handkamera: Durch die Schritte desjenigen, der die Kamera bedient, entstehen verwackelte Bilder. Dies kann natürlich, wenn etwa das Geschehen aus der Perspektive einer rennenden Person gezeigt werden soll, durchaus gewollt sein. Ist es nicht gewollt, verwendet man eine Steadicam. Die Kamera befindet sich hier in einer Tragevorrichtung, die die Bewegungen ausgleicht.

Wenn du dir einen Film ansiehst, kannst du dir zum Beispiel die folgenden Fragen stellen.

- Mit welchen Perspektiven wird gearbeitet? Welche Zielsetzung steckt dahinter?
- Welche Einstellungsgrößen werden in welchen Situationen verwendet? Welche Wirkung wird damit erzielt.
- Wie bewegt sich die Kamera durch den Raum? Warum wurde gerade diese Bewegung gewählt?

Es gibt noch eine Reihe anderer Fragen, die nicht die Kamera selbst betreffen, die aber helfen, einen Film zu analysieren. Hier ist eine Auswahl.

- Was verraten Kostüme und Make-up über die Figuren?
- Wie wurde das Licht gesetzt (zum Beispiel Frontallicht, Gegenlicht, Seitenlicht, Spot)?
- Wie wurde der Filmton gestaltet? Gibt es eine Erzählerstimme aus dem Off, also aus einem Raum, der nicht im Bild zu sehen ist?
- Welche Geräusche/Stimmen kommen aus dem On, welche aus dem Off?
- Welche Rolle spielt die Filmmusik? Zieht sich ein bestimmtes Musikthema durch den ganzen Film? Wird Musik zu Unterstützung der Bilder eingesetzt (zum Beispiel zur Spannungserzeugung)?

Zusammenfassung

- **Man unterscheidet bei der Kameraperspektive zwischen horizontalen (von vorne, von der Seite, von hinten) und vertikalen (Vogelperspektive, Froschperspektive, Normalsicht) Perspektiven.**
- **Es gibt unterschiedliche Einstellungsgrößen: Panorama, Totale, Halbtotale, halbnahe Einstellung, Großeinstellung und Detaileinstellung.**
- **Die Kamerabewegung erfolgt entweder durch einen Wechsel des Kamerastandortes oder durch Schwenks.**

Epochen der Literatur

Die Beschäftigung mit der Literaturgeschichte hilft oft, die Literatur einer bestimmten Epoche besser zu verstehen. Ebenso kann die Beschäftigung mit dem Leben eines Autors bei der Interpretation seines Werks hilfreich sein. Autoren und Leser sind immer auch von dem geprägt, was um sie herum geschieht; die Menschen und damit auch die Literatur einer bestimmten Zeit haben ihre besonderen Probleme, Themen oder Motive.

Barock (1600–1700)

Der Dreißigjährige Krieg (1618–1648) hatte die Menschen Mitteleuropas ins Elend gestürzt, die politische Karte Deutschlands glich einem Flickenteppich. Als Ideal galt nun der Absolutismus des französischen Königtums mit seiner unantastbaren Herrschergewalt. Auch in Deutschland durchdrang die Macht der zahlreichen Herrscher bald alle Lebensbereiche. Ausschweifendes Leben, wie man es vom Hofe Versailles kannte, aber auch die Orientierung an strengen Regeln bestimmten das Leben.
Das galt auch für die Kunst. Insbesondere die Dichtung folgte einem festen Regelwerk. Das Vermaß war überwiegend alternierend (Jamben, Trochäen), und bestimmte Gedichtformen wie das Sonett, waren sehr verbreitet.
Während bis in die Renaissance hinein Latein die dominierende Schriftsprache war, wurde jetzt vorwiegend in deutscher Sprache geschrieben. Man machte sich zunehmend Gedanken über die Verbesserung und Differenzierung der Literatursprache. Martin Opitz war einer derjenigen, die sich mit Gattungen und Formen auseinandersetzten und ein Regelwerk verfassten.
Auch inhaltlich war die Literatur des Barock von der Geschichte geprägt. Die Schrecken des Krieges hatten die Vergänglichkeit allen menschlichen Lebens und Schaffens ins Bewusstsein gerückt, und so geht es beispielsweise in den antithetisch aufgebauten Gedichten von Andreas Gryphius häufig um das Entstehen und Vergehen, das Erschaffen und Niederreißen des Irdischen.
Dieses Bewusstsein förderte zwei Haltungen: die Hinwendung zu Gott oder den Lebensgenuss.
Zu den wichtigen Autoren des Barock gehören Martin **Opitz** (*Buch von der Deutschen Poeterey*), Andreas **Gryphius** (*Es ist alles eitel, Tränen des Vaterlandes u. a. Sonette*), Hans Jakob Christoffel von **Grimmelshausen** (*Der abenteuerliche Simplicissimus*).

Aufklärung (1720–1800)

„Aufklärung ist der Ausgang des Menschen aus seiner selbstverschuldeten Unmündigkeit." So beginnt ein berühmter Aufsatz Immanuel Kants, in dem der Philosoph die wesentlichen Gedanken der Aufklärung formuliert.
Während in Frankreich die Revolution zum Umsturz der politischen Verhältnisse führte – aus dem absolutistischen Staat ging vorübergehend der parlamentarische Nationalstaat hervor –, beeinflusste dieser Wandel in Deutschland zumindest das Denken: Das Bürgertum gewann durch die Einführung neuer, effizienteren Produktionsweisen in Manufakturen an wirtschaftlicher Stärke. Der nun selbstbewusste mündige Bürger begann, bestehende Werte und Verhältnisse zu hinterfragen, und vernunftorientiertes ethisches Handeln gewann an Bedeutung.
Diese Veränderungen schlugen sich auch in der Literatur nieder: Fabeln nahmen vielfach Bezug auf neue moralische Leitlinien, und das bürgerliche Trauerspiel wurde der wachsenden Bedeutung des Bürgers gerecht. Neben dem Adel stellte jetzt zunehmend auch das Bürgertum die Protagonisten der literarischen Werke.
Wichtige Autoren und ihre Werke: Gotthold Ephraim **Lessing** (*Nathan der Weise, Emilia Galotti*), Georg Christoph **Lichtenberg** (*Sudelbücher*), Christoph Martin **Wieland** (*Agathon*).

Empfindsamkeit (1740–1800) und Sturm und Drang (1765–1785)

Zeitüberschneidend zur Literatur der Aufklärung entwickelte sich die Literatur der Empfindsamkeit und des Sturm und Drang. Beide Strömungen dürfen nicht als Gegenbewegung zur Aufklärung verstanden werden, sondern eher als Versuche, die Grenzen der reinen Rationalität zu erweitern.
Rationale Zwänge wirkten immer stärker in die Lebensbereiche hinein und prägten nicht zuletzt die Organisation von Verwaltung und Militär. Unter diesen Bedingungen machten die Menschen die Erfahrung, dass sie – ganz entgegen aufgeklärter Grundsätze – eher als Mittel, denn als Zweck herhalten mussten.
Die Autoren der Empfindsamkeit und des Sturm und Drang stellten hingegen den Menschen mit seinen Gefühlen heraus. Die Ausrichtung dieser Literatur war sowohl religiös als auch weltlich. Ganz und gar weltlich war der Ansatz der Stürmer und Dränger. Hier steht der Mensch als schaffendes Genie im Mittelpunkt. Das Individuum selbst ist zu großen Gefühlen und bedeutsamen Taten in der Lage. Selbstverwirklichung ist das Credo dieser Generation.
Einer der wichtigsten Vertreter der Empfindsamkeit ist Friedrich Gottlieb **Klopstock** (*Messias*). Für den Sturm und Drang stehen beispielhaft Jakob Michael Reinhold **Lenz** (*Die Soldaten*) und vor allem das Frühwerk von **Goethe** (*Götz von Berlichingen, Werther, Ganymed, Prometheus*) und **Schiller** (*Die Räuber*).

Klassik (1786–1805)

In der Klassik kam es zu einer Rückbesinnung auf die Kunst der Antike und Renaissance. Wie schon in der Aufklärung galt Kunst als Mittel zur Erziehung des Menschen. Anders als die Aufklärung nahmen die literarischen Werke dieser Zeit aber weniger Bezug auf lebensweltliche Ereignisse und Prozesse. Stattdessen thematisierten sie das ewig Wahre, Schöne und Gute. Man suchte nach der Wahrheit, die die Lebenswelt überstieg. Entsprechend entwarf die Klassik das Bild vom idealen Menschen als sittlicher Persönlichkeit. Der Mensch sollte sein Handeln nun nicht mehr nur an Regeln und Geboten orientieren, sondern an seiner eigenen sittlichen Einsicht. Die Ursache für die Hinwendung zu solch überindividuellen und überirdischen Idealen, nach denen der Mensch erzogen und geformt werden sollte, liegt nicht zuletzt in der weiteren Entwicklung der Französischen Revolution: Die Gewaltherrschaft der Jakobiner enttäuschte die humanistischen Freiheitserwartungen der Aufklärer.
Anders als in der Epoche des Sturm und Drang galt in der Klassik eine strenge Form als literarisches Ideal. Stilistisches Vorbild war die antike Literatur mit strengen künstlerischen Regeln.
Die wichtigsten Autoren der Klassik sind Johann Wolfgang von **Goethe** (*Faust I und II*), Friedrich **Schiller** (*Wilhelm Tell, Maria Stuart*).

Romantik (1785–1840)

Gleichzeitig mit der klassischen Literatur entwickelt sich eine andere Variante enttäuschter Abwendung von den Aufklärungsidealen. Der Mensch als empfindendes, fühlendes Wesen rückt in den Mittelpunkt dieser neuen Sichtweise. Aber der Blick geht über den Menschen hinaus: Die ganze Welt wollen die Autoren dieser Zeit „romantisieren". Dabei wurden die Natur und der Mensch als Teil der Natur als etwas Wunderbares, Geheimnisvolles und Mystisches gesehen.
Vielfach ging damit eine Abkehr vom Alltäglichen einher. Man floh vor der zunehmenden Instrumentalisierung des Menschen durch die beginnende industrielle Revolution und vor der missglückten Umwälzung gesellschaftlicher Verhältnisse – Europa war nach dem Sturz Napoleons 1815 wieder fest in der Hand absolutistischer Herrscher.
Charakteristisch ist für diese Epoche die Entstehung zahlreicher Märchensammlungen und fantastischer Geschichten.
Wichtige Autoren und Werke der Romantik: Achim von **Arnim** und Clemens **Brentano** (*Des Knaben Wunderhorn*), Brüder **Grimm** (*Kinder- und Hausmärchen*), Adalbert von **Chamisso** (*Peter Schlemihls wundersame Geschichte*), Friedrich **Schlegel** (*Lucinde*), **Novalis** (*Heinrich von Ofterdingen*), Ludwig **Tieck** (*Aus dem Leben eines Taugenichts*).

Biedermeier (1815–1848)

Mit der Neuordnung Europas durch den Wiener Kongress im Jahr 1815 begann eine Literaturepoche, die den politischen Spannungen dieser Zeit eine heile Welt entgegenzusetzen versuchte. Dabei erzwang eine zunehmende polizeistaatliche Überwachung politische Anpassung. Die Ideale der Selbstgenügsamkeit, der Zügelung der Leidenschaften und der Freude an den kleinen Dingen sollten der Resignation und der Verzweiflung dieser Zeit entgegenwirken. Verzicht, Glaube und häusliche Zufriedenheit waren daher Themen der Literatur des Biedermeier.
Zu den wichtigsten Autoren dieser Epoche gehören Annette von **Droste-Hülshoff** (*Die Judenbuche, Heidebilder*), Adalbert **Stifter** (*Der Nachsommer*), Eduard **Mörike** (Maler Nolten).

Vormärz (1830–1848)

Der Widerstand gegen die reaktionären Verhältnisse nach 1818 fand in der französischen Julirevolution 1830 eine starke Ermutigung. Die große bürgerliche Demonstration des Hambacher Festes 1832 stärkte die liberalen antiabsolutistischen Ideen auch in der deutschen Literatur.
Der Blick auf die sich immer weiter verschärfende wirtschaftliche und soziale Lage und die Verelendung der Arbeiterschicht führte zu neuen Themen: Sozialkritische Dramen, Flugschriften und Lieder prägten die Literatur des Vormärz. Diese Politisierung fand ihren Höhepunkt in der Revolution 1848 und endete mit ihrem Scheitern 1849/50.
Wichtige Vertreter der Literatur des Vormärz sind Georg **Büchner** (*Woyzeck),* August Heinrich Hoffmann von **Fallersleben** (*Das Lied der Deutschen*), Heinrich **Heine** (*Deutschland, ein Wintermärchen*).

Realismus (1848–1890)

Der Realismus machte es sich zur Aufgabe, die Wirklichkeit nicht nur detailgetreu abzubilden, sondern auch künstlerisch auszugestalten und zu deuten. Thematisch weicht der Realismus dem politischen Geschehen allerdings weitgehend aus. Kritik an den bestehenden Verhältnissen wird kaum geübt. Stattdessen geht es um den Menschen als Individuum in seinem persönlichen, lokalen oder historischen Umfeld. Mensch – Heimat – Geschichte sind die Themen, die, zum Teil mit Humor behandelt, in der realistischen Literatur vorherrschen.
Wichtige Autoren: Gustav **Freytag** (*Soll und Haben*), Gottfried **Keller** (*Der grüne Heinrich*), Theodor **Fontane** (*Effi Briest*).

Naturalismus (1880–1900) und seine Gegenströmungen (1890–1920)

Der Naturalismus ist eine konsequente Fortführung des Realismus. Auch hier geht es um die Darstellung der Realität, aber nicht wie im Realismus durch Ausgestaltung heimatlicher und historischer Themen, sondern durch die Konfrontation mit dem Elend dieser Zeit. Die Figuren naturalistischer Dramen sprechen zum Beispiel Dialekt, ihr Stammeln ist stellenweise kaum verständlich.
Der sogenannte Sekundenstil – es wird genau so geschrieben, wie gesprochen wird – ist häufiges Mittel zur Darstellung der Wirklichkeit. Die Literatur bediente sich wissenschaftlicher Erkenntnisse, um zu zeigen, in welch enger Verflechtung der Mensch mit seinem perönlichen und sozialen Umfeld steht.
Auch die Frauenbewegung trat stärker an die Öffentlichkeit und feministische Schriften erschienen.
Als Reaktion auf den Naturalismus entwickelten sich zeitüberschneidend die Parallel- und Gegenströmungen des Fin de siècle, des Jugendstils und der Dekadenz. Die Werke dieser Strömungen zeugen oft von einer Weltuntergangsstimmung, die Dichter dieser Zeit wendeten sich erneut dem subjektiv wahrgenommenen Mystischen zu.
Zu den wichtigen Autoren des Naturalismus gehören Gerhard **Hauptmann** (*Die Weber, Der Biberpelz*) und Arno **Holz** (*Buch der Zeit*).
Wichtige Autoren der Gegenströmungen sind Hugo von **Hofmansthal** (*Das Bergwerk zu Falun*), Arthur **Schnitzler** (*Leutnant Gustl*), Rainer Marie **Rilke** (*Die Aufzeichnungen des Malte Laurids Brigge*).

Expressionismus (1905–1925)

Der Expressionismus wendete sich sowohl gegen die Durchdringung der Wirklichkeit mittels des Verstandes und die positivistische Betrachtungsweise der Welt als auch gegen die mystische Wirklichkeitsüberhöhung.
Geprägt von den Schrecken des Ersten Weltkrieges stellte der Expressionismus den weitgehend orientierungslosen Menschen als Individuum in den Mittelpunkt seiner Betrachtungen. Wahnsinn, Kontrollverlust sind unter anderem Themen des Expressionismus. Die Kunst des Expressionismus ist subjektiv. Stilistisch geht das einher mit der Aufhebung strenger Formen. Texte und Bilder werden zunehmend abstrakter. Neologismen, Symbole und der Bruch mit der Syntax kennzeichnen die Kunst dieser Zeit.
Zu den wichtigsten Expressionisten zählen vor allem Lyriker wie Else Lasker-**Schüler**, Jakob van **Hoddis**, Franz **Werfel**, Alfred **Lichtenstein**, Gottfried **Benn**, Johannes **Becher**, Ernst **Stadtler**, August **Stramm** und Georg **Trakl**.

Weimarer Republik – Neue Sachlichkeit und Dadaismus (1919–1933)

Während der Weimarer Republik kam es zur Weltwirtschaftskrise. Davon blieb auch die Literatur dieser Zeit nicht unbeeindruckt. Die literarischen Themen dieser Zeit verarbeiten aber auch noch den Ersten Weltkrieg. So dreht sich die Dichtung um das Leben in der Großstadt, die Entfremdung des Menschen und den Krieg. Während die Neue Sachlichkeit danach strebte, sich mit kulturellen und wirtschaftlichen Phänomenen objektiv auseinanderzusetzen, setzte der Dadaismus auf nicht rationale Montagen und Collagen.
Wichtige Autoren der Neuen Sachlichkeit sind Alfred **Döblin** (*Berlin Alexanderplatz*) und Ödön von **Horvath** (*Geschichten aus dem Wiener Wald*). Die Arbeiten von Hans **Arp**, Hugo **Ball** und Kurt **Switters** sind typische Beispiele für den Dadaismus.

Exilliteratur (1933–1945)

Die persönliche Verfolgung vieler Autoren nach der Machtergreifung Hitlers und nicht zuletzt die Bücherverbrennung im März 1933 führten dazu, dass viele Autoren ins Exil flüchteten. Bedeutende Teile der deutschsprachigen Literatur entstanden in dieser Zeit nicht in Deutschland. Viele Themen der Exilliteraten wandten sich gegen den Faschismus.
Zu den zahlreichen Exilanten gehörten Thomas **Mann** (*Doktor Faustus*), Anna **Seghers** (*Das siebte Kreuz*), Bertold **Brecht** (*Das Leben des Galilei*).

Deutschsprachige Literatur ab 1945

Die deutschsprachige Literatur seit 1945 ist vielfältig. Kriegserfahrungen wurden in der Trümmerliteratur verarbeitet, es fand eine Auseinandersetzung mit der Grausamkeit des Nationalsozialismus statt, aber auch Identitätskrise und Kritik an Traditionen wurden Themen der Literatur. Ebenso vielfältig wie die Themen sind die unterschiedlichen Formen. Eine einheitliche thematische oder formale Bindung ist nicht mehr zu erkennen.
Zu den bekanntesten Autoren deutscher Nachkriegs- und Gegenwartsliteratur gehören Siegfried **Lenz** (*Deutschstunde*), Günter **Grass** (*Die Blechtrommel*), Heinrich **Böll** (*Ansichten eines Clowns*).

Register

Register

Q

R

S

T

S. 108	Heinrich Heine, Belsatzar, aus: Der große Conrady. Das Buch deutscher Gedichte, Artemis und Winkler, Düsseldorf 2008.
S. 109	Joseph von Eichendorff, Waldgespräch; Theodor Storm, Herbst, aus: Der große Conrady. Das Buch deutscher Gedichte, Artemis und Winkler, Düsseldorf 2008. Georg Trakl, Im Winter, aus: G. Trakl, Das Dichterische Werk, Deutscher Taschenbuch Verlag, München 2007.
S. 110	Matthias Claudius, Abendlied; Johann Wolfgang von Goethe, Der Zauberlehrling, aus: Stimmen im Kanon. Deutsche Gedichte, Auswahl und Nachwort von Ulla Hahn, Reclam, Stuttgart 2003.
S. 111	Joseph von Eichendorff, Mondnacht, aus: Stimmen im Kanon. Deutsche Gedichte, Auswahl und Nachwort von Ulla Hahn, Reclam, Stuttgart 2003. Christian Morgenstern, Novembertag, aus: Chr. Morgenstern, Gedichte in einem Band, hrsg. v. Reinhardt Habel, Suhrkamp, Frankfurt a. M. 2003.
S. 112	Gottfried Keller, Abendlied; Joseph von Eichendorff, Wünschelrute, aus: Stimmen im Kanon. Deutsche Gedichte, Auswahl und Nachwort von Ulla Hahn, Reclam, Stuttgart 2003.
S. 113	Christian Morgenstern, Die Trichter, aus: Die Möwen sehen alle aus, als ob sie Emma heißen. Gedichte, Insel Verlag, Berlin 2012.
S. 119	Christian Morgenstern, Gespräch einer Hausschnecke mit sich selbst, aus: Die Möwen sehen alle aus, als ob sie Emma heißen. Gedichte, Insel Verlag, Berlin 2012.
S. 179	Andreas Gryphius, Es ist alles eitel, aus: Der große Conrady. Das Buch deutscher Gedichte, Artemis und Winkler, Düsseldorf 2008.
S. 180	Mühsam's Geschütteltes – Schüttelreime und Schüttelgedichte von Erich Mühsam, hrsg. v. Reiner Scholz, Frankfurt a. M. (Stadt- und Universitätsbibliothek) 1994.
S. 181	Johann Wolfgang von Goethe, Der Totentanz, aus: J. W. v. Goethe, Werke in 14 Bänden (Hamburger Ausgabe), Bd. I, Deutscher Taschenbuch Verlag, München 1998. Friedrich Hölderlin, Die Kürze, aus: F. Hölderlin, Sämtliche Gedichte und Hyperion, hrsg. v. Jochen Schmidt, Insel Verlag, Frankfurt a. M. 1999.
S. 182	Theodor Storm, Die Nachtigall, aus: Der große Conrady. Das Buch deutscher Gedichte, Artemis und Winkler, Düsseldorf 2008.
S. 183	Der Zipferlake, aus: Lewis Caroll, Alice hinter den Spiegeln, Insel Verlag, Frankfurt a. M. 1974, übersetzt von Christian Enzensberger.
S. 184ff.	Friedrich Schiller, Wilhelm Tell, Reclam, Stuttgart 2000.

Quellenverzeichnis

S. 225, 227 Rainer Maria Rilke, Der Panther, aus: Stimmen im Kanon. Deutsche Gedichte, Auswahl und Nachwort von Ulla Hahn, Reclam, Stuttgart 2003.

S. 227 Matthias Claudius, Abendlied; aus: Stimmen im Kanon. Deutsche Gedichte. Auswahl und Nachwort von Ulla Hahn, Reclam, Stuttgart 2003.

S. 228 Friedrich Schiller, Die Glocke, aus: Stimmen im Kanon. Deutsche Gedichte. Auswahl und Nachwort von Ulla Hahn, Reclam, Stuttgart 2003.
Andreas Gryphius, Es ist alles eitel, aus: Der große Conrady. Das Buch deutscher Gedichte, Artemis und Winkler, Düsseldorf 2008.

S. 229 Gotthold Ephraim Lessing, Nathan der Weise, Reclam, Stuttgart 2000.
Johann Wolfgang von Goethe, Der Zauberlehrling aus: Stimmen im Kanon. Deutsche Gedichte, Auswahl und Nachwort von Ulla Hahn, Reclam, Stuttgart 2003.

Einfach alles ...

Weitere Titel der Reihe:

Grammatik Deutsch
5./6. Klasse im Griff
ISBN 978-3-12-927346-3

Aufsatz Deutsch
5./6. Klasse im Griff
ISBN 978-3-12-927354-8

Grammatik Deutsch
7./8. Klasse im Griff
ISBN 978-3-12-927348-7

Rechtschreibung Deutsch
7./8. Klasse im Griff
ISBN 978-3-12-927349-4

Grammatik Französisch
1./2. Lernjahr im Griff
ISBN 978-3-12-927357-9

Grammatik Spanisch
1.-3. Lernjahr im Griff
ISBN 978-3-12-927272-5

Grammatik Englisch
5./6. Klasse im Griff
ISBN 978-3-12-927347-0

Grammatik Englisch
7./8. Klasse im Griff
ISBN 978-3-12-927352-4

Grammatik Englisch
9./10. Klasse im Griff
ISBN 978-3-12-927353-1

Grammatik Latein
1./2. Lernjahr im Griff
ISBN 978-3-12-927232-9

Übersetzung Latein
3.-5. Lernjahr im Griff
ISBN 978-3-12-927265-7

Bruchrechnung Mathematik
5.-8. Klasse im Griff
ISBN 978-3-12-927355-5

Wahrscheinlichkeitsrechnung Mathematik
5.-10. Klasse im Griff
ISBN 978-3-12-927279-4

Funktionen Mathematik
7.-10. Klasse im Griff
ISBN 978-3-12-927356-2

... im Griff!

ISBN 978-3-12-927345-6

Die wichtigsten Schlüsselthemen endlich kapiert!

- Viele abwechslungsreiche Übungsaufgaben mit ausführlichen Lösungen
- Extra: Online-Abschlusstests nach jedem Kapitel
- Erklärungen und Beispiele zeigen, wie´s geht

Diese und weitere Klett-Lernhilfen sind im Buchhandel erhältlich.
Weitere Informationen unter **www.klett-lerntraining.de**

Komplett Trainer

Der komplette Lernstoff eines Faches für eine Klasse

→ Merkkästen erklären die wichtigsten Regeln

→ Viele Aufgaben trainieren den Schulstoff

→ Mit Tests zur Überprüfung des Lernerfolgs

→ Die Checklisten dienen der Lernstandskontrolle

ISBN 978-3-12-927302-9

ISBN 978-3-12-927303-6

ISBN 978-3-12-927304-3